思想政治教育研究文库

新时代大学生改革认同研究

林晓燕　著

光明日报出版社

图书在版编目（CIP）数据

新时代大学生改革认同研究 ／ 林晓燕著 . －－北京：
光明日报出版社，2021.4

ISBN 978－7－5194－5857－7

Ⅰ.①新… Ⅱ.①林… Ⅲ.①大学生—思想政治教育
—研究—中国 Ⅳ.①G641

中国版本图书馆 CIP 数据核字（2021）第 060228 号

新时代大学生改革认同研究
XINSHIDAI DAXUESHENG GAIGE RENTONG YANJIU

著　者：林晓燕

责任编辑：李　倩　　　　　　　　责任校对：傅泉泽
封面设计：中联华文　　　　　　　责任印制：曹　净

出版发行：光明日报出版社

地　　址：北京市西城区永安路 106 号，100050

电　　话：010－63169890（咨询），010－63131930（邮购）

传　　真：010－63131930

网　　址：http：//book. gmw. cn

E－mail：gmcbs@ gmw. cn

法律顾问：北京德恒律师事务所龚柳方律师

印　　刷：三河市华东印刷有限公司

装　　订：三河市华东印刷有限公司

本书如有破损、缺页、装订错误，请与本社联系调换，电话：010－63131930

开　　本：170mm×240mm

字　　数：251 千字　　　　　　　　印　　张：17

版　　次：2021 年 4 月第 1 版　　　印　　次：2021 年 4 月第 1 次印刷

书　　号：ISBN 978－7－5194－5857－7

定　　价：95. 00 元

序

改革开放是中国共产党的一次伟大觉醒，是中国人民和中华民族发展史上一次伟大革命。习近平在总结改革开放40年历史成就和历史经验时，将建立中国共产党、成立中华人民共和国、推进改革开放和中国特色社会主义事业，称为五四运动以来发生的三大历史性事件和近代以来实现中华民族伟大复兴的三大里程碑，这是对改革开放历史地位的基本定调。

我国的改革选择了由易到难的行动路径。改革开放初期，改革释放的红利具有普惠性质，人民的获得感明显，因而对改革的认同度高，对改革成效的评价较为一致。随着利益格局的形成，深化改革必然触及部分人的利益，因而对待改革的态度出现了分化，有的赞成和支持改革，有的阻挠和反对改革，改革的共识逐渐减少，推进改革的难度加大。

新时代的全面深化改革，是攻坚期和深水区的改革，主要任务是坚持和完善中国特色社会主义制度，推进国家治理体系和治理能力现代化。改革的复杂性、敏感性、艰巨性更为突出，而对改革的系统性、整体性、协同性要求更高。增进改革认同，达成改革共识，对于推进新时代全面深化改革至为重要。

青年历来是社会变革的呐喊者、实践者。新时代的大学生是全面深化改革的生力军，也是完成第二个百年奋斗目标的主要依靠力量，其对于改革的认同程度如何，直接关系未来一段时期中国的改革与发展。新时代大学生认同改革，才有可能支持和投身改革，成为改革的推动者。

基于这样的背景，林晓燕的博士学位论文选择新时代大学生的改革认同进行研究，既有学术价值，也有现实意义。从选题而言，既体现了对现实的关注，也是思想政治教育学界较少研究的问题，具有创新意义。

论文对新时代大学生改革认同的基本内涵、维度构成、层次分类、价值功能进行了清晰阐释，对新时代大学生改革认同发生的基础条件、理论依据、现实因素、发生机制进行了具体分析，从改革价值认同、改革方式认同、改革效果认同、改革发展认同等四个维度对新时代大学生的改革认同现状进行了问卷调查，揭示了家庭因素、学校因素、社会因素、个体因素对新时代大学生改革认同的影响。在此基础上，从家庭、学校、社会、个体四重维度，提出了增进新时代大学生改革认同的机制。论文问题意识明确，做到了理论研究与实证研究的结合，并借鉴了政治学、社会学的相关理论和方法，有作者自己的独立判断和分析，体现了力求创新的意识和追求。

林晓燕是在职攻读博士学位，要兼顾学习、工作和家庭，能完成学位论文的写作已十分不容易，付出的努力和艰辛也可想而知。

当然，对于青年教师的成长而言，博士学位论文是前行的起点，这篇论文也远未完成对问题的研究。基于深厚理论功底和深刻洞察能力的思辨分析显得不够，对问题的诠释有待进一步深化和拓展。

全面深化改革只有进行时，没有完成时。新时代全面深化改革有诸多问题值得研究。如新时代的全面深化改革较之以往有何特点，我国社会主要矛盾的变化对全面深化改革的诉求是什么，新时代全面深化改革的突破口如何选择，新时代全面深化改革的共识如何达成，新时代全面深化改革的动力如何获得，如何增进全社会对新时代全面深化改革的认同，这些问题都有待进一步研究和阐释。开弓没有回头箭，既然已经迈开脚步，期待作者行稳致远，围绕新时代的全面深化改革进行多维度的研究，推出更有见地、更有解释力的研究成果。

2020 年 5 月于广州

2

自 序

"认同"命题是当前学界研究的一个重要命题。"认同"表示个体对某一群体的归属感以及主体与一个客观对象之间在情感上的联系，既包括客观存在的相似性特征，也包括心理认识上的一致性以及由此而形成的社会关系。通过"认同"，达到了主体对客体的认可与赞同。

改革是我国实现中华民族伟大复兴"中国梦"的正确抉择，是历史发展的必然逻辑，是现实发展的客观需要，是新时代中国共产党应对新情况、新挑战，克服各种困难和风险，大力推进中国特色社会主义事业，全面建成小康社会，进而实现国家富强、民族振兴、人民幸福的重大举措。自1978年党的十一届三中全会以来，我国就开启了对内改革、对外开放的改革开放新征程。习近平总书记在庆祝改革开放40周年大会上讲话时强调，"全党全国各族人民要更加紧密地团结在党中央周围，高举中国特色社会主义伟大旗帜，不忘初心，牢记使命，将改革开放进行到底"。改革推动社会进步，符合历史发展潮流，是我们中国共产党推进中国特色社会主义事业，全面建成小康社会，实现国家富强、民族振兴、人民幸福的重大举措，是被历史证明了的正确抉择，需要长期坚持。

全面深化改革是时代发展的必然需要，是社会进步的必然选择，新时代必须进一步全面深化改革。全面深化改革的过程中，人民群众的积极支持和热情参与是改革取得实际成效的必要条件，是改革得以进一步深化的前提基础。深化改革的过程中，"改革认同"命题值得探讨。改革推动了社会发展但也存在一些问题。一方面改革促进了我国经济、政治、文化等各方面事业的发展，提高了人民的生活水平；但另一方面，伴随改革开放而产生的贫富差距、阶层分化、看病难等问题，使得人们对改革产生了疑虑，导致人们产生改革认同差异。增进人民群众的改革认同，是新时代全面深化改革的内在需要，是推动我国社会全面发展的客观要求。

大学生是新时代社会建设的未来主力军，是国家和民族未来的希望，是社会发展过程中不可忽视的重要群体。新时代大学生改革认同情况对社会的稳定发展有着直接影响，新时代大学生改革认同命题值得探究。研究新时代大学生的改革认同现状，分析大学生对党和国家各项改革的态度和做法，探讨新时代大学生改革认同的发生机制以及影响因素，研究增进新时代大学生改革认同的有效路径，构建增进新时代大学生改革认同的有效机制，具有重要性和必要性。新时代大学生改革认同主要指的是当代大学生对改革事业（包括党和国家的各项改革）的支持与信任、认可与接受，是大学生理解、信任、认可与参与改革并形成改革自觉的过程，是大学生对改革的认知、情感、信念和行为的有机统一。新时代大学生改革认同的本质是大学生对我国各项改革在内容、价值、方式、发展前景等方面的认同。

笔者从改革认同的新时代题域出发，从历史与现实统一的维度入手，对新时代大学生改革认同进行理论分析和实证研究，构建新时代大学生改革认同培育机制，提升高校思想政治教育实效性，并进一步统一认识，提升大学生改革认同程度，维护社会稳定发展。研究过程中，笔者围绕新时代大学生特点，结合新时代发展形势，注重理论与实践的结合，深入开展调查研究。首先，对"新时代大学生改革认同"进行理论阐释，主要是厘清新时代大学生改革认同的内涵界定、维度构成、层次分类、功能分析等问题。同时，笔者对"新时代大学生改革认同"的生成机制进行深入分析。笔者主要是从新时代大学生改革认同发生的基础条件、理论依据、现实依据、发生机制等方面内容出发，研究分析新时代大学生改革认同何以必要、何以可能、如何发生，并结合相关学科理论，研究分析新时代大学生改革认同的必要性和可能性。在理论分析的基础上，笔者开展实证研究，对"新时代大学生改革认同"进行现状聚焦。通过实证测量与调查分析，结合专家咨询和学生座谈，采取问卷调研和访谈的方法，以广东省大学生为对象科学选取调研样本，通过运用 SPSS 社会科学统计软件进行分析，结合定量研究与定性研究，用理论联系实际进行数据分析，深入剖析当代大学生改革认同的现状特点、影响因素、问题原因以及发展趋势等内容。结合理论剖析和实证研究分析结果，笔者探讨研究"新时代大学生改革认同"的有效增进机制，提出要结合社会、学校、家庭、青年学生个体等内外层面因素的联系和系统发挥作用，发挥各因素多维协同的作用，构建新时代大学生改革认同教育长效机制。

认同与大学生改革认同是当今社会的普遍现象，新时代大学生改革认同问题作为新时代国家发展过程中一个十分重要的命题，在研究过程中所涉及的相关理论和研究方法十分深邃。研究所涉及的问题复杂、广泛而深刻，一方面具有深远的意义，另一方面也产生较大的影响。笔者作为一名普通的高校教育管理工作者，也作为一名年轻学者，从事本课题研究深感困惑与压力，秉承着自己浅薄的学识开展了相关的尝试性研究，由于个人能力、知识水平程度尚且不足，写作与分析的过程中难免存在不足。在不断发展前进的新时代，关于"认同"命题中新的有待研究的问题也会接踵而来。本书出版之际，关于写作不足之处，敬请各位同仁不吝赐教，这将成为笔者最大的收获。

目　录
CONTENTS

绪 论

一、研究缘起

改革是历史发展的必然逻辑，是现实发展的客观需要，改革顺应历史发展潮流，推动社会发展进步。改革是中国共产党应对新情况、新挑战，克服前进道路上的各种困难，推进中国特色社会主义事业发展，全面建成小康社会的重大举措，是促进中华民族伟大复兴"中国梦"得以实现的正确抉择。改革具有现实重要性和历史必然性。习近平在庆祝改革开放40周年大会上发表的讲话指出，"改革开放40年积累的宝贵经验是党和人民弥足珍贵的精神财富，对新时代坚持和发展中国特色社会主义有着极为重要的指导意义，必须倍加珍惜、长期坚持，在实践中不断丰富和发展"①。改革开放40年以来，国家通过改革积累了宝贵的经验财富。改革开放积累的经验财富对党和国家社会主义建设事业的发展具有十分重要的意义。习近平强调，"全党全国各族人民要更加紧密地团结在党中央周围，高举中国特色社会主义伟大旗帜，不忘初心，牢记使命，将改革开放进行到底"②。改革是人民群众的伟大实践，也是广大人民群众的伟大事业，必须坚持到底。全面深化改革的过程中，人民群众的积极支持和热情参与是改革取得实际成效的必要条件，是改

---

① 习近平. 在庆祝改革开放40周年大会上的讲话 [N]. 人民日报, 2018 - 12 - 19.
② 习近平. 在庆祝改革开放40周年大会上的讲话 [N]. 人民日报, 2018 - 12 - 19.

革得以进一步深化的前提基础。改革在推动社会发展的过程中取得丰硕成果，改革为推动经济社会发展进步发挥极大的作用。但与此同时，改革在推进过程中也存在一些问题。改革一方面促进了我国经济、政治、文化等各方面事业的发展，提高了人民的生活水平；但另一方面，伴随改革开放而产生的贫富差距、环境污染、看病难等问题，使得人们对改革产生了疑虑，导致人们产生改革认同差异。增进人民群众的改革认同，是新时代全面深化改革的内在需要，是推动我国社会全面发展的客观要求。

青年学生作为重要社会成员群体，是国家的希望和民族的未来。习近平在纪念五四运动100周年大会上发表的讲话强调，"青年是整个社会力量中最积极、最有生气的力量，国家的希望在青年，民族的未来在青年"①。新时代大学生作为社会建设的未来主力军，是社会发展过程中不可忽视的重要群体。新时代大学生改革认同情况对社会的稳定发展有着直接影响。本书研究新时代大学生的改革认同现状，分析大学生对党和国家各项改革的态度和做法，探讨新时代大学生改革认同的发生机制以及影响因素，研究增进新时代大学生改革认同的有效路径，构建增进新时代大学生改革认同的有效机制，具有重要意义。

（一）研究背景

改革作为党和国家伟大事业发展过程中的一项重大举措，在推动我国社会主义事业发展过程起到举足轻重的作用。改革作为我国重要的治国理政方针，历经了40多年并在不断深化。1978年党的十一届三中全会作为划时代的一个会议，开启了改革开放和社会主义现代化建设历史的新征程，推动中国社会主义事业进入了改革开放和现代化建设的历史新时期。自从我国实行改革开放方针以来，改革作为一个重要议题为党中央提出并不断进行探讨，改革作为我国社会主义伟大事业发展的必然选择被不断强调。推动改革的力量越来越强，党和国家对改革的探讨也越来越深入。党的十三大提出"以经济建设为中心，坚持四项基本原则，坚持改革开放"的基本路线，明确把

---

① 习近平. 在纪念五四运动100周年大会上的讲话［N］. 人民日报，2019-05-01.

"改革开放"确立为党的基本路线中"两个基本点"之一，进一步突出了改革开放的重要地位；党的十八大提出全面深化改革的重要战略部署，强调全面深化改革的重要性并对全面深化改革进行部署；党的十八届三中全会作为另一个划时代的会议又开启了全面深化改革、系统整体设计推进改革的新时代，大会通过的《中共中央关于全面深化改革若干重大问题的决定》对进一步深化改革做了更加全面而深入的部署，这是对党的十八大提出的全面深化改革战略部署的进一步贯彻落实，是结合社会发展新形势对全面深化改革的进一步阐释；党的十九大提出要进一步"坚持全面深化改革"，把全面深化改革作为习近平新时代中国特色社会主义思想的重要组成部分，对新时代如何全面深化改革进行了更加全面深入和细致的阐释。以习近平同志为核心的党中央更加肯定改革开放以来取得的各项成就，更加坚定继续深化改革的决心。

全面深化改革作为以习近平同志为核心的党中央治国理政"四个全面"战略思想中的重要内容之一，是中国共产党在新时代建设和发展国家的重要举措，对我国社会主义事业的发展起到了巨大的作用，是实现伟大复兴"中国梦"的必然选择。习近平在主持十八届中央政治局第二次集体学习会时发表讲话指出，"改革开放只有进行时没有完成时。没有改革开放，就没有中国的今天，也就没有中国的明天"①。改革是被历史证明了的推动国家发展进步的正确方针，必须长期坚持并予以深入推进。改革的进一步全面深化是时代发展的需要，是国家发展的必需，全面深化改革具有较大重要性和必要性。党的十九大报告指出，"只有社会主义才能救中国，只有改革开放才能发展中国、发展社会主义、发展马克思主义。必须坚持和完善中国特色社会主义制度，不断推进国家治理体系和治理能力现代化，坚决破除一切不合时宜的思想观念和体制机制弊端，突破利益固化的藩篱，吸收人类文明有益成果，构建系统完备、科学规范、运行有效的制度体系，充分发挥我国社会主

---

① 习近平谈治国理政（第1卷）［M］．北京：外文出版社，2018：69．

义制度优越性"①。可见，改革对于中国特色社会主义伟大事业的发展而言至关重要，改革是被社会历史实践证明了的正确抉择，改革开放是中国共产党必须坚持并加以不断深化的正确方针路线。我国社会主义伟大事业建设过程中，党中央科学部署，果敢决策，不断推进我国改革事业向前深入发展。改革作为新时代党和国家的正确发展方针，对于党和国家伟大事业的进一步向前发展将起到更加重要的作用。同时，社会主义事业的前途和未来，需要以广大人民群众对党和政府的信任为基础，需要广大人民群众的认可与支持。国家发展过程中，社会成员对党的信任和信仰对国家的政治稳定、前途命运乃至整个国家社会的发展都产生较大的影响。在新的历史条件下，面对国内国际错综复杂的矛盾局面，面对国家发展过程中存在的各种矛盾和问题，面对部分社会成员中存在的改革认同差异现象，进一步增进社会成员对改革的认同，是我国社会全面发展的客观需要，是新时代全面深化改革的必然要求。

新时代大学生是我国社会主义伟大事业建设的先锋部队和新生力量，是中国特色社会主义事业的未来建设者和接班人。大学生作为国家未来发展的中坚力量，他们的改革认同程度较大地影响着国家改革发展的进程，影响着国家的发展与社会的和谐稳定，新时代研究大学生的改革认同具有重要意义。但由于新时代的特征和大学生自身的特点，大学生思想的形成受到多种因素影响，大学生对改革认识不科学不全面的情况也不同程度地存在。一方面，大学生容易受多元信息中的负面信息影响而对改革产生不科学的认识。大学生身处信息化、文化多样化、价值多元化的现代社会，多渠道接触各种信息，容易受到西方意识形态多样化的冲击，容易受到西方意识形态影响，同时也容易受到社会上其他一些不良思想影响。与此同时，我国社会发展过程中也存在一些问题，包括伴随改革开放过程存在的贫富差距、环境污染、看病难等问题，加上社会发展过程中出现的一些其他不良现象等，这些都使

---

① 习近平. 决胜全面建成小康社会　夺取新时代中国特色社会主义伟大胜利——在中国共产党第十九次全国代表大会上的报告［M］. 北京：人民出版社，2017：21.

得部分大学生在一定程度上对党和国家的改革产生认同差异，对国家发展前景提出一定的质疑，对政府运作绩效抱有某种程度的疑虑，对于改革事业是否进一步认可与支持有所犹豫。另一方面，大学生自身具有的身心特点也影响了大学生对改革认知的全面性和科学性。新时代大学生多为"00后"，作为青年学子具有自身的个性特征。新时代大学生思想比较独立，行为比较自主，比较追求自我表现，看待问题倾向于坚持自我的看法；但与此同时，新时代大学生由于自身社会阅历、社会经验以及知识水平等方面的局限性，在对党和国家的改革路线方针政策等方面的认识上存在着某种程度的不足，在对改革问题的剖析上存在一定程度的偏差，在对改革现象的研判中存在某种程度的不全面性和不科学性。新时代大学生的个性特点影响其对改革的认同与支持，影响其改革认同程度。因此，结合新时代社会发展形势与大学生个性特点，调查研究新时代大学生改革认同的状况，探讨新时代大学生的改革认同程度，研究分析如何更好地增进新时代大学生改革认同，提高新时代大学生的改革认同程度，具有重要意义。

（二）研究意义

（1）深化认同理论研究。本研究在结合当前学术界关于"认同"的相关理论研究的基础上，通过实证调研剖析新时代大学生的改革认同现状，研究新时代大学生改革认同的发生机制，探讨分析新时代大学生改革认同的影响因素，提出增进新时代大学生改革认同的有效引导路径，从理论上探索新时代大学生改革认同的形成与发展规律，形成对新时代大学生改革认同理论的探讨。而目前学界中针对改革主题而进行的认同研究比较少，特别是针对青年大学生群体在改革认同方面的研究尚存空缺，本研究从"改革"的角度入手，以新时代大学生为研究对象，探讨分析当代大学生改革认同问题，深化了认同理论研究。

（2）推动改革制度完善发展。本研究从"认同"的角度探讨新时代大学生改革认同问题，有助于弥补当前大学生改革认同问题研究的不足。剖析新时代大学生改革认同的现状和问题产生的原因，研究新时代大学生改革认同生成的影响因素、发生机制并提出增进新时代大学生改革认同的有效策略，有利于明确新时代大学生对党和国家改革事业的认知情感现状和未来的发展趋势，给党和国家决策者在制定改革相关制度的时候提供决策参考，有利于进一步推动我国改革制度的建立健全与完善发展。

（3）完善高校改革认同教育机制。新时代大学生改革认同教育属于高校思想政治教育的重要内容之一，是高校学生思想引领的重要组成部分，是对大学生思想政治教育理论的重要探索。增进新时代大学生改革认同是我们党培养和造就社会主义事业合格建设者和可靠接班人的重要方面，旨在帮助大学生确立正确的改革审视观，坚定对党和国家在各方面改革的认同。笔者通过实证调查研究，认真剖析新时代下大学生改革认同的有效引导路径，建立新时代大学生改革认同教育的长效机制，有利于完善和健全高校学生认同教育机制，提高高校学生认同教育实效性，同时也有利于加强高校思想引领相关理论研究，从理论上丰富高校思想政治教育内容。

（4）推进党和国家改革方针的科学制定。改革认同问题的研究，对于我们党和国家领导集体进一步科学制定改革方针有着较大的影响。本研究通过实证调查，探讨分析当前国家在改革的目标、内容、方式、方法等方面，新时代大学生与社会改革期望之间的关系，研究两者之间的融合度，进一步深入探讨今后改革的方向和趋势，为党和国家领导集体制定科学的改革方针提供决策参考。通过本研究，有利于党和国家更好地结合对新时代大学生这一群体的改革认同现状特点的研究结果来更加科学地制定相关改革方针政策，进而推动改革事业的进一步发展。

（5）维护国家社会的稳定发展。新时代大学生是我国社会主义事业未来建设者和接班人，是未来社会发展的中坚力量。增进新时代大学生的改革认同，提升大学生改革认同程度，事关国家改革事业的发展，影响党的长期执政和国家的长治久安。新时代背景下，研究大学生的改革认同问题并提出决策参考，加强新时代大学生改革认同教育，有利于保证高校办学坚持社会主义方向，坚持党的领导，平衡党和国家改革方针政策与大学生群体期望之间的关系，有利于维护国家稳定和社会发展。

（6）促进高校思想教育工作的开展。笔者在理论研究和实证研究的基础上，重点分析新时代下大学生改革认同的现状和制约因素，同时探讨新时代大学生改革认同教育过程中存在的问题和不足，剖析问题产生的原因并有针对性地提出增进当代大学生改革认同的有效路径。笔者通过对新时代大学生改革认同问题的研究，把握新时代大学生改革认同的形成规律，探讨新时代大学生思想政治教育的有效路径，有利于促进高校思想教育工作实效性的提升。

二、国内外研究现状述评

为了更好地开展本课题研究，笔者对国内外相关研究进行了梳理研读。经过对课题相关文献资料的收集和研读，纵观学界研究情况，当前学界关于"认同"这一命题的相关研究成果，主要集中在"国家认同"、"政治认同"和"政党认同"等方面。国内外学者主要是以社会大众群体为研究对象，从国家、政治、政党等方面开展对以上相关领域中"认同"的研究。当前国内外学者的研究成果是本研究的前提基础，为本研究的深入开展提供了参考，是本研究得以深入进行的宝贵参考材料。

（一）国外研究现状

1. 关于国家认同的研究

"国家认同"这个概念是在 20 世纪六七十年代行为主义革命时期的政治学领域最先提出，后来在其他学科领域也作为研究课题被学者们进行研究。关于"国家认同"这一课题的研究，国外学者相对开展得比较早。纵观学界相关研究，国外学者主要从政治的视角和文化心理的视角两方面开展研究。第一，关于国家认同的政治视角研究。美国学者阿尔蒙德和鲍威尔是国家认同研究的创始者，在开展研究的过程中，他们首次将"认同"的概念置于国家层面上来研究，并且从国家政治的视角来进行探讨。关于国家认同问题，阿尔蒙德和鲍威尔是从"国家的认同意识"这方面入手来进行探讨。阿尔蒙德和鲍威尔通过研究指出，"政治共同体，就是结合在同一政治过程中的许多个人所组成的群体。用政治发展理论的语言来表示，对政治共同体的支持问题常常被称为'国家的认同意识'问题"①。阿尔蒙德和鲍威尔主要是从政治的视角出发来对"国家认同"进行探讨，结合认同主体对政治共同体的支持来研究国家认同问题，指出了"国家认同"问题是一种对"政治共同体"的支持与认同问题。而且，阿尔蒙德和鲍威尔还就"国家认同意识的危机"这一问题展开探讨，指出"要解决有关国家认同意识的危机可能是一个非常困难的问题"②。在这里，阿尔蒙德和鲍威尔是从"国家认同危机"的角度来分析国家认同问题，通过"国家认同危机"来研究"国家认同"。美国新时代著名的国际政治理论家塞缪尔·亨廷顿也从政治的角度来研究国家认同问题。塞缪尔·亨廷顿结合美国面临的调整问题来研究，指出没有一个社会能够永恒存在，社会在发展过程中会受到分解和衰落等威胁，为了更好地维系社会的存在，社会必须思考应对的办法，而这个办法就是增进国民的国家认同。塞缪尔·亨廷顿通过研究指出，"有的社会当生存受到严重挑战时，也能够推迟其衰亡，遏制其解体，办法就是重新振作国民身份和国家特性意识，振奋国家的目标感，以及国民共有的文化价值观"③。塞缪尔·亨廷顿主要强调国家认同的重要性所在，认为国民身份意识的振作、国家目标感和国民文化价值观的增强等是推迟国家衰亡和遏制国家解体的有效路径，指出了国家认同在国家稳定发展中的重要作用，表明国家认同对于国家稳定发展的重要意义。第二，关于国家认同的文化心理视角研究。从文化心理角度来分析国家认同问题，在西方最早源于奥地利心理学家弗洛伊德的研究。心理学家弗洛伊德最先在心理学领域把"认同"作为一个专业术语引入其中进行研究，在其著作《梦的解析》《精神分析引论》中均对"认同"问题进

---

① ［美］加布里埃尔·A. 阿尔蒙德，小 G. 宾厄姆·鲍威尔. 比较政治学：体系、过程和政策［M］. 曹沛霖，郑世平，公婷，等译. 上海：上海译文出版社，1987：38.

② ［美］加布里埃尔·A. 阿尔蒙德，小 G. 宾厄姆·鲍威尔. 比较政治学：体系、过程和政策［M］. 曹沛霖，郑世平，公婷，等译. 上海：上海译文出版社，1987：39.

③ ［美］塞缪尔·亨廷顿. 我们是谁——美国国家特性面临的挑战［M］. 程克雄，译. 北京：新华出版社，2005：11.

行了研究。弗洛伊德主要是从心理的视角，结合个体本能的内省去研究个体对自我和群体的认识，并在此基础上对"认同"进行剖析。美国精神心理学家、后弗洛伊德学派学者埃里克森则在弗洛伊德研究的基础上，结合对"认同危机"的分析，将"认同"进一步在心理学范畴内进行重点研究。埃里克森在其相关著作对"认同"进行了进一步探讨，其中包括《儿童和社会》《同一性：青少年与危机》《同一性与生命周期：一种新观点》等著作。埃里克森通过研究指出，认同是一种在人与人之间、群体与群体之间的交往过程中所发现的差异、特征和归属感，认同并不仅仅是个体自我心理的反映。可见，埃里克森从群体的层面对认同进行了研究，并通过研究认为，认同除了包括自我认同，也包括对群体的认同。英国社会学家安东尼·吉登斯通过研究指出，现代性是一种文化，"在极盛现代性情境下，各种不同因素直接影响着自我认同与现代制度之间的关系"①。安东尼·吉登斯指出文化在认同生成过程中的重要性，强调历史文化对于国家认同产生的重要影响。加拿大哲学家查尔斯·泰勒认为，基于现代文化和社会的重大变化，关于认同的研究需要做现代性的新理解，指出认同具有文化特点，认同具有民族性与国家性，"认同是由提供框架或视界的承诺和身份规定的，在这种框架和视界内我能够尝试在不同的情况下决定什么是好的或是有价值的，或者什么应当做，或者我应赞同或反对什么"②。在此，查尔斯·泰勒也指出了文化对现代认同形成的重要影响。另外，美国学者曼纽尔·卡斯特也从文化角度对认同进行了研究。他在其著作《认同的力量》中指出，"认同（identity）是人们意义（meaning）与经验的来源。通过涉及社会行动者（socil actor）的认同概念，我把意义建构的过程放到一种文化属性或一系列相关文化属性的基础上来理解，而这些文化属性相对于意义的其他来源要占有优先地位"③。

---

① ［英］安东尼·吉登斯. 现代性与自我认同（晚期现代中的自我与社会）［M］. 夏璐，译. 北京：中国人民大学出版社，2016：29.
② ［加］查尔斯·泰勒. 自我的根源：现代认同的形成［M］. 韩震，等译. 南京：译林出版社，2001：37.
③ ［美］曼纽尔·卡斯特. 认同的力量［M］. 曹荣湘，译. 北京：社会科学文献出版社，2006：5.

曼纽尔·卡斯特指出了文化对于认同的重要意义所在。同时，曼纽尔·卡斯特指出，在网络化时代，网络文化对于人们的经验系统和意义系统都产生了巨大的影响，人们的思想受到多方面的冲击，国家认同问题是文化认同问题。① 结合当今信息化时代，曼纽尔·卡斯特也指出了网络文化对国家认同的影响，强调了网络文化的重要作用。

　　2. 关于政治认同的研究

　　关于"政治认同"的相关研究，西方学者对政治认同理论的研究时间比较长，规范化程度比较高，主要集中在第二次世界大战之后。纵观国外学者的相关研究，政治文化的视角和政治合法性的视角是多数学者开展"政治认同"研究的切入点，大多数学者对政治认同的研究是从这两个角度来开展。第一，关于政治认同的政治文化视角研究。美国政治学家罗森堡姆较早对"政治认同"这一概念进行研究，他在其著作《政治文化》中指出，"政治认同，是指一个人感觉他属于什么政治单位（国家、民族、城镇、区域）、地理区域和团体，在某些重要的主观意识上，此是他自己的社会认同的一部分，特别地，这些认同包括那些他感觉要强烈效忠、尽义务或责任的单位和团体"②。罗森堡姆立足个人主观意识，结合文化对政治认同进行了研究，指出政治文化对政治认同的影响，强调政治文化对于政治认同生成的重要作用。美国政治学家阿尔蒙德则从政治体系的视角切入来对政治认同问题进行研究，通过分析人们对政治体系的依附对"政治认同"进行阐述。阿尔蒙德在其著作《比较政治学：体系、过程和政策》中指出，政治体系"不仅包括政府机构，如立法机关、法院和行政部门，而且包括所有结构中与政治有关的方面"③。在此，阿尔蒙德指出了"政治体系"涉及因素的多样性，表明

---

① ［美］曼纽尔·卡斯特. 认同的力量［M］. 曹荣湘，译. 北京：社会科学文献出版社，2006：332—336.

② ［美］罗森堡姆. 政治文化［M］. 陈鸿宇，译. 台湾：桂冠图书有限公司出版社，1984：6.

③ ［美］加布里埃尔·A. 阿尔蒙德，小G. 宾厄姆·鲍威尔. 比较政治学：体系、过程和政策［M］. 曹沛霖，郑世平，公婷，等译. 上海：上海译文出版社，1987：5.

了政治体系的复杂多样性。同时，阿尔蒙德也通过研究表明，政治体系是一个包括环境、输入、转换、输出和反馈等部分的系统，认为研究政治体系问题，既要研究这个政治体系在特定时期的实际作为，也要研究这个政治体系的基本倾向。政治文化作为政治体系的基本倾向，属于政治体系心理的方面，它包括国民当时盛行的态度、信仰、价值观和技能等方面。① 阿尔蒙德在这里指出了政治文化对政治体系的重要影响。美国政治学家戴维·伊斯顿在其著作《政治生活的系统分析》中指出，"把政治生活看作一个行为系统，它处于一个环境之中，本身受到这种环境的影响，又对这种环境产生反作用"②。在这里，戴维·伊斯顿指出政治生活是一个系统，"必须把它看作是处于自然的、生物的、社会的和心理的环境包围之中"③，认为政治生活系统受到自然的、生物的、社会的以及心理的等多种内外环境的共同制约，同时也对环境具有适应和反馈功能。戴维·伊斯顿指出了政治心理对政治生活的影响作用。第二，关于政治认同的政治合法性视角研究。美国学者西摩·马丁·李普赛特在其著作《政治人：政治的社会基础》中指出，"政治系统使人们产生和坚持现有政治制度是社会的最适宜制度的信仰的能力，也就是说，是政治认同在支撑政治制度的合法性"④。西摩·马丁·李普赛特指出政治合法性的实质是政治权力能否获得普遍认可，即是否得到政治的认同，从合法性的角度对政治认同进行研究。德国著名学者哈贝马斯通过研究表明，"一个合法的程序应该得到承认。合法性意味着某种政治秩序被认可的价值——这个定义强调了合法性乃至某种可争论性的有效性需求，统治秩序

---

① ［美］加布里埃尔·A. 阿尔蒙德，小 G. 宾厄姆·鲍威尔. 比较政治学：体系、过程和政策 ［M］. 曹沛霖，郑世平，公婷，等译. 上海：上海译文出版社，1987：3—54.

② ［美］戴维·伊斯顿. 政治生活的系统分析 ［M］. 王浦劬，译. 北京：人民出版社，2012：16.

③ ［美］戴维·伊斯顿. 政治生活的系统分析 ［M］. 王浦劬，译. 北京：人民出版社，2012：17.

④ ［美］西摩·马丁·李普赛特. 政治人：政治的社会基础 ［M］. 张绍宗，译. 上海：上海人民出版社，1997：55.

的稳定性也依赖于自身（至少）在事实上的被承认"①。哈贝马斯主要是从政治合法性的视角，从政治合法性是否存在被认可的价值来研究政治认同问题，指出了统治的稳定有赖于"被承认"，也即是表明了认同是维护稳定的基础。

3. 关于政党认同的研究

西方学者关于"政党认同"研究的内容主要包括政党认同的概念、政党认同的作用、政党认同的影响因素、政党认同的有效路径等几个方面。政党认同的研究最早始于美国学者对选举行为的分析，随后其他西方学者也对政党认同进行了研究。"政党认同"这一概念最早是由美国心理学家安格斯·坎贝尔在其著作《美国的选民》一书中提出。安格斯·坎贝尔主要是结合社会心理学，通过个体分析模式的研究来对政党认同进行分析。安格斯·坎贝尔通过研究指出，政党认同是一种情感倾向，是选民心理上对于某一政党的认同，体现了个体对群体的效忠。政党认同作为个体对政党认可的一种心理表现，对于选民的投票行为有着较大的影响。② 美国新时代著名政治学家迈克尔·罗斯金也结合选举行为来对政党认同进行研究，通过选民选票的情况来分析政党认同与选民选票的关系。他主要从政党认同在选民选票行为中所起到的作用这一角度出发来开展研究，指出政党认同对选民选票行为产生了较大的影响。迈克尔·罗斯金认为，政党认同影响投票行为，政党认同决定投票决定，人们在选举的过程中很大程度上受到政党认同的影响，指出"政党认同是人们选举投票的一个重要影响因素"③，影响着人们对如何投票的思考，对人们的投票行为产生较大的影响。美国学者约翰·毕比通过研究认为，"政党认同对选举具有长期的、稳定的影响，因为它同经常发生变动的

---

① ［德］尤尔根·哈贝马斯. 交往与社会进化 ［M］. 张博树，译. 重庆：重庆出版社，1989：184.

② ANGUS CAMPBELL. The American Voter ［M］. New York：John Willey&Sons，1960：121.

③ ［美］Michael G. Roskin（迈克尔·G. 罗斯金）等. 政治科学（第十版）［M］. 王浦劬，译. 北京：中国人民大学出版社，2011：220.

事件或者生活环境不一样,一个选民的政党认同是相当稳定的"①。可见,约翰·毕比也指出了政党认同对选举的影响,而且强调了政党认同这种影响的长期性和稳定性。另外,有些学者则从政党认同的影响因素入手来进行研究。关于政党认同的影响因素,学者们通过研究强调,议题对于政党认同的转换产生较大的影响,指出政党在某些议题上的相对立场对政党认同的形成有很大的关系,指出选民的议题立场对他们评价政党有重要影响,而他们对政党的评价对其政党认同及投票都有重要影响。美国政治学家阿尔蒙德通过研究指出,不断变化的问题会改变选民的态度,会改变选民对政党支持的模式。阿尔蒙德以美国选民投票为例,指出到20世纪60年代末,"作为对这些触及他们日常生活的新问题和政党各种改变的选择的反应,并考虑到社会变化本身,美国的选民逐渐开始兼投一党以上的候选人的票。他们在各级政府的选举中,投票支持不同政党的候选人,并开始从问题出发而不是从认定某个政党出发来投票"②。阿尔蒙德认为,随着时代的发展,选民在各级政府选举中的态度受到议题立场的影响,选民会基于议题立场来考虑是否认同某一政党。

(二)国内研究现状

1. 关于国家认同的研究

第一,关于国家认同内涵的研究。国内学者主要从国家认同的内容、层次和维度等方面对国家认同内涵进行阐释。杨岚、高维结合对英国国家认同教育的研究,指出当前世界各国都面临着国家认同危机,强调国家认同教育的重要性和必要性。杨岚、高维还指出,英国作为一个多民族国家,在国家认同教育方面尤其注重对国家核心价值观、国家认同的学校课程和关于民族认同与国家认同冲突等方面的教育研究,英国的这种做法对我国的国家认同

---

① BIBBY J E. Politics, parties and election in America [M]. Chicago: Nelson-Hall Publishers, 1996: 263.

② [美] 加布里埃尔·A. 阿尔蒙德, 小 G. 宾厄姆·鲍威尔. 比较政治学: 体系、过程和政策 [M]. 曹沛霖, 郑世平, 公婷, 等译. 上海: 上海译文出版社, 1987: 250.

教育具有借鉴作用。① 彭斌指出，社会成员的国家认同是实现国家治理现代化非常重要的心理基础，社会成员的国家认同同时也是保障国家长治久安的基本要素。国家认同是社会成员对国家的肯定、赞同和认可，是社会成员对国家内在的依赖感、归属感与认同感，是一种发自内心的对国家的认可。同时，他也指出国家认同涵盖因素的多样性，认为国家认同不是国家单方面的意志表达和要求，而是由多维度、多范畴、多层次的认同要素复合而成的，指出国家认同是社会成员在身份、领土、制度、文化价值、社会结构与秩序等各个方面认同的统一和融合。② 吴玉军指出，国家是一种政治共同体，对内具有统治权对外具有国家主权性，国家是内含制度、文化、民族血缘的共同体。国家除了表征包含领土、人口等自然因素，还包含政治、历史等因素；国家也是一种文化共同体，涵盖语言、文化、历史记忆等因素。同时，对于多民族国家而言，国家的存在与发展要建立在各个民族对中央政权认同的基础之上，需要各个民族对超越各个民族文化特征的共同的民族文化的认同。他通过研究指出，国家认同包括政治（制度）认同、文化认同和民族认同这几个基本维度，是对国家的多维度认同。③ 方立江认为，国家认同是个政治文化概念，是一个国家的公民对自己归属哪个国家的认知以及对这个国家构成要素，如政治、文化、民族等要素的评价和情感，是涵盖了民族认同、文化认同以及国家政治制度认同等层面的综合的认同。方立江主要是从政治文化的角度入手，研究国家认同与政治文化的关系，指出国家认同主要是政治文化认同，政治文化是国家认同的重要方面。④ 马进也从文化视角出发来进行研究，指出国家认同的文化解释是将历史和现实、古代和现在、思

---

① 杨岚，高维. 英国国家认同教育研究及其启示 [J]. 教育导刊，2019（4）：85—91.

② 彭斌. 理解国家认同——关于国家认同的构成要素、困境与实现机制的思考 [J]. 社会科学战线，2018（7）：203—209.

③ 吴玉军. 论国家认同的基本内涵 [J]. 中国特色社会主义研究，2015（1）：48—53.

④ 方立江. 国家认同相关几个概念涵义及其关系的辨析 [J]. 青海师范大学学报（哲学社会科学版），2016（5）：38—42.

想和实践同构的"深描"和"浅描"的结合。他认为,对于国家认同的文化解释是大和小的结合和处理。国家认同的基本理论、基本观念和基本思想等大的方面通过文化解释的"浅描"完成,国家认同的民族特色、文化特色和实现路径等小的方面通过文化解释的"深描"完成。① 关于国家认同的内涵,大部分学者都指出了国家认同的多维性,认为国家认同是涵盖了多方面的对国家的综合认同。

第二,关于国家认同影响因素的研究。国内学者主要是从家国情怀、文化传播、历史记忆、意识教育、利益需求等方面进行研究。王冬云指出,家国情怀有利于将治世理想转化为一种道德涵养,有助于协调个体利益与整体利益,认为家国情怀能够激发个体的情感共鸣,指出在国家认同建构的过程中,家国情怀是重要的影响因素,国家认同的构建需要注重家国情怀作用的发挥,要通过加强社会成员的家国情怀来增进国家认同。② 王馨莹通过对云南民族文化影视传播的研究,认为云南民族文化影视传播在国家认同的初步建构、逐渐深化以及进一步塑造的不同阶段都起到了重要作用,指出要以更具影响力的影像建构,发挥新时代云南民族文化影视传播的作用来促进国家认同的建构。③ 曾楠通过对改革开放 40 周年纪念活动实践样本的分析指出,政治仪式在明晰国家身份归属、强化国家话语力量、提升国家形象等方面具有十分重要的价值功能,政治仪式是具有唤醒集体记忆、彰显主流价值、呈现综合实力等功能的象征性活动,在国家认同的建构过程中,政治仪式产生重要的影响,需要发挥政治仪式对国家认同建构的作用。④ 吴玉军、顾豪迈通过研究认为,历史记忆对国家认同的建构产生较大的影响,指出历史记忆对引导国民形成对国家同一性和连贯性的认知、建构全体成员共属一体的牢固想象、激发民众为国家奋斗的决心和勇气等方面的重要作用,认为现代国

---

① 马进. 国家认同:文化解释视角的探讨 [J]. 甘肃社会科学, 2016 (2): 51—54.
② 王冬云. 国家认同建构中的家国情怀 [J]. 长白学刊, 2019 (2): 151—155.
③ 王馨莹. 论云南民族文化影视传播发展对国家认同的影像建构 [J]. 云南行政学院学报, 2019 (2): 38—42.
④ 曾楠. 政治仪式建构国家认同的理论诠释与实践图景——以改革开放 40 周年纪念活动为例 [J]. 探索, 2019 (3): 51—60.

家要增强社会成员的国家认同感，必须通过优秀历史文学影视作品创作、历史教科书的科学编纂、叙事方式的恰当运用等历史记忆手段来实现。[1] 章秀英、戴春林通过对江苏省、浙江省、山东省等 10 个省市的 1500 名公民的调查，考察公民国家认同感发展现状及影响因素。他们通过调查研究指出，社会主义意识形态教育、公民利益需求、公平需求满足等因素对国家认同产生较大的影响。[2] 何博针对对外抗争时期这一时段的国家认同进行研究，通过研究指出不同时期国家认同的不同情况，其中，晚清时期由于国家认同外部参照的长期缺位、国家政治生活重心的内向化特征明显、古今意识强烈而中外意识淡漠等原因，国家认同出现困惑；清末民初时期，由于民族政策的历史局限造成了国家认同的巨大危机；抗战时期，由于"民族之敌"的出现和中国共产党的民族政策调适迎来国家认同的高涨，指出外部参照和民族政策是影响国家认同的重要因素。[3] 周光辉、李虎立足领土认同来探讨国家认同问题，指出领土体现了国家的整体性特征，是现代国家的构成要素和主权的核心内容，是国家认同的基础。对于国家认同问题而言，认为公民的国家认同是现代国家统一和政治稳定的基础，公民国家认同的形成在于对现代国家的整体性特征的认知和认同。领土认同是民族认同和制度认同能够在国家认同层面发挥作用的必要前提，是国家认同的重要影响因素。[4] 学者们的研究表明，国家认同涵盖了对国家多方面的认同，国家认同影响因素也涉及很多方面。

第三，关于国家认同提升路径的研究。国内学者通过研究，指出了国家认同的提升路径涵盖了不少的方面，需要从文化弘扬、资源开发、教育强化

---

[1] 吴玉军，顾豪迈. 国家认同建构中的历史记忆问题 [J]. 中国特色社会主义研究，2018 (3)：69—76.

[2] 章秀英，戴春林. 公民国家认同感发展现状及影响因素——基于 10 省市问卷跟踪调查（2011—2014）[J]. 马克思主义与现实，2017 (4)：188—196.

[3] 何博. 近代对外抗争史中的国家认同与民族觉醒问题研究 [J]. 思想理论研究，2016 (9)：43—48.

[4] 周光辉，李虎. 领土认同：国家认同的基础——构建一种更完备的国家认同理论 [J]. 中国社会科学，2016 (7)：46—64.

等多方面路径来思考。吴玉军通过研究表明，历史记忆在国家认同的建构过程中发挥着十分重要的作用，指出要通过坚持中华民族叙事立场，牢固树立中华民族共同体意识，通过中华优秀传统文化、革命文化和社会主义先进文化的大力弘扬等路径来发挥历史记忆在国家认同建构中的作用。① 郑婷、陆阳从档案信息资源开发的角度出发，指出档案具有见证历史、传承记忆等作用，强调档案在国家改革认同建构中的重要作用，认为强化国民的国家认同，需要有效地开发档案信息资源，同时强调在开发档案信息资源的过程中要注重严格遵循历史真相开发富有国家特色的档案资源，深入挖掘档案资源来增强国民凝聚力。② 黄成华从港澳青年群体在文化认同、民族认同、国家认同等方面存在着差异化的现状出发来开展研究，并通过研究指出，增强港澳青年群体的国家认同感需要通过强化爱国爱港爱澳的教育、加强中国文化建设等途径来实现。③ 柴民权、管健从社会心理理论范式和话语体系的角度来研究国家认同。他们通过研究指出，当前的国家认同研究面临发展困境，国家认同要建构由社会认同、群际关系和社会表征为理论导线，包含"个体认同—民族认同—国家认同"和"国家认同—个体认同"两种关系向度的社会心理路径。④ 杜兰晓通过对浙江省高校大学生进行实证调查指出，当今时代，存在国际环境复杂多变和国内社会问题层出不穷等情况，这对大学生的国家认同产生了较大的影响，冲击着大学生国家认同的生成。大学生对国家是否认同，较大程度地影响着未来中国的政治进程和前途命运。杜兰晓指出要结合国内外经验实际来开展对大学生国家认同的培育，大学生国家认同培育，既要立足国际吸取科学的经验做法，吸取亚洲发达国家在国家认同教育

---

① 吴玉军. 传承历史记忆：国家认同建构的重要路径 [J]. 人民论坛，2019（1）：116—117.
② 郑婷，陆阳. 基于强化国家认同的档案信息资源开发探析 [J]. 北京档案，2019（3）：14—17.
③ 黄成华. 推动港澳青年增强文化认同、民族认同、国家认同的路径和方式研究 [J]. 前沿，2019（2）：20—28.
④ 柴民权，管健. 从个体认同到国家认同：一个社会心理路径 [J]. 南京社会科学，2018（11）：76—81.

的成功经验来进行探索，也要结合国内实际情况来进行，要使大学生对国家认同真正内化于心、外化于行，必须通过学校教育、主体素质提高和认同实践等途径共同促进。杜兰晓通过研究表明，大学生国家认同教育有效路径的构建具体需要从以下方面考虑：其一，发展经济，国家认同教育的物质基础是提升经济实力；其二，发展政治，国家认同教育的制度保障是民主政治的推进；其三，发展文化，国家认同教育的精神支撑是文化自信的提升；其四，发展自我，国家认同教育的关键环节是加强大学生自我素质的提升。①任勇、许琼华以少数民族大学生为研究对象就国家认同这一课题进行研究，他们通过研究指出，全球化对少数民族大学生的国家认同有重要影响，要培养少数民族大学生树立正确的国家意识，引导少数民族大学生理性认识和处理全球化与国家认同的关系。少数民族大学生国家认同教育的加强，需要通过社会主义核心价值观教育、中华文化教育基础的打牢、学校教育作用的发挥和在日常生活中对国家认同教育的渗透等多种途径来实现。② 曾水兵、陈油华认为，国家认同是国家稳定和国家安全的基础，青少年国家认同教育是一个贯穿于家庭、学校和社会的系统工程。青少年国家认同教育过程中，要构建一体化的国家认同教育体系，综合发挥家庭、学校和社会等各方面因素的教育功能。只有综合发挥多方面因素的一体化作用，才能有效培育青少年的国家认同意识，提升国家认同培育的成效。③

　2. 关于政治认同的研究

　　第一，关于政治认同内涵的研究。国内学者从政治认同的定义、结构、规律等方面来进行探讨。赵刚结合对高校思想政治理论课亲和力提升和政治认同之间的逻辑关系的研究指出，"政治认同就是指政治认识、政治态度、政治情感和政治行为。政治认同作为对政治的知、情、意、念、行过程是与

---

① 杜兰晓. 大学生国家认同研究［D］. 杭州：浙江大学 2014 年博士论文：104—128.
② 任勇，许琼华. 全球化背景下少数民族大学生国家认同研究［J］. 思想政治教育，2014（10）：55—59.
③ 曾水兵，陈油华. 论青少年国家认同教育的三种基本途径［J］. 理论探索，2016（4）：5—9.

思想政治教育相通的"①。张卫良、胡文根通过对政治认同进行概念厘清、结构分析和规律探讨，指出政治认同包含了权力、价值、利益、时间、符号等因素，认为政治认同具有以下规律：政治认同的基本生成规律是在有效性中积累合法性与在合法性中提升有效性；政治认同的基本调节规律是在道德性中规制有效性与在有效性中深化道德性；政治认同的基本发展规律是在合法性中论证自洽性与在自洽性中夯实合法性。② 彭正德从政治心理的视角对政治认同进行分析，通过分析指出，"政治认同指的是人们在政治生活中产生的认可、同意的情感倾向和亲近、接纳的心理归属，它是一种心理活动，也是一种政治态度，在本质上是社会成员对政治权力的认同"③。薛中国认为，"政治认同是政治认同主体（包括个体或群体）在与政治统治体系（包括政治意识形态、政治制度、政治运行等方面）的相互作用中，对政治统治体系能动的积极的心理反应过程，指出政治认同是政治认同主体的政治认知、情感、意志、信念、行为等政治心理因素的统一"④。吕元礼认为，政治认同是"人们在社会政治生活中产生的一种感情和意识上的归属感。它与人们的政治心理有密切的关系"⑤。关于政治认同的内涵，学者们较多是从政治心理的视角来进行研究。

第二，关于政治认同影响因素的研究。国内学者通过研究指出，政治参与、利益满足、历史记忆、思维情感、媒体网络等多方面因素都对政治认同产生影响。丁良超结合帕森斯结构功能主义理论，通过研究指出，影响大学生政治认同的四维要素包括行动者变量、目标变量、情景变量、规范变量四

① 赵刚.政治认同与提升高校思想政治理论课亲和力的逻辑关系［J］.现代教育科学，2019（2）：64.

② 张卫良，胡文根.政治认同的边界、结构、规律与当代中国议程［J］.思想理论教育，2016（12）：13—19.

③ 彭正德.论政治认同的内涵、结构与功能［J］.湖南师范大学社会科学学报，2014（5）：87—94.

④ 薛中国.当代中国政治认同心理机制研究［D］.长春：吉林大学2007年博士论文：16—17.

⑤ 吕元礼.现代化进程中的政治认同危机及其克服［J］.社会主义研究，1996（3）：44—47.

个方面，具体表现为大学生的价值观、利益、满意度、政治沟通、政治参与等方面，这些都是新时代大学生政治认同形成与发展的重要影响因素。① 刘长军通过研究指出，社会转型下的政治认同通过正反双向运动呈现自身特点，是构成政党执政的重要基础。社会成员政治认同生成的过程中，社会成员的政治期望与政治获得之间的政治落差是政治认同的重要影响因素。落差越小，政治认同程度越高，反之亦然。② 詹小美从历史记忆入手来研究政治认同，指出历史记忆与政治认同有密切的关系，认为历史记忆对政治认同的生成具有重要的作用，具体表现为历史记忆与政治认同的旨归契合、关系共演、向度一致，历史记忆对政治认同产生重要的影响。③ 郑流云、佘璐则从历史虚无主义出发，研究历史虚无主义思潮对大学生政治认同的负面影响，指出历史虚无主义论者以重新评价历史、还原历史为手段，任意歪曲和否定中华民族的发展史，这些都影响了新时代大学生的政治认同，不利于大学生政治认同的生成。④ 李清聚通过研究指出，价值观为政治认同提供精神支持，是政治认同达成的深层次基础。价值观与政治认同有着密切的联系，是影响政治认同的重要因素，要发挥价值观对政治认同生成的作用。⑤ 唐慧玲、王锁明通过研究认为，公民义务感的激发与政治认同的生成有着密切的联系，政治认同依赖于公民义务感的生成，公民义务感有助于政治认同的形成。公民义务感能够促使公民理性自觉地形成政治认同，是公民政治认同的重要影响因素。⑥ 施丽红、张莹通过研究表明，政治认同是认同主体对自己所处的

----

① 丁良超. 当代大学生政治认同影响变量探析——基于帕森斯结构功能主义理论的分析视角 [J]. 山东青年政治学院学报, 2019 (5)：77—81.
② 刘长军. 试论社会转型下的政治认同 [J]. 马克思主义与现实, 2017 (6)：156—161.
③ 詹小美. 选择与建构：历史记忆固基政治认同的逻辑共生 [J]. 思想理论教育, 2016 (12)：20—26.
④ 郑流云, 佘璐. 历史虚无主义思潮对大学生政治认同的影响及消弭 [J]. 学校党建与思想教育, 2016 (12)：49—53.
⑤ 李清聚. 价值观视角下的政治认同 [J]. 理论导刊, 2016 (11)：29—31.
⑥ 唐慧玲, 王锁明. 公民义务感激发与政治认同的生成 [J]. 南京社会科学, 2016 (12)：65—70.

社会政治体系的内在接受和认可,大学生的政治认同关系着我国当前的政治稳定。同时,指出网络的发展对大学生政治认同培育产生了正反两方面的影响:一方面,网络的便捷性、开放性和交互性等特点给大学生政治认同的培育带来了积极影响;另一方面,西方多元文化通过网络加以传播,网络对社会负面信息的扩散和放大会对大学生的政治认同产生负面的引导作用,不利于大学生政治认同的培育。① 黄建龙指出,影响大学生政治认同的因素包括很多方面,其中包括西方意识形态渗透、市场经济的趋利性、我国政治文明建设的不完善、大学生的公民意识不足等因素。② 武彦斌则通过对错误思潮的研究来探讨政治认同问题,指出新时代错误思潮对大学生政治认同产生的负面影响,认为新时代主要错误思潮中的历史虚无主义思潮、新自由主义思潮、民主宪政思潮、民主社会主义思潮、普世价值思潮等对大学生的政治认同产生不同程度的负面影响,这些不利于大学生政治认同的形成。③ 关于政治认同的影响因素,学者们主要是从积极因素和消极因素两方面进行探讨,指出了影响政治认同的各方面因素。

第三,关于政治认同提升路径的研究。国内学者主要从课堂教学、网络教育、文化传播、环境营造等多方面路径来探讨。李凯、陈梅花从政治课程提升的角度出发,指出要建构基于政治认同素养培育的高效活动课教学模式,通过政治课教学内容活动化、活动设计内容化等路径来有效培育学生的思想政治核心素养,从而增加学生的政治认同。④ 张瑞、王清荣以民族地区青年为研究对象进行研究,指出新时代是信息化网络化的时代,民族地区青年政治认同面临新的机遇和挑战,必须通过抓好民族地区青年对伟大祖国、

---

① 施丽红,张莹. 网络对大学生政治认同的影响及应对 [J]. 学校党建与思想教育,2015 (12):39—41.
② 黄建龙. 当代大学生政治认同的影响因素与对策分析 [J]. 人民论坛,2013 (3):150—151.
③ 武彦斌. 当代主要错误思潮对我国大学生政治认同影响研究 [D]. 武汉:中国地质大学 2016 年博士论文:74—117.
④ 李凯,陈梅花. 活动型学科课程提升政治认同 [J]. 思想政治课教学,2019 (2):17—21.

中华民族、中华文化、中国共产党、中国特色社会主义的"五个认同"、实现话语载体多样化和强化网络化建设等路径来提升民族地区青年的政治认同。① 潘丽文认为，红色历史文化对于政治合法性的体现和政治认同的培养都起到了较大的作用，培养和建构青年政治认同，需要借助红色记忆，充分发挥红色记忆的作用，通过符号唤醒记忆以激发政治认知，借助话语沟通记忆以增进政治情感，从而增进青年政治认同。② 叶芳芳从学术话语权的角度出发，通过研究认为，学术话语权的使用与融入是政治认同提升的有效途径，要通过建立和完善与主流学术界对话的话语体系、加强学术话语权体系的政治认同功能、深化学术话语权在执政伦理建设中的运用、在中国特色社会主义道路实践中健全话语权和政治认同等路径来提升政治认同。③ 胡艳蕾、李晓明结合对我国中产阶层普遍存在的政治冷漠、"集体出逃"而产生一定程度的政治认同危机的现状，通过研究指出，要提升我国中产阶层的政治认同，应通过对我国中产阶层价值观、政治身份文化、政治参与文化和政治社团文化的重建等途径来实现。④ 孔德永指出，在社会转型期的时代背景下，现代社会不同于传统农业社会和计划经济社会，我国公民的政治认同发生了显著变化。时代的发展要求使公民从原来的消极认同模式向积极认同模式转变，新时代需要重新建构公民政治认同。他认为，公民政治认同的具体建构模式主要包括从自由到平等的积极认同模式和公民至上的宪政认同模式。⑤ 甘玲通过研究表明，在当前我国社会转型期的背景下，在对我国政治体制的认同方面出现部分大学生存在认同危机的情况，需要加强大学生的政治认同。增进大学生政治认同，具体可从大学生政治体制认同形成的起始动力、

---

① 张瑞，王清荣. 民族地区青年政治认同提升的若干思考 [J]. 社会科学家，2019 (2)：147—151.

② 潘丽文. 青年政治认同建构的红色记忆路径 [J]. 思想教育研究，2018 (10)：53—59.

③ 叶芳芳. 如何增强政治认同和道路自信 [J]. 人民论坛，2016 (11)：44—45.

④ 胡艳蕾，李晓明. 当前我国中产阶层政治认同与文化重建 [J]. 当代世界社会主义问题，2016 (4)：58—65.

⑤ 孔德永. 对转型时期我国公民政治认同重构模式的思考 [J]. 当代世界与社会主义，2006 (6)：113—116.

内生路径、外源影响等方面进行努力。① 元修成认为，在新时代社会多元文化背景下，大学生政治认同教育与养成需要从以下路径来进行：第一，确立大学生政治认同教育的目标与原则。他指出，大学生政治认同教育目标应包括培养大学生形成对中国共产党执政的认同、对中国特色社会主义的认同，培养大学生成为中国特色社会主义政治认同的传播者、成为中国特色社会主义事业的建设者和接班人等几个方面。同时，大学生政治认同教育要遵循方向性、人本性、继承性、借鉴性、实效性等几个原则。第二，建立大学生政治认同教育的宏观策略。他指出，宏观策略方面主要是要努力提高大学生的马克思主义理论水平，消解各种错误社会思潮的影响，不断推进我国政治经济发展。另外，元修成还提出了加强大学生政治认同教育，要从以下几个方面采取具体措施，包括推动大学生政治认同教育的内容深化与模式优化、拓展大学生政治认同教育的渠道与途径、创新大学生政治认同教育的载体和平台、优化大学生政治认同教育的环境等方面。②

3. 关于政党认同的研究

第一，关于政党认同内涵要素的研究。国内学者主要从性质特点、范畴要素、层次分类、认同内容等方面来进行分析。柴宝勇指出，政党认同兼具理性和非理性因素，具有社会性、多元性、层次性和相对稳定性等特点。关于政党认同的要素，他认为主要包括客体、主体和层次三个范畴。其中，政党认同的客体主要包括认同政党政治、认同某一政党制度、认同某一政党；政党认同的主体主要包括党员（政党组织）的政党认同、公民（选民）的政党认同、作为官员的党员（行政组织）的政党认同；政党认同的层次主要包括认知、情感、评价和行为四个方面。③ 刘宏标从国有企业青年群体出发来研究政党认同，指出"政党认同的主体既有党员公民，也有非党员公民。政

---

① 甘玲. 提高大学生对我国政治体制认同度的路径论析［J］. 教育评论，2016（1）：86—89.
② 元修成. 我国多元文化背景下大学生政治认同教育研究［D］. 长春：东北师范大学，2015：76—90.
③ 柴宝勇. 论政党认同的含义及其要素［J］. 探索，2009（1）：62—69.

党认同的内容囊括了政党制度、执政绩效、意识形态、执政形象等多个方面，要通过发挥国有企业优势和党团组织优势、关注青年利益诉求、培育政治文化等途径来提升国有企业青年的政党认同"①。关于政党认同内涵要素的研究，学者主要立足政党涉及因素的研究，从政党的层面考究社会成员的认同。

第二，关于政党认同影响因素的研究。国内学者通过研究，指出了选民情况、媒体网络、规章制度、组织绩效、文化传统等因素对政党认同产生影响。孙会岩从对网络媒体的研究入手，通过研究指出，信息化时代，各种网络媒体信息技术在塑造政党认同中起到重要的影响作用，其影响作用表现为推进政党政治社会化的进程、提升执政党形象、增进民众对党的情感认同等方面。孙会岩主要是强调了网络媒体对政党认同的重要影响。② 岑树海以欧洲政党规模减缩为研究对象，通过研究指出，欧洲政党规模减缩是其党内外多重制度性因素共同作用的结果，其中党内因素包括政党与国家机构相互渗透融合、国家对政党的规制日益加强、政党组织发展日趋职业化等方面，党外因素包括选民与政党主动疏远、选民的流动性增强等方面。③ 石庆新通过调查研究表明，"理性选择"在政党认同形成中发挥着重要作用，执政党自身建设可促进政党认同的提升，意识形态教育对政党认同也具有显著影响，指出政党可通过多方面努力来促进社会成员形成"理性选择"而认同所在政党。④ 冯彩莉、张晓红通过对青海藏区社会变迁进程中的乡村治理的研究指出，青海藏区社会变迁中的乡村治理是中国共产党认同的现实根基，对青海藏区乡村治理的历史沿革产生影响。乡村治理是推进国家治理体系与治理能

① 刘宏标. 新时代背景下国有企业青年政党认同实证调查——以包神铁路集团青年职工为例 [J]. 中国青年社会科学，2018 (6)：73—79.
② 孙会岩. 新中国七十年来的信息技术进步与政党认同发展 [J]. 湖北行政学院学报，2019 (7)：73—78.
③ 岑树海. 欧洲政党规模减缩的党内外制度性影响因素分析 [J]. 当代世界社会主义问题，2018 (3)：138—147.
④ 石庆新. 当代大学生政党认同影响因素的实证研究——基于湖北省 6 所高校的抽样调查分析 [J]. 中国青年研究，2017 (2)：78—83.

力现代化的重要内容，也是中国共产党认同达成的基础性条件。① 柴宝勇指出，政党认同的形成基础和影响因素包括以下几个方面：政党意识形态、政党组织、政党领袖、政党绩效等，这些因素在政党认同生成的过程中都产生了较大的影响，要重视发挥这些因素的作用。② 王庆兵认为，家庭传统、社会经济地位等因素对政党认同产生影响，要从这些方面加强政党认同教育，提升政党认同教育的成效。③ 关于政党认同的因素，学者们也从不同角度展开了探讨，分析了认同对象、认同环境等方面因素产生的影响。

第三，关于政党认同提升路径的研究。国内学者指出了网络技术提升、情感认同加强、认同教育强化等是提升政党认同的有效路径。孙会岩从互联网时代背景出发，运用"技术进步—政党认同变迁"分析框架，研究技术进步对中国共产党认同的影响，提出互联网时代下政党认同的提升，需要通过意识形态建设从基本理念到具体方法上进行全方位的创新、执政党治理能力的提升等路径来实现。④ 周文华指出，大学生对中国共产党的认同是逐层递进的过程，以情感认同为基础，经由组织认同和价值认同的深化，最后到行为认同。增强大学生对中国共产党的认同需要在把握好认同层次性的基础上，采取切实有效的措施逐步推进。⑤ 张平、彭舟以大学生政党认同影响因素调查问卷作为工具进行模型分析，通过调研指出，对大学生政党认同产生重要影响的因素包括学校因素、大众媒体、家庭因素、政党领袖、执政绩效等方面，认为大学生政党认同的针对性和有效性的提升，需要通过坚守高校思想政治教育主阵地、提升大众媒体的社会责任意识、重视家庭教育、加强

---

① 冯彩莉，张晓红. 中国共产党认同：青海藏区社会变迁进程中的乡村治理 [J]. 青海社会科学，2017（6）：38—44.

② 柴宝勇. 世界视角下政党认同形成与变迁的原因分析——基于形成基础与影响因素的探讨框架 [J]. 国外社会科学，2016（3）：27—34.

③ 王庆兵. 试析政党认同的功能与构建途径 [J]. 广西社会科学，2004（8）：17—20.

④ 孙会岩. 互联网时代的执政党认同研究 [D]. 上海：华东师范大学，2017：102—187.

⑤ 周文华. 增强大学生对中国共产党的认同应把握四个层次 [J]. 学校党建与思想教育，2014（7）：39—41.

党的执政能力建设、重视典型教育的示范引领作用等途径来实现。①

4. 关于改革认同的研究

纵观当前学界相关研究，学界上关于"改革认同"这一课题的直接研究比较少，学者们结合青年大学生群体来对改革认同进行研究的更是缺乏。学者们针对"改革"和"认同"这两个课题独立分开的研究较多，主要表现为对"改革"的研究或是对"认同"的研究，而对"改革认同"这一课题开展研究的比较少。关于"改革认同"这一课题的相关研究，国内学者更多是立足改革开放这个时间节点来研究国家认同、民族认同、政治认同等方面的情况，对于改革方面认同的研究较少，对于大学生群体改革认同的研究更加缺乏。当前只有少部分学者对改革认同做了一些研究。其中，张润泽对"改革认同"的内涵及其生成条件进行了研究。张润泽通过研究指出，改革认同是人民对改革系统的态度和感情，是民众社会心理的积极形态。改革认同的心理基础是信任，逻辑支撑是共识；改革认同的形成具有多重意义，改革认同的生成条件包括政治民主环境、良性公共文化等方面。② 宋玉波、陈仲立足改革开放时代，分析了政治认同的主动性、发展性、包容性和总体性四个基本特征，指出改革开放以来，执政党要从总体部署和增进普遍幸福上、从发展方式和内涵上、从落实主权在民的制度上来增强政治认同。③ 戴均则从政治认同生成的主导因素入手，指出改革开放以来政治认同变迁经历了意识形态主导型认同、经济绩效主导型认同和民主权利主导型认同三个阶段，呈现出政治认同主客体动态匹配、多维化凸显等特点。④

纵观以上研究，目前国内外学者在关于国家认同、政治认同、政党认同

---

① 张平，彭舟. 大学生政党认同的生成机理与提升策略——基于 984 例样本数据的结构方程模型分析 [J]. 思想政治教育研究，2017 (1)：93—97.
② 张润泽. 略论改革认同的基本意涵及其生成条件 [J]. 当代世界与社会主义（双月刊），2010 (5)：146—149.
③ 宋玉波，陈仲. 改革开放以来增强政治认同的路径分析 [J]. 政治学研究，2014 (1)：32—41.
④ 戴均. 改革开放以来政治认同变迁的轨迹及其规律 [J]. 社会主义研究，2012 (4)：50—53.

等方面的研究均具有一定的研究成果，学界的相关研究成果具有较大的借鉴和参考意义，为本研究提供了良好的研究理论基础，有利于本研究的深入开展。

三、研究目的与方法

本研究的开展具有重要的意义，笔者期待通过研究，能促进相关理论研究的丰富和深化，能促进高校教育管理工作实效性的提升。研究过程中，注重理论与实践的结合，注重多种分析方法的综合运用。

（一）研究目的

本书旨在通过实证研究，结合当今全面深化改革的社会背景和新时代大学生思想实际，综合运用政治学、教育学、社会学、心理学等多学科知识，研究新时代大学生改革认同如何界定、改革认同何以必要、改革认同何以可能、新时代大学生改革认同现状如何等问题。通过开展实证调查，全面调查新时代大学生的改革认同现状，深入分析新时代大学生改革认同的发生机制、影响因素、增进路径等问题，探讨新时代大学生对我国改革方针政策的态度表现情况，总结新时代大学生改革认同教育规律，完善新时代大学生改革认同教育机制，提出增进大学生改革认同的有效策略，丰富和深化高校学生认同教育理论，完善高校学生思想政治教育机制，提高高校思想政治教育实效性；同时，通过对新时代大学生改革认同现状研究，探讨我国改革过程中存在的不足，剖析我国改革需要进一步改进的问题，为党和国家更好地制定科学的改革方针提供参考，同时进一步增强大学生改革认同，提升大学生改革认同程度，维护国家和社会的稳定和发展，完善我国改革相关制度，促进我国改革事业不断深入进行，推动国家和社会向前发展。

（二）研究方法

本书在开展研究的过程中，主要采取理论与实际相结合的方式，在研究方法的选择上，一方面注重对相关理论的剖析，另一方面注重在实践中加以探讨，具体研究方法如下：

（1）文献研究法。本研究通过对著作、译著、论文等文献资料的研究，收集并整理与本研究相关的文献和资料，研读并分析与本论文选题相关的研究成果，对改革认同的相关理论成果进行学习借鉴，对学界相关研究成果进行收集分析。本研究结合相关文献资料，从中梳理出研究脉络，奠定好本研究进一步深入开展的相关理论基础；在广泛搜集国内外相关文献的基础上，依据相关文献研究来阐述大学生改革认同的基础理论，同时设计好调查问卷，提出对策建议。

（2）多学科分析法。本研究开展的过程中，结合马克思主义理论、政治学、社会学和心理学等学科与认同相关的理论研究，采取多学科理论综合分析法进行分析。在对相关学科理论进行全面梳理的基础上，进一步提出改革认同这一研究课题，分析已有的相关研究成果，进而结合实证研究剖析新时代大学生改革认同的现状、影响因素和形成机理等内容，探讨增进新时代大学生改革认同的有效策略，将相关学科的理论综合运用到本研究中去。

（3）实证研究法。本研究通过实证调查，科学选取身处改革开放前沿阵地的广东省大学生作为调查研究对象，调查地区包含珠三角、粤东、粤西等地区，调查高校涵盖重点院校和普通本科高校。调查过程中，将问卷调查与个案访谈相结合。同时，运用 SPSS 社会科学分析软件对实证调查结果进行定性和定量分析，综合运用描述性分析、方差分析等分析方法，深入剖析新时代大学生改革认同现状并提出建设性意见。

四、研究思路及创新点

（一）研究思路

本研究围绕新时代大学生特点，结合新时代发展形势，注重理论与实践的结合，深入开展调查研究，具体研究思路如下：

第一，对"新时代大学生改革认同"进行理论阐释。主要是厘清新时代大学生改革认同的内涵界定、维度构成、层次分类、功能分析等问题。剖析新时代大学生改革认同具有的三个特征：改革认知与信任是源点，客观需要的满足是动力，改革共识的达成是关键；剖析新时代大学生改革认同中改革价值认同、改革方式认同、改革效果认同、改革发展认同的四个维度；剖析原初认同、强化认同、自觉认同三个新时代大学生改革认同的层次；剖析新时代大学生改革认同具有的坚定改革导向、凝聚改革共识、激发改革动力等功能。

第二，对"新时代大学生改革认同"的生成机制进行深入分析。主要是从新时代大学生改革认同发生的基础条件、理论依据、现实因素、发生机制等方面出发，研究新时代大学生改革认同何以必要、何以可能、如何发生，结合相关学科理论，分析新时代大学生改革认同的必要性和可能性，探讨新时代大学生改革认同发生机制。剖析新时代大学生改革认同过程中经济发展、政治民主、文化理性、信任认可等方面的基础条件；剖析新时代大学生改革认同过程中所依据的马克思主义理论、政治学、社会学、心理学等学科相关理论；剖析新时代大学生改革认同过程中经济全球化、价值多元化、利益市场化、信息化等现实因素；剖析新时代大学生改革认同过程中认同主体的改革认知、改革情感、改革意志以及改革认同行为发生的内部机制和经济、政治、文化、心理等外部机制。

第三，开展实证调查研究，对"新时代大学生改革认同"进行现状聚焦。在掌握相关理论的基础上，结合专家咨询和学生座谈情况，科学设计调查问卷并开展预调查，进而开展正式全面的实证调研。本研究通过实证测量与调查分析，采取问卷调研和访谈相结合的方法，以广东省大学生为研究对象科学选取调研样本，通过运用 SPSS 社会科学统计软件进行分析，结合定量研究与定性研究，综合运用 SPSS 描述性分析、方差分析等分析方法，理论联系实际对调研数据进行多层次多角度分析，深入剖析新时代大学生改革认同的现状特点、影响因素、问题原因以及发展趋势等。

第四，探讨构建"新时代大学生改革认同"的有效增进机制。结合对新时代大学生改革认同现状的剖析结果，从新时代大学生改革认同生成的内部机制和外部机制出发，从社会、学校、家庭、青年学生个体等内外部因素着手，提出增进新时代大学生改革认同的有效策略，构建多维因素协同作用发挥的大学生改革认同培育机制。

（二）研究创新点

本研究在开展的过程中，注重结合新时代发展形势和大学生特点，围绕新时代大学生特点，注重理论与实践相结合，综合多种分析方法对"新时代大学生改革认同"命题进行深入探讨，研究上具有一定的创新性，具体体现为：

第一，研究视角新。本研究"新时代大学生改革认同"，结合大学生群体立足"改革认同"研究，以"改革"为视角切入来研究"认同"问题，深化了对认同领域的相关研究。当前学界关于"认同"的研究多数从国家认同、政治认同、政党认同等角度来进行，从改革的角度来研究认同的相对比较少。本研究有别于学界关于"认同"话题的传统研究，在研究视角上具有创新性。

第二，研究方法新。本研究在开展的过程中，除了运用传统的文献分析法、比较分析法等方法，还注重开展实证调查研究，注重理论分析法与实证研究法的结合，注重多学科理论综合分析的结合，注重定性分析与定量分析的结合，从新时代大学生现实特点出发，采取多种形式深入开展调查研究。另外，数据分析的过程中，注重运用 SPSS 社会科学分析软件对相关数据进行多层次深入分析，综合采取描述性分析、方差分析等多种分析方法，在研究方法上具有创新性。

第三，研究内容新。本研究以新时代大学生为研究对象，以对广东省高校学生改革认同状况进行实证调查为基础，进一步对新时代大学生改革认同展开研究。关于"认同"这一课题，当前学界更多的是对"国家认同""政治认同""政党认同"等方面内容进行研究，对"改革认同"方面内容的研究比较少；同时，学界上关于新时代大学生改革认同状况的研究更加缺乏。本研究立足改革开放前沿阵地的广东省大学生的改革认同现状，探讨新时代大学生改革认同问题，在研究内容上具有创新性。

第一章

新时代大学生改革认同的内涵构成与功能

研究新时代大学生改革认同，需要对新时代大学生改革认同的内涵构成进行清晰界定，明确其功能，这是开展本研究的题中之义。本章就学术界关于认同、改革认同等相关研究成果进行梳理，并在此基础上对新时代大学生改革认同的内涵构成与功能进行剖析，厘清新时代大学生改革认同的内涵界定、维度构成、层次分类、功能分析等问题，为研究的进一步开展提供思想指导。

第一节　新时代大学生改革认同的内涵界定

一、新时代大学生改革认同的定义

对于新时代大学生改革认同定义的探讨，笔者主要是结合国内外学者关于认同内涵的研究，探讨分析改革认同的内涵，并在此基础上对"新时代大学生改革认同"的定义进行界定，通过借鉴国内外相关研究，对"新时代大学生改革认同"相关术语予以明晰。

（一）认同的内涵

"认同"一词，首先译自英文"identity"。对于"identity"一词的含义剖析，在英文的解释中具有多种，其中既包括认为"identity"是指客观存在的相似性特征，如相同的身份、相同的表现等方面，也包括认为"identity"是指心理认识上的一致性以及由此而形成的社会关系。现代汉语对"认同"的释义中，一方面指的是认同主体认为自己和他人有共同之处而产生的亲切感，另一方面也指认同主体对客观对象的承认、认可和赞同，指的是主体对客体的一种态度和行为表现。关于"认同"的内涵，国内外学者开展了相关的研究，主要研究成果如下。

1. 国外学者关于认同内涵的研究

20 世纪 50 年代，由于社会变迁、形势变化等现实情况，不少人面临认同和身份的确定问题，认同问题开始成为学界关注的重要领域。国外学者从心理学、社会学等角度对"认同"这一话题进行了研究，主要研究成果包括以下方面：第一，关于认同的心理学研究。在心理学方面开展对认同的研究中，起步较早的是奥地利著名心理学家弗洛伊德。弗洛伊德首先将"认同"作为概念在心理学中进行使用并开展研究。弗洛伊德通过研究指出，"认同"的意义是指"一个孤独的人如何在发现自己和赋予个人以意义时塑造了一个时代的历史"，简单地说是指一个人与一个时代的同一感。① 弗洛伊德认为，认同是人们对客体喜欢并认可的表现，认同是依附的一种表现形式，认同在心理发展过程中起到重要的作用，应该加以重视。美国心理学家米勒也将认同在心理学领域展开了研究，他指出认同的本质不但是"心理"的，它也包含"群体"的概念，是一项"自我的延伸，是将自我视为一个群体的一部分"，这是认同的核心。② 可见，米勒的研究是从心理的角度强调了群体层面的认同作用，从心理意义上指出认同在群体层面的解释。第二，关于认同的社会学研究。德国学者哈贝马斯从社会学的角度出发对认同进行研究，通过研究指出，"达到理解的目标是导向某种认同。认同归于相互理解、共享知识、彼此信任。认同以对可领会性、真实性、真诚性、正确性这些相应的

---

① 金炳华. 哲学大辞典（下）（修订本）［M］. 上海：上海辞书出版社，2001：1194.
② 梁丽萍. 中国人的宗教心理［M］. 北京：社会科学文献出版社，2005：13.

有效性要求的认可为基础"①。哈贝马斯指出，认同的过程是主体之间某种协调的过程，认为认同是交往过程中参与者对认识对象达成的"理解"。法国社会学家埃米尔·涂尔干则提出了"集体意识"的概念，他通过研究指出，"社会凝聚力之所以能够存在，是因为所有个人意识具有某种一致性，构成了某种共同类型……在这种条件下，所有群体成员不仅因为个人的相似而相互吸引，而且因为他们具有了集体类型的生活条件，换句话说，他们已经相互结成了社会。同胞们不仅相羡相求，甚于外人，而且他们还非常热爱自己的祖国"②。涂尔干指出，认同是一种"集体意识"，是社会成员对所生活集体的认可和热爱，是社会得以凝聚的力量。英国学者戴维·莫利指出，"差异构成了认同"③。戴维·莫利是通过对认同差异的研究来分析认同问题的。加拿大哲学家、社会学家查尔斯·泰勒认为，"我的认同是由提供框架或视界的承诺和身份规定的，在这种框架和视界内我能够尝试在不同的情况下决定什么是好的或有价值的，或者什么应当做，或是我应赞同或反对什么。换句话说，这是我能够在其中采取一种立场的视界"④。查尔斯·泰勒指出，认同的问题，是人们确定自我身份的问题，是基于个人对自身生存状况和生命意义的思考。人们在认同的过程中，把认同看成是由某种道德或精神承诺的规定，与其生活的社会有着密切的联系。英国社会学家吉登斯指出，"认同是人类自己创造的一个动态的、没有终点的过程；现代世界迫使我们去发现自我。作为自觉自知的人类，我们有能力不断创造和再创造自我的认同"⑤。在这里，吉登斯指出了认同的动态性和持续性。20 世纪 60 年代

---

① [德] 尤尔·哈贝马斯. 交往与社会进化 [M]. 张博树，译. 重庆：重庆出版社，1989：3.
② [法] 埃米尔·涂尔干. 社会分工论 [M]. 渠东，译. 北京：生活·读书·新知三联书店，2000：67.
③ [英] 戴维·莫利. 认同的空间——全球媒介、电子世界景观和文化边界 [M]. 司艳，译. 南京：南京大学出版社，2001：61.
④ [加] 查尔斯·泰勒. 自我的根源：现代认同的形成 [M]. 韩震，等译. 南京：译林出版社，2001：37.
⑤ BARKER, CHRIS, Culture Identity & Late Modernity [M]. London：sage，1995：233.

开始，西方学者关于认同理论的研究涉及了社会学、政治学、哲学、人类学等诸多研究领域，关于认同理论的研究越来越广。

2. 国内学者关于认同内涵的研究

20世纪80年代，国内学者开始对"认同"这一研究课题展开不同程度的研究。其中，不同版本的《辞海》对"认同"的解释也在不断深化。1989年出版的《辞海》对"认同"的定义是"认定"①；2009年出版的《辞海》则这样来定义"认同"：共同认可，一直承认；在社会中泛指个人与他人有共同的想法；"自居"，指个体通过潜意识模仿某一对象而获得心理归属感的过程。② 我国社会心理学家沙莲香从社会心理学角度研究认同，指出"认同"是"成员适应集团生活的一种生活方式或心理表现"③。沙莲香认为，认同是个人与社会之间互动的内在力量，是人格统一性与一惯性得以维系的内在因素，主要用来表示主体性和归属感，是社会心理层面的表现。梁丽萍指出，认同首先是个体对某种意义上的身份的一种心理肯定，也意味着心理依附；"认同的本质不但是'心理'的，它也包含'群体'的概念，是一项自我的延伸，是将自我视为一个群体的一部分"④。李友梅认为，认同是一个"求同"和"存异"同时发生的过程。"认同"有两个相互对立的意思：一是同一性，即"自我归类"，与他者共有的素质或者状况；二是个性，即作为一个长期存在的实体的个人所具有的不同于他人的鲜明的个性。无论是认"同"还是求"异"，都必须参照特定的社会边界来确定。所有的认同都是建立在对我和他、我的社会和他的区分的基础上的。⑤ 李素华指出，认同是一个从心理层面的归属到实践层面的支持的演化过程，是一定个体或群体对外界人或事物的一种肯定性的心理反应和行为表达。⑥

① 辞海［M］．上海：上海辞书出版社，1989：1004.
② 辞海［M］．上海：上海辞书出版社，2009：1890.
③ 沙莲香．社会心理学［M］．北京：中国人民大学出版社，2002：2.
④ 梁丽萍．中国人的宗教心理［M］．北京：社会科学文献出版社，2005：13—14.
⑤ 李友梅．社会认同：一种结构视野的分析——以美、德、日三国为例［M］．上海：上海人民出版社，2007：2—3.
⑥ 李素华．对政治认同的功能和资源分析［D］，上海：复旦大学2005年博士论文.

　　纵观国内外学者的相关研究，国内外学者从不同角度、不同领域对"认同"展开了探讨并取得了一定的研究成果。结合国内外学者的研究成果，笔者认为，认同主要是指生活在一定社会中的主体产生的对客体（认同的对象）的认同感和归属感，同时也是主体基于自身利益和价值需要对客体的认可、赞同、支持的心理认识和行为表现。

　　（二）改革认同的内涵

　　全面深化改革是当今时代发展的需要，是社会进步的要求。新时代背景下，改革的全面深化，首先需要社会成员对改革的理解和认可，需要社会成员对改革的认同，这样全面深化改革才能得以深入开展。改革认同是认同的一种表现形式，是认同在改革领域的具体体现，需要社会成员对改革进行科学认识，从而形成对改革的认可与支持。对于改革认同这一研究课题，张润泽对改革认同的基本意涵及其生成条件进行了研究，他通过研究指出，"改革认同是民众对改革系统的态度和感情，是民众社会心理的积极形态，实际上是民意的某种表现。改革认同是指社会成员在对改革认知和评价的基础上所形成的心理上的趋同态度和感情。改革认同的心理基础是信任，逻辑支撑是共识；改革认同的形成具有多重意义"①。张润泽指出了改革认同的主客体因素、改革认同的相关生成条件以及改革认同形成的多重意义。

　　纵观相关研究，目前学界关于改革认同的直接研究相对较少，给改革认同直接下定义的更少。结合学者们关于认同的内涵以及对改革认同的相关研究，笔者认为，改革认同主要是指社会成员对党和国家各项改革的认同感和归属感，是社会成员对改革的认可、赞同、支持的心理认识和行为表现。改革认同生成的过程是达成改革共识、形成改革自觉的过程。改革认同是改革心理的积极表现，是社会成员对改革的积极态度和感情，改革认同生成的过程，也是社会成员理解、信任、认可与参与改革的过程。

　　（三）新时代大学生改革认同的含义

　　当今时代，是文化多样化、价值多元化的信息化时代，成长于新时代的

---

① 张润泽. 略论改革认同的基本意涵及其生成条件［J］. 当代世界与社会主义，2010
（5）：146—149.

大学生，与他人、与社会结成各种各样的关系。马克思指出，"人的本质不是单个人所固有的抽象物，在其现实性上，它是一切社会关系的总和"①。马克思强调了人的社会性，强调了社会关系在人生活中的重要性，指明了人的本质属性。美国政治学家罗伯特·达尔指出，"无论一个人是否喜欢，实际上都不能完全置身于某种政治体系之外。一位公民，在一个国家、市镇、学校、教会、商行、工会、俱乐部、政党、公民社团以及许多其他组织的治理部门，处处都会碰到政治。政治是人类生存的一个无可回避的事实。每个人都会在某一时期以某种方式卷入某种政治体系"②。罗伯特·达尔强调了政治是人们生活中不可缺少的重要部分，政治关系是人与人之间社会关系的重要内容。身处于现代社会的大学生，其生活的方方面面必然与他人有着各种紧密的联系，其成长发展受到社会各种因素影响，成长过程中也离不开对国家政治生活的参与。生活于信息化时代的大学生，受到西方意识形态的多样化冲击和社会上各种多元化信息思潮的影响，同时面对伴随着改革而形成的贫富差距、环境污染、看病难等现实问题，使一些大学生对改革事业的发展前景产生某种程度的疑虑，对党和国家的改革产生某种程度的认同差异。新时代大学生对改革的认同程度将较大影响着改革事业的向前发展，影响着国家和社会的稳定与和谐发展，新时代大学生改革认同问题十分值得关注和探讨。

新时代大学生改革认同是大学生政治社会化的过程，是家庭、学校、社会以及大学生自身等因素综合起作用的产物。关于认同的问题，首先要厘清谁在认同、认同什么，也即是认同的主体与认同的客体的问题。新时代大学生改革认同属于认同问题中的一种，所考究的因素也具有认同命题一般情况下需要考究的因素，其定义也同样涉及认同的主体与认同的客体两个方面的问题。探究新时代大学生改革认同的定义，需要首先对认同的主体与认同的客体这两个方面的问题加以厘清，这是开展好下一步研究的前提基础。在借

---

① 马克思恩格斯选集（第1卷）[M]．北京：人民出版社，2012：135．
② ［美］罗伯特·达尔．现代政治分析［M］．上海：上海译文出版社，1987：5．

鉴国内外学者关于认同、改革认同内涵相关研究的基础之上，结合研究的内容与思路，笔者对新时代大学生改革认同定义如下：新时代大学生改革认同主要指的是新时代大学生对我国当下各项改革（包括党和国家的各项改革）的支持与信任、认可与接受，是大学生理解、信任、认可与参与改革并形成改革自觉的过程，是大学生对改革的认知、情感、信念和行为的有机统一。

1. 新时代大学生改革认同的主体

本研究中，"新时代大学生"是改革认同的主体，也即指明了新时代大学生改革认同中"谁认同"这一问题。本研究中改革认同的主体，指的是对党和国家各项改革这一对象的认同主体。本书中的"新时代大学生"，是指国民教育体系中全日制本科院校的在读大学生，本书在行文过程中，文中的"大学生"也等同于"新时代大学生"，指的均是本研究中的改革认同主体。

改革开放是中国特色社会主义伟大事业建设过程中的重要方针政策，是新时代党和国家发展过程中的正确指导方针。改革认同问题主要指的是我国社会成员对改革事业中各项改革、各个领域改革的态度、看法和做法，是我国社会民众关注改革发展事业的重要态度和行为表现。改革认同的主体是社会公民，新时代大学生作为社会公民中的重要组成部分，是社会公民中的重要群体，具有改革认同的主体性。新时代大学生生活在全面深化改革开放的当今社会，深受当前国家在经济、政治、文化等各方面改革的影响，对于党和国家各项改革有着亲身的感受；新时代大学生作为社会主义事业未来的建设者和接班人，关注国际社会的形势变化，也关注我国国内各项事业的发展。总体而言，新时代大学生积极拥护党和国家在改革方面的方针、政策，积极参与学校各项教育改革活动，积极投身很多活动。但由于国内外形势的变化和大学生具体的身心特点，处于信息多变、局势复杂、价值多元化新时代的大学生，面对我国在改革开放时代中出现的一些问题和矛盾的时候，出现少部分大学生对党和国家的各项改革产生认同差异的现象。对于改革过程中存在的一些矛盾问题，少部分大学生对改革产生了疑虑，认同程度不高。对于党和国家各项改革，作为生活于新时代的大学生，不同的认同主体存在不同的认同情况。

2. 新时代大学生改革认同的客体

本研究中，党和国家在各领域的各项改革是改革认同的客体，即指明了新时代大学生改革认同中"认同什么"这一问题，指的是新时代大学生改革认同的认同对象。党的十八大以来，党中央提出了关于"全面深化改革"的战略部署。党在十八届中央委员会第三次全体会议上通过的《中共中央关于全面深化改革若干重大问题的决定》指出，全面深化改革主要包括以下七个方面：经济体制改革、政治体制改革、文化体制改革、社会体制改革、生态文明体制改革、国防和军队改革、党的建设制度改革。本研究中新时代大学生改革认同的客体，主要是指新时代下国家改革过程中涉及的以上七个方面的改革内容，把这七个方面的内容作为改革认同的客体来开展研究，分析新时代大学生对我国当下以上七个方面改革的价值、方式、效果、发展态势等方面的认同。具体而言，我国改革主要包括以下七个层面：

第一，经济体制改革，即"紧紧围绕使市场在资源配置中起决定性作用深化经济体制改革，坚持和完善基本经济制度，加快完善现代市场体系、宏观调控体系、开放型经济体系，加快转变经济发展方式，加快建设创新型国家，推动经济更有效率、更加公平、更可持续发展"，主要指的是发挥市场在资源配置中的决定性作用，在坚持和完善基本经济制度的基础上，通过完善相关经济制度体系、转变经济发展方式等手段来推动经济更好的发展；第二，政治体制改革，即"紧紧围绕坚持党的领导、人民当家作主、依法治国有机统一深化政治体制改革，加快推进社会主义民主政治制度化、规范化、程序化，建设社会主义法治国家，发展更加广泛、更加充分、更加健全的人民民主"，主要指的是完善社会主义民主政治制度，将党的领导、人民当家作主和依法治国有机统一起来，建设社会主义法治国家；第三，文化体制改革，即"紧紧围绕建设社会主义核心价值体系、社会主义文化强国深化文化体制改革，加快完善文化管理体制和文化生产经营机制，建立健全现代公共文化服务体系、现代文化市场体系，推动社会主义文化大发展大繁荣"，主要指的是深化文化体制改革，包括文化管理体制、生产经营体制等方面制度的改革，围绕社会主义核心价值体系建设，建立健全文化体系，建设社会主义文化强国；第四，社会体制改革，即"紧紧围绕更好保障和改善民生、促进社会公平正义深化社会体制改革，改革收入分配制度，促进共同富裕，推进社会领域制度创新，推进基本公共服务均等化，加快形成科学有效的社会治理体制，确保社会既充满活力又和谐有序"，主要指的是通过社会领域相关制度的改革创新，建立健全社会治理体制，改善民生、促进社会公平正义，建设和谐稳定的社会秩序；第五，生态体制改革，即"紧紧围绕建设美丽中国深化生态文明体制改革，加快建立生态文明制度，健全国土空间开发、资源节约利用、生态环境保护的体制机制，推动形成人与自然和谐发展现代化建设新格局"，主要指的是深化生态文明体制改革，建立健全国土开发、资源利用、环境保护等方面制度，建设美丽中国，构建人与自然和谐发展局面；第六，国防和军队改革，即"紧紧围绕建设一支听党指挥、能打胜仗、作风优良的人民军队这一党在新形势下的强军目标，着力解决制约国防和军队建设发展的突出矛盾和问题，创新发展军事理论，加强军事战略指导，完善新时期军事战略方针，构建中国特色现代军事力量体系"，主要指的是通过创新发展军事理论、完善军事战略方针，对国防和军队建设发展的突出矛盾和问题加以解决，加强"听党指挥、能打胜仗、作风优良"的人民军队强军建设，构建中国特色现代军事力量体系；第七，党的建设制度改革，即"紧紧围绕提高科学执政、民主执政、依法执政水平深化党的建设制度改革，加强民主集中制建设，完善党的领导体制和执政方式，保持党的先进性和纯洁性，为改革开放和社会主义现代化建设提供坚强政治保证"，主要指的是深化党的建设制度改革，在科学执政、民主执政、依法执政水平等方面加以提高，通过民主集中制建设的加强、党的领导体制和执政方式的完善进一步加强党的建设。① 本研究中的当代大学生改革认同的客体，就是基于以上七个方面改革内容来开展的研究，从这七个方面内容出发来研究分析

① 十八大以来重要文献选编（上）［M］. 中央文献出版社，2014：512—513，542.（本页主要是国防和军队改革相关内容）。文中所引内容为《中共中央关于全面深化改革若干重大问题的决定》中关于各项改革总体论述的全部原内容，主要是为了阐明本研究中改革认同客体所指的内容。

当代大学生的改革认同状况。

　　研究新时代大学生改革认同问题，本研究主要是结合选题相关理论研究成果，厘清新时代大学生改革认同的主体与客体等问题，同时通过理论分析和实证调查，研究我国新时代大学生改革认同的现状，探讨新时代大学生改革认同的生成机制，研究如何更好地开展改革，如何更好地增进大学生改革认同。

二、新时代大学生改革认同的特征

　　全面深化改革的有序进行，首先需要社会成员认可和支持改革，需要社会成员形成对我国各方面改革的认同。德国著名哲学家、社会学家尤尔根·哈贝马斯通过研究指出，"达到理解的目标是导向某种认同，认同归于相互理解、共享知识、彼此信任、两相符合的主观际相互依存。认同以对可领会性、真实性、真诚性、正确性这些相应的有效性要求的认可为基础"①。尤尔根·哈贝马斯认为，认同的前提是"相互理解、共享知识、彼此信任、两相符合"，认同的基础是"可领会性、真实性、真诚性、正确性"，认同是一个认同主体对认同客体的领会并理解的过程。新时代大学生改革认同是认同的一种表现形式，是认同在改革领域的具体体现，体现了新时代大学生对党和国家各项改革的态度和看法。学者张润泽通过研究指出，"改革认同是民众对改革系统的态度和感情，是民众社会心理的积极形态，实际上是民意的某种表现。改革认同是指社会成员在对改革认知和评价的基础上所形成的心理上的趋同态度和感情"②。由此可见，社会成员对改革的支持与信任、认可与接受，是改革认同的基本内涵所在，改革认同生成的过程是社会成员达成改革共识、形成改革自觉的过程。改革认同是社会成员改革心理的积极表现，是社会成员对改革的积极态度和感情，改革认同生成的过程，也是社会

---

　①　［德］尤尔根·哈贝马斯. 交往与社会进化［M］. 张博树，译. 重庆：重庆出版社，1989：3.

　②　张润泽. 略论改革认同的基本意涵及其生成条件［J］. 当代世界与社会主义，2010
（5）：146—149.

成员理解、信任、认可与参与改革的过程。新时代大学生群体作为社会成员的重要组成部分，大学生改革认同生成的过程，是大学生对党和国家各项改革的态度和感情、支持和信任的过程，也是大学生改革共识达成、改革自觉形成的过程。经过研究，笔者认为，新时代大学生改革认同具有多方面特征，具体体现为以下几个方面：

（一）改革认知与信任是大学生改革认同的源点

改革认同的产生建立在社会成员对改革的认知和评价的基础之上，这是改革认同得以形成的前提基础，只有社会成员对相关改革有了认知并且产生信任感，才能更好地促进改革认同的生成。改革要取得社会成员的认同，首先需要社会成员对改革有所认知和信任，在此基础上，才能更好地产生改革认同。新时代大学生改革认同的生成，首先需要大学生对改革的认知与信任，并在此基础上形成对改革的科学认知，对改革进行科学评判。一方面，大学生要认知和信任改革。改革认同的生成，首先要大学生认知和信任改革，要大学生了解国家各项改革的相关内容。大学生要对我国改革相关内容有了解和认知，认知国家相关改革情况并形成科学认识。从改革认同的内容而言，在全面深化改革背景下，我国各项改革涵盖了很多方面，但主要包括了经济体制改革、政治体制改革、文化体制改革、社会体制改革、生态文明体制改革、国防和军队改革、党的建设制度改革七个方面的内容，这些是新时代大学生需要首先了解的我国改革的相关内容。新时代大学生只有在对党和国家各项相关改革有所了解和认知的基础上，才能更好地形成改革认同，这是改革认同生成的前提。另一方面，新时代大学生要对党和国家的各项改革进行科学合理的评价。从改革认同的维度而言，改革认同既包括对改革价值的认同，也包括对改革方式、改革成效、改革发展态势等方面的认同。改革认同的产生基于社会成员对改革相对一致的认知和积极评价，基于社会成员对改革的认知与信任。对于我国各项改革在改革价值、改革方式、改革成效以及改革发展态势等方面的具体情况，大学生进行如何的评价，这都是影响大学生改革认同生成的重要因素。"认同是行动者自身的意义来源，也是自身通过个体化过程建构起来的。"① 大学生改革认同是大学生对党和国家各项改革的态度表现，是大学生对党和国家各项改革的态度表达。大学生改革认同生成的过程中，大学生是否对党和国家各项改革进行科学合理的评价是产生影响的重要因素。大学生只有科学合理地对党和国家的各项改革进行评价，才能形成自我对改革的信任和认可、赞同与支持。大学生改革认同的生成，首先需要大学生对党和国家的改革有了认知与信任，这是大学生改革认同的前提和基础，改革认知与信任构成大学生改革认同的源点。

（二）客观需要的满足是大学生改革认同的动力

改革认同的形成与社会成员的客观需要有着本质联系，社会成员利益需要的满足是社会成员对改革是否认同的重要影响因素。社会成员利益需要的满足，对社会成员改革认同的形成有着内在的驱动作用。只有在对社会成员利益需要满足的基础上，才能更好地形成社会成员的改革认同。在人类历史发展过程中，人的活动总是为了满足自身的需要而进行的，人们需要的满足是人们具体利益得以实现的体现。人们在自身需要得以满足的基础上，才会更加积极主动去采取相应的行动。马克思指出，"人们为之奋斗的一切，都同他们的利益有关"②。由此可见，在进行社会活动的过程中，人们所发生的行为都是基于自我需要而产生的在主体目的意识指导下的行为，都是为了满足自我需要而发生的行为。改革过程中，改革的内容、改革的方式、改革的效果等各个方面都与生活于社会中的人们息息相关，都对人们的生活产生直接或间接的影响。改革认同的生成，要求改革者结合社会成员的客观需要来进行，立足社会成员的客观需要来开展，这样才能更好地获得社会成员的认可与支持。党和国家通过改革实现社会成员的利益追求，使得社会成员有改革的"幸福获得感"，通过改革成效的发挥惠及社会成员，通过提升改革成效取得社会成员的认可，才能形成社会成员对改革的认同。新时代大学生作为社会成员中的重要群体，是社会成员的重要组成部分，他们对党和国家

---

① ［美］曼纽尔·卡斯特. 认同的力量（第二版）［M］. 曹荣湘，译. 北京：社会科学文献出版社，2006：5.
② 马克思恩格斯全集（第1卷）［M］. 北京：人民出版社，2002：187.

各项改革的认同程度对社会稳定发展起到较大的影响。党和国家在进行各项改革的过程中，需要考虑大学生群体的利益需要。大学生群体利益需要的满足是改革过程中必须考虑的方面，是影响大学生改革认同生成的重要因素。大学生对党和国家在经济、政治、文化、社会、生态等方面的改革认同程度怎么样，也基于各项改革是否满足大学生客观需要，是否有利于大学生相关利益的实现。党和国家在进行改革的过程中对大学生客观需要的满足是新时代大学生改革认同产生的根本动力，要注重考虑大学生群体利益需要的满足。

（三）改革共识的达成是大学生改革认同的关键

"共识意指在一定的时代生活在一定的地理环境中的个人所共享的一系列信念、价值观念和规范。"① 改革共识是指社会成员对改革的价值、目标、内容、方式、效果等方面所持有的基本相同的认识和主张，是社会成员在改革认知过程中形成的一致性认识，是主动意义的民意表现形式。改革认同的产生，需要改革共识的形成，改革共识是改革认同的关键，是引导和形成改革认同的重要精神力量。改革共识是社会成员对改革的价值、目标、内容、方式、效果等方面所持有的相对一致的认识和态度，具有时代性、相对性、层次性、过程性等特征。改革共识的特征具体表现为：改革共识是具体的、历史的，具有内容的时代性和作用的时代性；改革共识作为一种态度认知，具有程度的相对性和时间的相对性；改革共识是人们对改革的认识和看法，具有水平的层次性和领域的层次性；改革共识有其形成过程，具有形成的过程性和发展的过程性。改革共识是全面深化改革的内在动力，具有导向功能、推动功能、协调功能等社会功能。

全面深化改革是当今时代发展的要求，改革共识的凝聚是改革得以进一步深化的必要条件。全面深化改革需要凝聚改革共识，只有具备某种程度的改革共识，才能维系和增进社会成员对改革的认同。改革共识作为全面深化

---

① ［英］戴维·米勒，韦农·波格丹诺．布莱克维尔政治学百科全书［M］．邓正来，译．北京：中国政法大学出版社，2002：166.

改革的内在动力，对于进一步深化改革起着至关重要的作用。正确的改革方向、统一的改革思想、坚定的改革信念，是改革得以深化的关键因素。邓小平指出，"我们过去几十年艰苦奋斗，就是靠用坚定的信念把人民团结起来，为人民自己的利益而奋斗。没有这样的信念，就没有凝聚力。没有这样的信念，就没有一切"①。坚定的信念对于团结人民、凝聚力量起着十分重要的作用，是引领人民团结奋斗过程中非常重要的因素。习近平也强调，"没有广泛共识，改革难以顺利推进，推进了也难以取得全面成功"②。社会成员改革共识的广泛形成是全面深化改革顺利推行的重要条件，是全面深化改革取得成功的条件保障。习近平提出要"做好统一思想、凝聚共识的工作"③，从而形成推动改革开放的合力。只有统一改革思想、凝聚改革共识，才能更好地形成推动改革的合力，才能更好地推动改革的进一步全面深化。

当前，我国的改革进入了攻坚克难、全面深化、充满希望的新阶段，全面深化改革推进的过程中，面临着更多的机遇和挑战。党的十八届三中全会报告指出，要"坚定信心，凝聚共识，统筹谋划，协同推进"④。新时代背景下，解决中国特色社会主义发展进程中的理论与实践难题，需要进一步深化经济体制、政治体制、文化体制、社会体制、生态文明体制、国防和军队改革、党的建设制度等各方面的改革，需要全党、全社会形成改革共识。⑤新时代大学生作为社会主义伟大事业未来的建设者和接班人，是国家建设的中坚力量。大学生改革共识的达成是大学生改革认同形成的关键，要进一步凝聚大学生改革共识，才能更好地促进大学生改革认同的生成。

① 邓小平文选（第3卷）［M］. 北京：人民出版社，1993：190.
② 习近平关于全面深化改革论述摘编［M］. 北京：中央文献出版社，2014：31.
③ 习近平关于全面深化改革论述摘编［M］. 北京：中央文献出版社，2014：45.
④ 中共中央关于全面深化改革若干重大问题的决定［M］. 北京：人民出版社，2013：2.
⑤ 王树荫. 全面深化改革进程中如何凝聚改革共识［J］. 马克思主义研究，2014（6）：101—106.

第二节　新时代大学生改革认同的维度构成

新时代大学生改革认同研究，既包括改革认同内容层面的研究，也包括改革认同维度的研究。新时代大学生改革认同的维度构成是探究大学生改革认同的重要方面。探讨新时代大学生改革认同的维度构成，是开展本研究需要考量的重要因素。在相关研究的基础上，结合理论分析和现实考量，笔者从改革价值认同、改革方式认同、改革效果认同以及改革发展认同等方面对新时代大学生改革认同的维度进行探讨。

一、改革价值认同

改革价值体现了改革的意义与作用所在，改革价值认同是新时代大学生对改革的价值与意义的考究和认可，改革价值认同是新时代大学生改革认同的首要维度。

（一）改革价值内涵

价值是自然与人类现象之中普遍存在的数量性事物、存在者、事实。价值，从商品价值的角度而言，主要是指商品与其相关的主体之间需求满足程度的评价；从经济学的角度而言，指体现在商品里的社会必要劳动，价值量的大小取决于生产这一商品所需的社会必要劳动时间的多少。另外，价值也指事物的积极作用。

改革价值，首先指改革的内在有用性，即改革的实际作用所在，体现为改革的重要作用与重要意义。同时，改革价值也包括改革的价值取向，即改革的方向指引。改革认同的产生，首先需要社会成员对改革价值的肯定与认可。国家发展历程表明，改革是国家发展的必然要求，是社会发展的必然选择，具有历史必然性和现实重要性，改革具有十分重要的价值。改革是国家、民族的生存发展之道，是推动国家社会向前发展的重要动力，是实现中华民族伟大复兴的正确抉择。沿着社会主义正确道路进行，我国改革开放40

45

多年以来各项事业特别是经济水平得以快速发展，政治、生态、社会、军事、党建等其他方面也取得了较大的进步。我国各领域改革工作的开展正在促进全面小康社会的建成，推动了我国经济社会的发展，促进了我国各项事业的进步。

一方面，改革价值首先体现在改革的重要作用和重要意义上。邓小平指出，"改革的意义，是为下一个十年和下世纪的前五十年奠定良好的持续发展的基础。没有改革就没有今后的持续发展。所以，改革不只是看三年五年，而是要看二十年，要看下世纪的前五十年。这件事必须坚决干下去"①。在这里，邓小平指出了改革对于促进社会发展的重要意义，强调了改革的重要性和必要性，明确了改革对社会发展的重要影响，指出了改革重要作用的长期性。习近平也指出，"改革开放是一项长期的、艰巨的、繁重的事业，必须一代又一代人接力干下去"。② 可见，习近平指出了改革开放对国家发展前途的关键性影响，指出了改革开放对国家奋斗目标实现的重要意义，指出了改革在我国社会发展中起到的重要作用，也强调了进一步坚持和深化改革的必要性，强调了改革长期坚持的重要性和必要性。改革开放是党领导人民进行的伟大革命，是党和国家做出的正确抉择，对于新时代中国的发展具有实质性和关键性的作用，是必须长期坚持的正确方针。自1978年党的十一届三中全会以来，我国改革开放开启了历史新征程，并随着社会主义建设事业的开展不断深化。随后，每次重大的改革都推动了党和人民的事业不断向前发展，取得了很大的进步。改革开放40多年以来特别是党的十八大以来，全面深化改革取得了重大突破，取得了重大成效。"改革全面发力、多点突破、纵深推进，着力增强改革系统性、整体性、协同性，压茬拓展改革广度和深度，推出一千五百多项改革举措，重要领域和关键环节改革取得突破性进展，主要领域改革主体框架基本确立。中国特色社会主义制度更加完善，国家治理体系和治理能力现代化水平明显提高，全社会发展活力和创新活力

---

① 邓小平文选（第3卷）［M］．北京：人民出版社，1993：131.
② 习近平谈治国理政（第1卷）［M］．北京：外文出版社，2018：67.

明显增强。"① 可见，实践证明，改革是顺应时代发展潮流的需要，是被历史证明了的推动国家社会发展的重要而正确的举措。改革是国家社会发展不可或缺的动力，改革具有十分重要的价值。

另一方面，改革价值也体现在改革的价值取向上。新时代的全面深化改革，坚定正确的社会主义方向是关键。只有坚持正确的理论指引，改革才能沿着正确的方向进行，改革才能得以全面深化。社会主义核心价值观是新时代全面深化改革的正确价值取向，是引领我国改革事业深入发展的重要航标。社会的核心价值观对社会的进步发展起到了非常重要的作用，是社会建设发展的重要领航标。作为社会主义新中国，新时代进行全面深化改革的过程中，我们的民族、我们的国家应该坚守的是党的十八大提出的社会主义核心价值观，即"富强、民主、文明、和谐；自由、平等、公正、法治；爱国、敬业、诚信、友善"。习近平指出，"培育和弘扬核心价值观，有效整合社会意识，是社会系统得以正常运转、社会秩序得以有效维护的重要途径，也是国家治理体系和治理能力的重要方面。历史和现实都表明，构建具有强大感召力的核心价值观，关系社会和谐稳定，关系国家长治久安"②。可见，核心价值观对社会系统的运作、对国家社会的稳定发展起到了非常重要的作用。社会主义核心价值观是当今时代全面深化改革的价值取向，是全面深化改革必须坚持的方向标，是进一步全面深化改革过程中需要坚持的正确价值取向。改革价值的认同也包括改革价值取向的认同，改革价值认同的过程也是对改革价值取向认同的过程。

（二）新时代大学生改革价值认同

新时代大学生改革认同，首先指的是大学生从改革价值的层面对改革产生的认同，这是大学生改革认同的首要表现。大学生改革价值认同是大学生改革认同的前提基础，大学生改革认同首先是对改革价值的认同。大学生要首先从价值层面认同改革，才能从其他维度对改革有更好的认同。新时代大

---

① 习近平. 决胜全面建成小康社会 夺取新时代中国特色社会主义伟大胜利——在中国共产党第十九次全国代表大会上的报告［M］. 北京：人民出版社，2017：3—4.
② 习近平谈治国理政（第1卷）［M］. 北京：外文出版社，2018：163.

学生改革价值认同，既包括对改革的地位作用的认同，即对改革的内在作用和实际意义方面的认同，也包括对改革价值取向的认同，即对改革的指导思想、引领方向的认同。

一方面，新时代大学生改革价值认同指的是大学生对国家社会发展过程中党和国家各项改革的价值功能与实际意义的认知和认可，是大学生对改革的内在有用性和意义的认同，这是新时代大学生改革价值认同的重要方面。新时代大学生对改革重要意义和价值的认同即改革价值认同，这是大学生改革认同的重要方面。大学生只有首先对改革的重要意义和功能作用加以肯定和认可，才能更好地形成改革认同。新时代大学生只有科学而全面地认识党和国家各项改革的重要地位和作用，深入了解和认识党和国家的各项改革，了解改革的重要意义所在，把握改革的内在价值，才能更好地形成对改革价值的认同。另一方面，新时代大学生改革价值认同也指大学生对改革价值取向的认同。坚持党的领导，坚持社会主义核心价值观是新时代我国各项改革事业的正确方向标，是改革得以全面深化的重要前提。改革过程中必须坚持正确的社会主义方向，坚持社会主义核心价值观，这也是新时代大学生改革价值认同内涵的重要方面。新时代大学生要认可与认同社会主义核心价值观在改革过程中的作用，明确其作为改革价值取向的科学性和重要性。

二、改革方式认同

改革方式是改革推行的重要实现途径，指的是改革过程中改革内容的具体实践形式，即改革的具体开展形式，体现了改革的具体落实与推动情况。改革方式认同是新时代大学生改革认同研究的重要维度，是探讨分析新时代大学生改革认同的重要因素。

（一）改革方式内涵

方式，亦可称为方法与形式，一般是指言行举止所采用的方法、手段、形式等。改革方式，指的是改革过程中采取的改革方法、改革手段、改革形式，是改革内容的具体呈现方式，是改革过程的具体开展形式，包括改革方针、政策的制定与实施等方面的展现形式。改革的具体内容要通过改革形式来实现，改革形式是改革得以实施的重要表现形式。改革方式是否科学，改革方式是否合理，改革方式是否有效，改革方式是否为社会成员所接受和认可，都在很大程度上影响着社会成员对改革的认同。习近平在十八届中央政治局第二次集体学习会上发表讲话时指出，"改革开放是前无古人的崭新事业，必须坚持正确的方法论……我们要加强宏观思考和顶层设计，更加注重改革的系统性、整体性、协同性，同时也要继续鼓励大胆试验、大胆突破，不断把改革开放引向深入"①。改革，通常是指对旧的体制制度、旧的事物进行改变、革新。改革过程中，正确的改革方法很重要，有效的改革统筹很重要。在社会发展过程中，怎么进行改革、怎么开展改革、如何推动改革、如何深化改革，都是改革能否得以顺利进行而需要思考的问题，是探究改革认同需要考量的重要方面。改革方式方法的采取，改革各项措施、具体实施手段的采用，都影响着改革的具体实效，影响着社会成员对改革的认可与接受，是改革能否得以全面深入进行的重要影响因素。改革主要是对旧的生产关系进行的调整或改变，一般是指在现有体制内进行的各方面改良，包括在经济、政治、文化、社会、生态、军事、党建等各方面的改革。改革是影响社会成员生活的重要举措，各个领域不同层面的改革跟社会成员的生活联系紧密，党和国家各项改革事业的推动会对社会成员的生活产生很大的影响。改革是一项全面而深刻的社会变革，也是一项复杂的系统工程，必须采取正确合理的方式方法。只有方式方法的科学合理，改革才能得以顺利进行和有效发展，才能得以进一步全面深化。

党和国家的改革发展历史证明，改革过程中坚持正确的方式方法至为重要，进一步全面深化改革要坚持以下几个方面的正确方法论：第一，改革要坚持以问题为导向。改革，主要是对不合时宜、不科学合理的要素进行整改和改进。党和国家在各领域中进行全面深化改革，是为了解决国家社会发展过程中，社会成员的现实生活中存在的问题，是为了减少国家发展过程中产

① 中共中央文献研究室. 习近平关于协调推进"四个全面"战略布局论述摘编 [M]. 北京：中央文献出版社，2015：54—55.

生的各种矛盾，从而促进各项事业更好地向前发展，促进社会的稳定和谐。改革开放 40 多年以来，党中央在过去各项改革的过程中，"不论在制定方案，还是部署推动、督促落实，都把切实解决问题作为目标指向"①。改革方案和措施的制定，要坚持从现实问题出发，以问题为导向，结合社会发展过程中存在的需要解决的矛盾和现实问题来拟定改革策略，要结合实际问题提出可行的改革方案。第二，改革要坚持法治思维和法治方式。习近平在十八届中央政治局第二十次集体学习时发表讲话强调，"事必有法，然后可成"②。在全面深化改革的过程中，要坚持法治的引领和推动作用，依照相应的法律法规来开展各项改革，做到依法依规开展各项改革。改革方案和改革措施的制定与实施，要依法开展，以法治方式、法治思维推进和保障改革。改革进程的推进，要注重依法依规，规范合理。只有这样，改革才能有序开展，改革也才能得到有效保障。第三，改革要坚持系统性和协调性。习近平强调，"改革开放是一个系统工程，必须坚持全面改革，在各项改革协同配合中推进。改革开放是一场深刻而全面的社会变革，每一项改革都会对其他改革产生重要影响，每一项改革又都需要其他改革协同配合。要更加注重各项改革的相互促进、良性互动，整体推进，重点突破，形成推进改革开放的强大合力"③。改革作为一项系统工程，各方面各领域的改革都有着相互的联系，彼此也产生影响。改革方案和改革措施在制定和实施过程中，思考要科学全面，注重改革过程中各方面的系统性，加强各方面的协调与平衡，注意处理好各个改革领域的有机统一的关系，实现各领域的协调与相互促进。第四，改革要坚持中央与基层的互动对接。改革是为了解决社会发展过程中存在的不适应时代发展的问题，是为了推动整个社会的发展。制定各项改革政策的过程中，要坚持顶层设计与基层探索的良性互动，坚持在党中

① 中共中央宣传部.习近平新时代中国特色社会主义思想三十讲 [M].北京：学习出版社，2018：100.

② 中共中央文献研究室.习近平关于协调推进"四个全面"战略布局论述摘编 [M].北京：中央文献出版社，2015：87.

③ 习近平谈治国理政（第 1 卷）[M].北京：外文出版社，2018：68.

央主导的前提下，立足大局，将党中央主导与基层试点结合起来，将基层人民的积极性、创造性发挥出来，实现中央和基层的良性互动，充分调动各方面力量，从而促进改革的深入进行。第五，改革要坚持改革发展稳定的有机统一。习近平在中共第十八届三中全会第二次全体会议上发表讲话指出，"推进改革胆子要大，但步子一定要稳。胆子大不是蛮干，蛮干一定会导致瞎折腾。对一些重大的改革，不可能毕其功于一役，可以提出总体思路和方案，但推行起来还是要稳扎稳打，通过不断努力达到目标，积小胜为大胜。这就叫'图难于其易，为大于其细。天下难事，必作于易；天下大事，必作于细'"①。改革是一项针对现实矛盾、现实问题而进行整改或改进的工程，推动的过程需要注意处理好发展与稳定的关系，要坚持发展的目标，也要处理好改革过程中的稳定问题。一方面要大胆改革，针对该改革的领域就敢于改革、大力改革；另一方面也要稳中求进。改革过程中要注意结合实际情况，有序合理地推进，处理好稳定与发展的关系。习近平强调，"社会稳定是改革发展得以深入推进的基础前提，改革过程中，要注重把握好改革的力度、发展的速度和社会可承受的程度三者的统一，以人民生活的改善作为处理好三者关系的结合点"②。改革在开展的过程中，要注意处理好改革、稳定和发展之间的关系，采取科学合理的改革方式来推进改革，通过改革来促进社会各项事业的全面发展。

（二）新时代大学生改革方式认同

新时代大学生改革方式认同，指的是大学生从改革方式方法的层面对改革产生的认同。大学生改革方式认同是大学生改革认同的重要方面，是大学生改革认同的重要维度。大学生改革方式认同，包括大学生对改革方法手段的认同，对改革方案措施实施过程中各种改革方式的认同。

一方面，新时代大学生改革方式认同，首先指的是大学生对国家社会发展过程中各项改革方案落实的必要性和重要性的认知和认可。改革方案的贯

---

① 中共中央文献研究室：习近平关于协调推进"四个全面"战略布局论述摘编［M］.北京：中央文献出版社，2015：70.

② 习近平谈治国理政（第1卷）［M］.北京：外文出版社，2018：68.

彻落实是改革各项措施得以生效的必然环节，是改革方式的具体体现形式，是改革成效得以体现的必然环节。新时代大学生对改革方案落实的必要性和重要性的认知和认可，是新时代大学生改革方式认同的首要前提。只有大学生认知并认可了改革方案落实的重要性，才有大学生对具体改革方式方法的认同；另一方面，新时代大学生改革方式认同也指大学生对国家拟定的改革方案和改革措施的具体实行方式的认同。新时代大学生改革方式认同的生成，需要大学生对党和国家各项改革方针政策进行全面认识和科学评判，在全面深入了解、科学合理分析各项政策的实施过程和实施形式的基础上对党和国家的各项改革进行研判，从而形成对国家改革方针、政策落实形式的认可和赞同。改革方式是否科学合理、是否灵活有效，是影响大学生认同改革的重要因素。党和国家要结合社会发展需要和现实情况，科学合理地制定改革方案和选取合适的改革措施，在改革实施过程中采取合理有效的形式，从而使得改革方式更加科学合理，改革实施过程更加切实有效。只有结合现实情况和社会成员需求，采取科学合理的有效改革方式，改革的实效性才能得以体现，改革才能真正促进社会成员生活水平的提高和推动国家社会向前发展，才能得到社会成员的认可与支持，获得社会成员对改革的认同。新时代大学生作为社会成员的重要组成部分，党和国家在进行改革的过程中，也要结合大学生群体的需要，采取大学生容易接受的科学合理的改革方式，才能更好地为新时代大学生所认同，从而更好地提升新时代大学生改革认同程度。

三、改革效果认同

改革效果是衡量改革是否取得成效的重要标准，体现的是改革的具体实效与成果。改革效果是否得以体现，改革效果是否得到社会成员的认可，这是改革认同形成的关键因素。改革效果认同是新时代大学生改革认同研究必不可少的研究维度，是大学生改革认同的关键维度。

（一）改革效果内涵

效果，一般是指事物开展后所收到的结果和功效，是事物开展是否达到目标的体现。改革效果，指的是改革所取得的结果，即经过改革之后所取得的成效。改革是否取得预期效果，是否真正取得成效，是社会成员是否认同改革的重要衡量标准和因素。改革是党推动社会主义建设事业不断向前的重要举措，全面深化改革，就是要进一步解放和发展生产力，促进社会公平正义，使社会发展进步，使得改革成果惠及全体人民，使全体人民过上美好的生活。只有这样，才能更好地促进社会成员对改革的认同。

改革效果的体现，要基于改革是否确实惠及人民，是否促进社会发展进步。改革成效的体现程度是社会成员评判改革的重要依据，是社会成员是否认同改革的重要衡量标准。我国在改革开放过程中，不断强调改革的实效性，强调改革要立足社会发展现实，立足人民需要，切实取得成效。改革成效的体现是人们改革认同形成的重要而直接的影响因素，只有改革切切实实取得社会成员所期盼的成效，使得社会成员有切切实实的利益获得感，改革才能得到社会成员的认同，改革才能深入持久。

改革成效的取得，需要科学谋划，服务大众。关于改革的深入开展与改革成效的切实体现，习近平做了不少的论述。习近平在中央全面深化改革领导小组第十次会议上讲话时强调，"要科学统筹各项改革任务，协调抓好党的十八届三中、四中全会改革举措，在法治下推进改革、在改革中完善法治，突出重点，对准焦距，找准穴位，击中要害，推出一批能叫得响、立得住、群众认可的硬招实招，处理好改革'最先一公里'和'最后一公里'的关系，突破'中梗阻'，防止不作为，把改革方案的含金量充分展示出来，让人民群众有更多获得感"①。习近平指出了改革过程中做好统筹规划、依法精准推进、切实提升人民群众获得感的重要性。习近平在中共十八届三中全会第二次全体会议上讲话时指出，"全面深化改革必须着眼创造更加公平正义的社会环境，不断克服各种有违公平正义的现象，使改革成果更多更公平惠及全体人民。如果不能给老百姓带来实实在在的利益，如果不能创造更

---

① 中共中央文献研究室. 习近平关于协调推进"四个全面"战略布局论述摘编 [M]. 北京：中央文献出版社，2015：88.

加公平的社会环境，甚至导致更多的不公平，改革就失去意义，也不可能持续"①。习近平指出了要营造公平正义的社会环境，改革成果惠及面要体现出广泛性。改革只有做到真正惠民，才是有意义的改革，才能得以持续发展。习近平也强调，"要在不断发展的基础上尽量把促进社会公平正义的事情做好，既要尽力而为、又量力而行，努力使全体人民在学有所教、劳有所得、病有所医、老有所养、住有所居上持续取得新进展。要把促进社会公平正义、增进人民福祉作为一面镜子，审视我们各方面体制机制和政策规定，哪里有不符合促进社会公平正义的问题，哪里就需要改革；哪个领域哪个环节问题突出，哪个领域哪个环节就是改革的重点。对由于制度安排不健全造成的有违社会公平正义的问题要抓紧解决，使我们的制度安排更好体现社会主义公平正义原则，更加有利于实现好、维护好、发展好最广大人民根本利益"②。习近平指出了改革成效的评价标准，即改革是否促进经济社会发展，改革是否给人民群众带来实实在在的获得感，强调了改革要惠及全体人民，改革要切切实实取得成效。"改革要让人民群众满意认可，就要把住方向和源头，坚持从人民利益出发谋划改革思路，人民群众关心什么、期盼什么，改革就抓住什么、推进什么，人民有所呼，改革有所应，使改革符合广大人民意愿、得到人民群众拥护。"③ 人民群众意愿的满足是改革效果的体现，是改革取得人民群众拥护和认同的重要因素。改革是否有成效，在于改革是否真正解决了人民群众关心的问题，是否真正得到了人民群众的认可与肯定。改革真正取得成效，真正使得人民群众受益，才能获得人民群众对改革的效果认同，这是人民群众改革认同生成的重要方面。

（二）新时代大学生改革效果认同

新时代大学生改革认同，也包括从改革效果的层面对改革产生的认同，改革效果认同是新时代大学生改革认同的重要方面。新时代大学生改革效果

---

① 习近平谈治国理政（第 1 卷）［M］．北京：北京外文出版社，2018：96.
② 习近平谈治国理政（第 1 卷）［M］．北京：北京外文出版社，2018：97.
③ 中共中央宣传部．习近平新时代中国特色社会主义思想三十讲［M］．北京：学习出版社，2018：104.

认同，主要是指大学生对改革结果的认同，也即是大学生对党和国家各项改革方案措施实施后取得的效果的认同。改革效果的体现程度如何，是新时代大学生是否认同改革的重要衡量依据，是新时代大学生改革认同形成的重要影响因素。党和国家的各项改革只有取得于大学生而言的实实在在的成效，才能更好地促进大学生改革效果认同的形成，从而更好地促进大学生改革认同的生成。

一方面，新时代大学生改革效果认同指的是大学生对改革结果的认同，即当代大学生对改革成效是否得以体现的认同。在现实生活中，改革开展后是否取得效果，改革开展后是否带来成效，这是大学生改革效果认同是否形成的重要依据。党和国家各项改革的成效是否得以体现，改革的效果是否产生，是大学生改革效果认同形成的重要影响因素。另一方面，新时代大学生改革效果认同也指大学生对改革效果体现程度的认同。改革效果的体现程度，改革成果的惠及程度，也是影响大学生改革效果认同形成的重要因素。改革效果认同的生成，要求党和国家在改革过程中要切实结合社会成员所关注的问题来进行，抓住与社会成员关系密切的各种矛盾、问题领域来进行改革。新时代大学生作为社会成员的重要组成部分，党和国家在进行各项改革的过程中，对新时代大学生所关注的问题也要加以重视并进行改革，要结合新时代大学生群体关注的相关领域来开展相应的改革。在改革过程中，要注重采取有效的改革策略和措施，通过改革的开展切实取得改革成效，从而取得大学生对改革效果的认同。同时，新时代大学生在对党和国家改革效果进行评判的过程中，要做到明确党和国家改革的立足点和出发点，对改革结果情况进行科学全面的分析，结合实际情况科学合理地评判改革所取得的效果，从而形成改革效果认同。

四、改革发展认同

改革发展态势作为改革的发展形势是研究新时代大学生改革认同需要考究的一个重要方面，体现的是社会成员对党和国家各项改革的发展前景趋势的看法，是研究新时代大学生改革认同必须考虑的维度。

（一）改革发展内涵

发展，指的是事物不断前进变化的过程，是指事物由小到大、由简到繁、由低级到高级、由旧事物到新事物的运动变化过程，体现事物运动过程中一种向上前进的变化趋势。改革发展认同，指的是对改革发展趋势的认同，也即是对改革未来变化态势的认同。改革发展态势是改革进展的重要体现，只有改革有所成效，改革具有良好的发展态势，改革才能得到社会成员的认可与支持，才能继续进行，才能更好地向前发展。

我国社会发展的历史表明，自从我国的改革方针实施以来，改革的成效是显著的，改革的步伐是坚定的，改革的进一步深化是必然的。改革是实现中华民族伟大复兴的必然选择，全面深化改革是新时代推动我国社会主义建设事业发展的重要举措。一方面，改革取得了较大成果。1978年党的十一届三中全会以来，我国实行了改革开放政策。在党的领导下，从农村到城市，从经济体制到政治体制、文化体制、社会体制、生态体制等各方面都进行了改革。党和国家带领人民不断进行改革的多方位深层次探索，不断将改革进一步深化并取得了成效。改革开放40多年以来，特别是党的十八大以来，我国在经济、政治、文化、社会、生态等各方面都取得了显著的效果。习近平强调，"我国40年来的快速发展靠的是改革开放，决胜全面建成小康社会、全面建设社会主义现代化国家也必须坚定不移依靠改革开放"①。在此，习近平指出了改革开放在我国发展过程中的重要作用，指出了新时代全面深化改革的重要性和必要性。可见，我国的改革符合国家社会发展的要求，在推动国家进步发展的过程中发挥了十分重要的作用，取得了不少人民期望的成果，是被社会发展实践证明了的正确的举措，是必须坚持的正确发展方针。另一方面，改革顺应历史发展潮流。习近平指出，"变革创新是推动人类社会向前发展的根本动力。谁排斥改革，谁拒绝创新，谁就会落后于时代，谁就会被历史淘汰。中国改革开放给人们提供了许多弥足珍贵的启示，其中最

---

① 中共中央宣传部. 习近平新时代中国特色社会主义思想三十讲［M］. 北京：学习出版社，2018：94.

重要的一条就是，一个国家、一个民族要振兴，就必须在历史前进的逻辑中前进、在时代发展的潮流中发展。中国进行改革开放，顺应了中国人民要发展、要创新、要美好生活的历史要求，契合了世界各国人民要发展、要合作、要和平生活的时代潮流"①。可见，我国的改革顺应历史发展潮流，是结合社会发展形势做出的正确抉择，是针对社会矛盾问题所做的变革、革新，是发展、创新的体现，是解决社会问题、促进社会发展的正确方针。习近平也指出，"改革进程中的矛盾只能用改革的办法来解决"②。改革过程中，社会问题的应对，社会矛盾的缓解，必须通过改革来开展。只有勇于改革，敢于改革，结合社会发展过程中的矛盾问题，有针对性地进行改革创新，才能更好地促进问题的解决，更好地推动社会的发展。2014 年习近平在接受俄罗斯电视台专访时也强调，"当前，经济全球化快速发展，综合国力竞争更加激烈，国际形势复杂多变，我们认为，中国要抓住机遇、迎接挑战，实现新的更大发展，从根本上还要靠改革开放。在激烈的国际竞争中前行，就如同逆水行舟，不进则退"③。可见，改革开放必须长期坚持下去，是面对国内国际各种挑战的必然选择。改革发展体现的是改革进一步深化的趋势，是改革未来趋势的表现。社会历史实践证明，我国改革顺应历史发展潮流，是社会发展的必然选择，是国家进步的正确选择。党和国家在进行各项改革的过程中，也会碰到不少问题，但是改革是因问题而产生，又在不断解决问题中得以深化。只有通过改革的开展，才能更好地解决国家发展过程中的各种矛盾，才能推动社会向前发展。

（二）新时代大学生改革发展认同

新时代大学生改革认同，也包括大学生从改革发展的层面对党和国家各项改革产生的认同，这是大学生改革认同的重要方面。新时代大学生改革发

---

① 中共中央宣传部. 习近平新时代中国特色社会主义思想三十讲［M］. 北京：学习出版社，2018：96.

② 中共中央宣传部. 习近平新时代中国特色社会主义思想三十讲［M］. 北京：学习出版社，2018：96.

③ 习近平谈治国理政（第 1 卷）［M］. 北京：外文出版社，2018：100.

展认同，主要是指大学生对改革发展态势的认同，对改革的未来前景的认同。改革未来发展趋势如何，改革是否能进一步深化发展，是大学生改革发展认同形成的重要影响因素。

一方面，新时代大学生改革发展认同指大学生对改革发展现状的认同。社会发展过程中，当前改革发展的现实情况是否乐观，是新时代大学生改革发展认同的重要方面。新时代我国的改革现状如何，改革成效是否得以体现，改革策略是否科学，是影响改革能否继续深入进行的重要因素，影响着大学生对改革发展现状的认同。另一方面，新时代大学生改革发展认同也指大学生对改革发展态势的认同。改革是否充满希望，改革是否前景光明，改革能否得以继续深化，也是大学生改革发展认同需要考量的重要方面。改革的发展态势是新时代大学生改革发展认同的重要方面，考量的是大学生对改革发展的前景趋势方面的认同。良好的改革发展态势，会对大学生改革认同程度的提升产生较大的影响，有利于大学生改革认同程度的提升。这就要求党和国家在制定改革方针政策的过程中，要切实立足社会问题，切实通过改革来解决社会问题，从而增强大学生对改革发展前景趋势的信心，凝聚大学生的改革共识；要通过各项改革事业的推进和成效的取得来向大学生展示美好的改革发展前景，增强大学生对改革事业的信心，增进大学生对改革发展态势的认同。同时，作为新时代大学生，在研判改革事业发展形势的过程中，也要立足时代发展和社会实际，对改革进行科学评判和合理分析，正确全面地去看待党和国家的各项改革，从而增进自我对改革发展的认同，从而提升自我的改革认同程度。

第三节　新时代大学生改革认同的层次分类

改革认同有不同的层次，改革认同的实现是不同层次逐一递进不断深化的过程。各个不同层次的改革认同何以可能，如何实现？笔者通过研究认为，新时代大学生改革认同具有不同的层次，主要包括原初认同、强化认同与自觉认同三个层面。不同层次的改革认同，具有相应的产生可能性与实现的条件性。新时代大学生改革认同的层次分类，需要从以下三个方面来探究。

一、原初认同

原初认同是大学生改革认同的第一层次，指的是没有外部因素干预的情况下大学生对改革形成的原初认可。新时代大学生改革原初认同以大学生的社会性和改革认可氛围的内部养成为依据，是大学生对改革的原初认可。原初认同的产生需要具备一定的前提条件：一方面，改革认同的主体需要满足。大学生群体作为社会成员的重要组成部分，身处改革现实社会中所得到的原初需要满足是其改革原初认同的内在因素，包括自我需要在改革中的获得、自我对改革的社会发展影响的感知等方面；另一方面，改革认同主体身处的社会实践生活环境的熏陶。大学生学习生活过程中所接触的外部改革实践生活环境和改革氛围等方面构成了其产生对改革的原初认同的外部环境，是大学生原初认同形成的重要条件。

（一）原初认同产生的可能性

原初认同作为新时代大学生改革认同的第一层次，对其实现的基础和条件需要进行把握和分析。改革本身对个体需要的满足和个体对改革实践生活环境的融入使原初认同得以产生，新时代大学生作为改革认同主体，是社会成员的重要组成部分，其需要的满足和所接触的改革实践生活环境使得其改革原初认同具有产生的可能性。

第一，新时代大学生作为社会成员对改革带来的需要满足是原初认同产生可能性的前提。改革作为社会发展的重要举措，是党和国家在经济、政治、文化、社会等方面针对发展过程中存在的一些矛盾问题进行进一步改进和完善的过程。通过各方面改革的开展，社会成员的需要在不同领域、不同程度得到了相应的满足。社会成员对改革的认可与赞同，始发于认同关系中自我设定和检验的预期。德国著名哲学家伽达默尔指出，"一切理解都是自我理解"①。理解的最终本质是源发于自我的理解。改革开放给社会成员带来了种种实惠，在不同程度上满足了社会成员的需求，这是改革原初认同产生的前提条件。新时代大学生群体作为社会成员的重要组成部分，在平时学习生活中能够感受到改革开放给社会、给大众带来的各种益处，在改革过程中能感到不同程度的需要满足，这是大学生对改革产生最原初认同感的可能性。

第二，改革实践生活环境的接触是原初认同产生可能性的重要条件。新时代大学生自出生之日就生活在改革的开放的时代环境中，感受改革开放带来的发展和成就。基于改革开放带来的各种发展新气象，生活于其中的大学生对改革会有产生原初认同的可能性。人类具有群居的天性，每个人都具有社会属性，归属于一定的群体。马克思指出，"人的本质不是单个人所固有的抽象物，在其现实性上，它是一切社会关系的总和"②。可见，人是社会人，人的本质属性是社会属性，人是通过与他人结成各种社会关系而生活，人在生活过程中是通过社会关系使自我得以体现。另外，马克思也指出，"只有在共同体中，个人才能获得全面发展其才能的手段，也就是说，只有在共同体中才可能有个人自由"③。可见，个人的发展需要通过社会关系来体现，个体的自由需要在"共同体"中才能得以体现。面对社会的发展与竞争，出于自身生存发展的需要，社会个体成员不能脱离社会群体而存在，需要通过社会群体来发展自我，从而实现自我的全面发展。人类群居的天性促成了个体成员对改革的共同理解和原初认同。法国 18 世纪伟大的启蒙思想家卢梭指出，"人类是没有别的办法来克服种种障碍而生存的，只能通过团结起来形成一种足够强大的联合的力量，才能够克服这种阻力，并由一个单独的动力把他们都激发起来，促使人们共同积极地行动"④。可见，人类基

---

① [德]汉斯－格奥贝格·伽达默尔. 哲学解释学 [M]. 夏镇平，宋建平，译. 上海：上海译文出版社，2004：54.
② 马克思恩格斯选集（第1卷）[M]. 北京：人民出版社，2012：135.
③ 马克思恩格斯选集（第1卷）[M]. 北京：人民出版社，2012：199.
④ [法]卢梭. 社会契约论 [M]. 施新州，译. 北京：北京出版社，2007：17.

于自身的生存与发展，需要通过联合的形式来形成联合的力量，而每个人在与社会其他人相联合的时候，人们会共同协作，会服从和认可所处的联合体。新时代大学生生活在改革开放的大时代环境之中，能感受到我国改革的氛围，看到改革给社会带来的各方面效益，能体会到改革给社会发展带来的良好效应。同时，大学生自我发展离不开对所处社会的依托，离不开对国家的依托。这些都是大学生原初认同得以达成的重要可能性因素。

（二）原初认同实现的条件性

认同主体的感知和实践，是原初认同的两个阶段。原初认同的产生，需要具备一定的条件，包括社会成员对改革的原初感知和社会实践。

一方面，就外部条件而言，社会要加大体现改革优越性的力度。改革良好成效要得以体现，需要党和国家将经济、政治、文化、社会等各个方面各个领域的改革成果进一步加以体现，使改革惠民的覆盖面更广，让改革的优越性体现在人们生活的方方面面，让生活于当今时代的人们能够直接感受到党和国家各项改革带来的利益，具有改革利益获得感。只有使得人们从一开始就受到周围改革成果潜移默化的影响，从一开始就对改革产生一定的认同感，人们才会自然主动地接受改革，从而认可并支持改革。新时代大学生改革原初认同的生成，需要党和国家在改革过程中结合大学生群体的利益需求开展相关改革，通过改革成果的体现使得大学生得以真切受惠，让大学生的利益需求得以满足，从而增进大学生的改革认同感。

另一方面，就内部条件而言，大学生要积极主动去接触改革环境。作为生活于当今社会中的重要社会群体，新时代大学生要通过积极参加校内外各种社会实践活动来感受改革，感受改革伟大实践带来的各种成就，切实投入改革实践中，从而对党和国家的改革产生一定的认同感。大学生在平时的生活实践中，要结合改革实践来增进对改革多方面的体验与感知，才能更多地了解和支持党和国家的各项改革，才能自然地对改革产生认同感。

二、强化认同

强化认同是大学生改革认同的第二层次，指的是通过外部因素等条件对新时代大学生进行教育引导，从而进一步提升大学生对改革的认同程度。认同是基于心理层面的认可与赞同，对个体的引导与塑造是认同形成的重要因素。人具有主观能动性，人的意识源于客观世界，人的主观意识和客观体验具有可塑性，这些都为改革认同的实现提供了教育和引导的可能。强化认同主要是通过引导、教育等手段，不断增强社会成员对改革的认同，使社会成员从心理到行为都进一步对改革产生认同。在大学生强化认同生成过程中，大学生的利益需要是教化引导的起点，需要对大学生进行正面的教育与引导，发挥家庭、学校等外部因素对大学生的影响来强化认同。

（一）强化认同产生的可能性

社会成员改革认同的可塑性、社会成员政治参与的本能性和改革认同与社会权威的互动性是强化认同产生可能性的基础条件。新时代大学生作为社会成员的重要组成部分也具有改革认同的可塑性、政治参与的本能性，具有强化认同产生的可能性。

第一，大学生思想形成的可塑性。一方面，社会成员改革认同的可塑性，在于人们思想形成的后天性，指的是后天因素对社会成员思想产生的影响。意识源于物质，社会意识源于社会存在并随着社会存在的发展而发展。人们的思想、价值观念具有可塑性，同时也受到其所在生活群体选择的制约和影响。社会个体成员具有主观能动性和主体存在性，人们具有对改革的认同或不认同的精神行为本能，而且也会受到改革信息引导的影响，从而形成对改革的总体评价和态度。人们思想的形成具有一定的规律，认同的形成需要具有相应的条件，掌握个体成员思想形成的规律，改革认同便具有引导、强化的可能性。新时代大学生群体是社会成员的重要组成部分，其思想的形成也受到后天生活的社会外部环境等各方面因素的影响，大学生通过社会生活实践形成自我的思想。另一方面，社会成员改革认同的可塑性，在于人们思想发展的可塑性。人们的思想发展是受现实生活所制约，思想发展的过程会受到外部环境的影响。通过教育教化，人们之间相互理解和认识具有可能性。著名哲学家黑格尔指出，教育教化对人们的思想形成具有十分重要的作用。黑格尔认为，后天养成对个体精神达到普遍精神起到很大的作用，教化使得个体从直接性提升到某种意义的普遍性，教化是社会成员的教育、培养以及成长的过程。通过教化，最终达到个体和群体之间的认同、融合。可见，黑格尔强调后天教化在社会成员的发展成长中所起到的重要作用。同时，黑格尔在关于推论环节的研究中也指出，"推论中的每一环节都既可取得一极端的地位，同样也可取得一个中介作用的中项的地位。这正如哲学中的三部门那样，即逻辑理念，自然和精神……逻辑理念本身也可成为中项。它是精神和自然的绝对实体，是普遍的、贯穿一切的东西"①。教化是一个教育引导的过程，既需要明确人类思想形成的客观性，把握人类思想形成的规律性，也要看到人类思想形成过程中教育引导、塑造的现实可能性，要充分发挥教育教化对人类思想形成的作用。社会个体成员思想形成的可塑性，使得大学生改革认同具有通过教育教化而达成的可能。大学生自我思想的形成，也是一个被教育教化和引导的过程，改革认同思想的形成也不例外。通过加强对大学生在改革认同方面的教化引导，提升大学生对党和国家各项改革的认可程度，能促进新时代大学生改革认同的生成，教化引导是大学生改革认同生成的一种重要方式。

第二，大学生政治参与的本能性。人不能离开社会而存在，作为社会个体的每个人都离不开对社会生活特别是政治生活的参与。政治行为是人们日常生活中的普遍行为，利益是个体行为产生的驱动力，不同的人需求各不相同，政治行为也不同，利益的判断影响社会成员的行为和改革认同的选择。对于人类政治行为参与的本能性，马克思指出，"这种选择是人比其他创造物远为优越的地方，但同时也是可能毁灭人的一生、破坏他的一切计划并使他陷于不幸的行为"②。马克思一方面强调了人类政治行为的优越性，另一方面也指出了人类政治行为的反面影响。著名政治思想家汉娜·阿伦特也通过研究指出，"凡在公共空间中展现的一切，从定义来说都是政治的，即使

---

① [德] 黑格尔. 小逻辑 [M]. 贺麟，译. 北京：商务印书馆，1980：64—365.
② 马克思恩格斯全集（第1卷）[M]. 北京：人民出版社，2002：455.

它不是行动的直接产物"①。社会个体成员政治参与的本能性，既体现了社会个体对利益的需要，也包含社会个体对群居生活的需要。当今社会是充满竞争的社会，生活在社会中的社会成员也处在竞争的环境中。社会个体成员自身利益的表达和实现，要通过社会群体才有实现的可能性。马克思指出，国家作为群体力量，是"为了使这些对立面，这些经济利益互相冲突的阶级，不致在无谓的斗争中把自己和社会消灭，就需要有一种表面上凌驾于社会之上的力量"②。马克思指出了国家与社会力量的重要性，指出要通过集体力量的发挥来保障个人利益的实现。对于我国而言，社会个体成员作为中华民族的一部分，利益关系本来就是社会个体成员与大众政治关系的本质，社会个体成员利益与国家利益具有统一性。社会个体成员的政治性本能基于利益的获取，社会个体成员参与国家社会生活，认同共同的改革文化，服从必要的社会要求，这是社会个体成员需要满足和利益获取的必然选择。

认同是社会个体成员为自我利益的实现而在思想和行为上所采取的方式，是一种精神的运动，是"概念的内在发展"，也是"内容本身的内在灵魂"③。只有通过认同，社会个体成员的政治性和社会个体成员所属社会的团体性才能得以实现。首先，改革认同是社会个体成员对改革从认知到认可，并经过反复实践后而形成的主观思想中的对改革的认可和赞同；另外，社会个体成员的改革认同又受到社会发展现实形势和国家宣传推广所影响。改革认同是通过结合改革的客观现实，对社会个体成员进行教育引导，使得社会个体成员的利益需要满足与思想认识统一起来的过程，体现了辩证统一的政治关联。通过教育引导，使得社会个体成员形成对改革的认可、赞同与支持。在社会外部因素的教育引导下，新时代大学生会深化和发展自我对改革的认识，不断增强对党和国家各项改革的认同，从而也在现实实践活动中更加认可改革、支持改革和推动改革。

---

① HANNAH ARENDT. Between past and future: eight exercises in political thought [M]. New York: The Viking Press, 1968: 115.

② 马克思恩格斯选集（第4卷）[M]. 北京：人民出版社，2012：187.

③ [德] 黑格尔. 逻辑学（上卷）[M]. 杨一之，译. 北京：商务印书馆，1966：5.

第三，改革认同与社会权威的互动性。人类生存发展过程的基础形式表现为社会性和目的性的统一，共同体权威是共同体存在的基本因素。社会共同体生活通过协调社会个体成员的行为、利益来促进社会个体成员从事社会共同活动，通过社会合法力量做保障来开展社会活动。"合法强制力量是贯彻政治体系活动的主线，使之具有作为一个体系特有的重要性和凝聚性。"①党和国家通过结合自身所具有的公认权威和社会影响力，在特定领域通过一定的制度和程序来规范社会个体成员的行为，对社会个体成员进行教育教化。同样，党和国家也通过各项关于改革的规章制度来对社会成员进行规范制约，从而使得社会成员改革认同的生成具备可能性。

改革认同与国家社会权威间的互动过程，是一个教育教化和强制引导的过程，表现为社会个体成员对党和国家各项改革的认知、判断和强制引导的双向互动过程。改革产生于一定的社会历史条件，是国家发展过程中的一部分。改革过程中，由于社会个体成员各种不同的利益追求，社会个体成员的认同与国家社会总目标的定位之间会有矛盾因素存在。"一种政权为维护其政权的利益，往往要维持一种认同，以此达到最终认同于政权的目的。"②为了国家更好地发展，为了更好地推动改革，国家社会权威要通过教育与约束，使社会成员的强化认同得以产生，而两者间的互动会进一步强化改革认同的形成。教育和约束力会产生精神力量促进新时代大学生认同改革，同时协调大学生个体利益和国家利益之间的矛盾，克服大学生个人局部的不科学认识，推动大学生改革认同的生成。

（二）强化认同实现的条件性

强化认同的实现需要一定的条件，其中教育引导与约束要求是实现强化认同的重要因素。法国社会思想家米歇尔·福柯在《规训与惩罚：监狱的诞生》中关于"规训"的论述中也提到，18世纪后期在塑造士兵体形过程中，"一种精心计算的强制力慢慢通过人体的各个部门，控制着人体，使之变得

① ［美］加布里埃尔·A. 阿尔蒙德、小 G. 宾厄姆·鲍威尔. 比较政治学：体系、过程和政策［M］. 曹沛霖，等译. 上海：上海译文出版社，1987：5.
② 郑晓云. 文化认同论［M］. 北京：中国社会科学出版社，1992：202.

柔韧敏捷。这种强制不知不觉地变成习惯性动作"①。强化认同的过程，是通过教育教化、规范制约而促使社会个体成员生成改革认同的过程，通过强化手段达成社会个体成员的改革自觉行为，促进社会个体成员对改革认同的形成，从而使得大学生认可、赞同和支持党和国家的各项改革。

第一，教育教化的作用发挥。马克思指出，"要改变一般人的本性，使他获得一定劳动部门的技能和技巧，成为发达的和专门的劳动力，就要有一定的教育或训练，而这又得花费或多或少的商品等价物"②。在此，马克思指出了教育或训练在人的技能和技巧培养过程中的重要作用，指出了教育或训练是人们能力获得与提升的重要途径。教育过程是一种价值教导的过程，是一种思维形成引导的过程。社会通过各种教育方法对社会成员进行教导，使得社会成员认可所在社会的价值规范或政策要求。要实现强化社会成员对改革的认同，就需要通过教育来对社会个体成员进行教育引导。教育教化作为人们思想形成的一种重要引领途径，党和国家要通过教育实现对社会成员的教化，通过教育来对社会成员进行引导，从而使得社会成员生成改革认同。在新时代大学生改革认同生成的过程中，党和国家要通过对大学生进行改革认同的教育引导，通过加强对党和国家各项改革的教育宣传来进一步加强大学生对改革的认识，从而促进大学生改革认同的形成。同时，教育教化的过程也要把握一定的原则和方法，才能取得促进大学生改革认同生成的效果。一方面，教育教化要结合大学生的利益来开展。教育教化的过程是一种利益引导的过程，对社会个体成员的教育教化要注重结合社会个体成员的利益需求来开展。只有立足教育对象的利益需求来开展对教育对象的教育教化，才能使教育对象更好地接纳教育教化的内容。法国学者福柯通过研究指出，"教育他时必须从他个人的利益入手"③。要达到对教育对象予以教育的

① [法] 米歇尔·福柯，刘北成. 规训与惩罚：监狱的诞生 [M]. 杨远婴，译. 北京：生活·读书·新知三联书店，2003：153.
② 马克思恩格斯选集（第2卷）[M]. 北京：人民出版社，2012：166.
③ [法] 米歇尔·福柯，刘北成. 规训与惩罚：监狱的诞生 [M]. 杨远婴，译. 北京：生活·读书·新知三联书店，2003：120.

目的，提升教育教化的成效，就要结合社会个体成员需求进行利益的引导。改革认同教育教化过程中，要结合大学生的利益需求以及大学生对个人利益和社会总体利益关系的认知，让大学生明确党和国家各项改革与个人的利益得失，教育引导大学生去认可、支持和赞同党和国家的各项改革，并在个人社会实践活动中形成与国家社会所倡导内容相统一的行为习惯。另一方面，教育教化要处理好个人利益和改革关系的正确引导。教育教化是强化认同的内在驱动力，是促进社会个体成员产生改革强化认同的重要力量源泉。对于社会个体成员而言，每个人都希望追求和实现自身利益的最大化，希望自我利益得以最大限度的实现。而只有当个人认识到自身利益和社会、他人利益一致性的时候，才会积极主动地参加社会合作，追求社会共同利益。只有社会个体成员认识到改革对自身利益的实现带来有利的影响，感知到改革的开展实现和满足了自身利益需要的时候，社会成员才会积极认同改革、主动支持改革。因此，在对社会个体成员进行改革认同的教育过程中要注重处理好个人利益和改革关系的正确引导。其一，要挖掘改革与个人利益需求的统一因素。要寻求展现党和国家各项改革与个人利益需求相统一的因素，将两者的统一性加以体现，才能使大学生的改革认同在自身利益追求过程中得以维系。其二，要不断推动改革认同观的形成。观念是行为的向导，是指引行为的重要思想。在新时代大学生改革认同的教育引导过程中，要注重加强大学生改革认同观的养成，教育引导大学生把国家社会发展当成自身的高层次奋斗目标，将个人目标的实现与国家社会的发展统一起来，将个人利益的实现跟国家的前途结合起来，提高大学生在国家改革事业中的归属感和责任感，从而消除改革认同差异，强化大学生对党和国家各项改革的认同。

第二，政策制度的宣传约束。要使得社会个体成员的改革认同得以强化，除了对社会个体成员进行教育教化之外，还需要充分发挥改革相关政策制度的宣传约束作用。党和国家要结合相关政策制度和宣传平台，对改革相关政策制度进行宣传，让社会成员对党和国家各项改革有更加深入的认识。对于改革的重要性和必要性，改革过程中的先进事例、优秀成果等情况均予以及时宣传，从而提升社会成员对党和国家各项改革的认知度和支持度。同时，结合相关规章制度，对改革过程中的行为要进行约束。政策制度宣传约束作用发挥的过程中，对于改革过程中支持改革的、拥护改革的合理行为和先进做法，党和国家要加以宣扬；对于改革过程中违背相关规定、反对改革的不正当行为要依法依予以制裁，只有这样，才能对社会个体成员进行正确引导，才能使得改革有序地进行，才能促进社会个体成员改革认同的生成。通过发挥国家社会力量的制约作用，通过党和国家在改革方面相关政策制度的实施，对社会个体成员的行为进行规范和约束，对社会个体成员对改革的认识进行引导，这样才能保证改革稳定进行，才能促进改革成效的进一步体现，从而引导社会个体成员科学认可党和国家的各项改革。社会个体成员强化认同生成的过程中，制度规范的宣传约束起着十分重大的作用。没有相关规章制度的规范约束，没有相应的改革运作秩序要求，党和国家各项改革事业的正常运作就会受到影响，改革的运作秩序就会受到破坏，改革的成效就难以取得。改革相关的制度规范源于多个方面，社会成员间的交往关系、交往方式、交往习惯和相关已有规定等成为制度规范形成的影响因素，制度规范的形成和作用发挥的过程中要注意把握和处理好各种因素相互间的作用。党和国家改革方面相关的制度规范作为一种社会约束机制，在设立的过程中既源于社会个体成员的相关生活实际情况，又立足国家和社会现实发展的需要，要综合考虑社会个体成员和国家社会集体之间的关系。大学生改革强化认同生成的过程中，党和国家要通过相关政策制度的实施对大学生进行正确的规范与约束，发挥相关规章制度的作用，从而促成大学生改革认同的生成。

三、自觉认同

自觉认同是大学生改革认同的第三层次，指的是大学生自发自觉的主动认同的层面，是大学生内心自我对党和国家各项改革的主动积极的认可和接受。德国哲学家伽达默尔指出，"理解一个问题，就是对这问题提出问题。

理解一个意见，就是把它理解为对某个问题的解答"①。也就是说，理解的过程是一个"提出问题"与"解答问题"的理解与被理解的过程，是同一与差异的辩证统一的过程。改革实践过程中，只有真正把握新时代大学生对于改革的历史与现实之间的真切认识，只有大学生自发自觉地形成对党和国家各项改革的全面认知和理解，才能真正地实现大学生的改革自觉认同。

（一）自觉认同产生的可能性

自觉认同的产生何以可能？自觉认同产生的可能性因素包含哪些方面？要达到大学生对改革的自觉认同，这期间的发生需要具备一定的基础条件。

第一，大学生作为社会个体成员具有情感的共通性。人的本质是社会的，人都是生活在社会上的人，社会属性是人的本质属性。生活在社会中的个人，其生存与发展离不开一定的社会群体，离不开所生活的社会。作为生活在同一社会群体中的人，具有某一群体归属感的情感共通性，有着感到归属于同一个共同体的群体归属感的心理。情感共通性作为一种共同感觉，是"一种本能的复合物，即一种对于生命的真正幸福所依赖的东西的自然渴望……是根深蒂固的倾向，并具有一种专横的、神圣的、不可抗拒的威力"②。情感共通性指的是社会个体成员在社会实践中与交往对象形成的情绪体验，是社会个体成员对待自身所处社会和自身价值观感的体验。"共通感则是所有人中存在的一种对于合理事务和公共福利的感觉，而且更多的还是一种通过生活的共同性而获得，并为这种共同性生活的规章制度和目的所限定的感觉。"③ 情感共通性具有社会共同体相互生存发展的关系本质，情感共通性形成与发展于社会成员长期的共同生活和对所生活的社会集体具体情况的认知以及对国家政策制度的适应。生活于同一社会的社会成员，在相互联系、共同生活的过程中，会对所生活的社会群体产生归属感，依赖并认可所生活

---

① ［德］汉斯－格奥尔格·伽达默尔. 真理与方法（上卷）［M］. 洪汉鼎，译. 上海：上海译文出版社，1999：482.

② ［德］汉斯－格奥尔格·伽达默尔. 真理与方法（上卷）［M］. 洪汉鼎，译. 上海：上海译文出版社，1999：37.

③ ［德］汉斯－格奥尔格·伽达默尔. 真理与方法（上卷）［M］. 洪汉鼎，译. 上海：上海译文出版社，1999：27.

的社会群体。人们改革自觉认同产生的可能性，在于生活在国家中的人们对于所生活于其中的社会的情感性，在于人们对我国各项改革的认知和产生的情感。新时代大学生生活于深化改革全面进行的国家中，对党和国家在改革方面取得的瞩目成就深有感触，对党和国家在改革开放进程中所带来的发展也深有体会，会自然而然对国家产生热爱之情。新时代大学生改革自觉认同的产生，也源于大学生对国家的热爱和情感，源于大学生具有对党和国家改革事业的情感认可性。

　　第二，大学生作为社会个体成员具有利益的一致性。社会个体成员的共同利益是一个社会群体聚散的重要依据，成员间的共同利益是维护群体的重要因素。任何一个社会群体都有一种因社会个体成员共同利益而产生的凝聚力，从而凝聚各个个体成员。马克思指出，"在古代，每一个民族都由于物质关系和物质利益（如个别部落的敌视等）而团结在一起"①。可见，马克思指出了各民族之所以能够团结聚集在一起，主要是基于各民族间的物质关系和物质利益，民族间的共同利益是维护各民族关系的重要因素。马克思也指出，"最文明的民族也同最不开化的野蛮人一样，必须先保证自己有食物，然后才能考虑去获取别的东西"②。不管在古代还是现代，民族成员的物质关系和物质利益的一致性，是民族形成的最基础的因素。一个国家的稳定发展需要社会集体成员关系的稳定维系，而集体关系的维护发展，需要基于社会集体共同利益。社会个体成员的需要和利益，社会成员共同的集体利益，是自觉认同产生的重要因素。基于大学生群体共同的需要和利益基础之上的认同，是大学生改革自觉认同实现可能性的重要方面。社会个体成员的需要和利益满足是社会集体存在与发展的内驱力，只有让社会个体成员共同的物质生活需要得以满足，才能够推动社会稳定向前发展。大学生群体具有利益的一致性，大学生群体的需要和利益的满足，是大学生改革自觉认同产生的原因，也是衡量新时代大学生改革自觉认同程度的重要依据。

―――――――――――

①　马克思恩格斯全集（第3卷）［M］．北京：人民出版社，2002：169.
②　马克思恩格斯全集（第12卷）［M］．北京：人民出版社，1998：354.

（二）自觉认同实现的条件性

自觉认同的形成，需要社会个体成员与国家社会集体相互间的理解与被理解，是一个个体与群体的契合过程，是社会个体成员对国家社会方针政策的主动自觉理解的过程，体现了个性和共性的统一。新时代大学生改革自觉认同的实现，需要具备多方面的条件，主要从以下两方面来考量。

一方面，大学生自我对改革的理解。通过积极主动地对党和国家各项改革进行理解，大学生不断深化自我原有对改革的认同，从而更加深入、全面地达到对党和国家各项改革政策举措的理解和认同，自觉自发地形成对党和国家各项改革的认知和赞同，并在此基础上不断加深自身对党和国家各项改革的认同程度，进一步促进改革认同的形成。大学生改革自觉认同的生成，首先需要大学生主动积极和全面地去了解和理解党和国家的各项改革。只有在较好地对改革进行理解的基础之上，大学生才能切实认可改革，大学生改革自觉认同才能得以生成。作为社会成员的重要组成部分，新时代大学生要立足国家、社会发展来看待改革，主动积极地认识党和国家各项改革对我国发展所起的巨大作用，全面地认识改革的重要性和必要性，从内心到行动上自觉主动地认可和支持我国各项改革。

另一方面，党和国家对改革成效的提升。党和国家要不断提升改革成效，使得改革成效惠及更多的社会成员，从而提供改革被理解的条件。新时代大学生改革自觉认同的生成过程，是一种个性到共性的不断融合的过程。伽达默尔指出，理解是一个融合过程，"意味着向一个更高的普遍性的提升，这种普遍性不仅克服了我们自己的个别性，而且也克服了那个他人的个别性"①。在大学生改革自觉认同的实现过程中，大学生是以其所在的生活实际去理解当下国家的各项改革，是以其生活的社会情况去理解当下国家的各项改革，通过对改革方针政策实施情况的现实评判来理解党和国家各项改革，从而达到对党和国家各项改革的承认和认可。新时代大学生改革自觉认

---

① ［德］汉斯－格奥尔格·伽达默尔. 真理与方法（上卷）［M］. 洪汉鼎，译. 上海：上海译文出版社，1999：391.

同的生成，需要通过大学生自我认知来推动整个大学生群体认同的一致性，并以此来促进大学生改革自觉认同的形成，从而推动我国改革事业不断深化，促进国家社会更好地向前发展。新时代大学生改革自觉认同的发生，需要党和国家更好地提升改革成效，让改革成效惠及大学生群体，使得大学生群体的利益和需要得以满足，从而为大学生自发自觉地认同改革创造条件。只有将改革成效落到实处，不断提升改革的实效性，党和国家的各项改革才能更好地被大学生所理解和认同，大学生改革自觉认同才能生成。

第四节　新时代大学生改革认同的功能

改革是历史发展的必然逻辑，是党和国家在时代发展过程做出的正确选择。全面深化改革是时代发展的要求，是社会进步的需要，是推动我国社会主义现代化建设事业更好地向前发展的正确选择。党的十九大报告指出，要"坚持全面深化改革。只有社会主义才能救中国，只有改革开放才能发展中国、发展社会主义、发展马克思主义"①。当前我国改革进入攻坚期和深水区，新时代全面深化改革面临着不少难题，不同的人对改革产生不同的评价，不同的人对改革持有不同的看法，有些人认同改革，有些人怀疑改革。基于不同的评判标准和个人实际，人们对改革产生了认同差异。改革认同是人们改革心理的积极表现，是社会成员理解、信任、认可与支持改革。党和国家在进行各项改革的过程中，社会成员的积极支持与热情参与是改革实践得以推进的必要条件，改革的进一步全面深化需要通过提升社会成员的改革认同来实现。新时代大学生作为社会成员的重要组成部分，其改革认同的生成对于国家的稳定、社会的发展等方面具有重要影响。

新时代大学生改革认同对改革的进一步全面深化产生多方面的重要影响，新时代大学生改革认同对党和国家的稳定发展具有重要的作用，在坚定

---

①　习近平．决胜全面建成小康社会，夺取新时代中国特色社会主义伟大胜利——在中国共产党第十九次全国代表大会上的报告［M］．北京：人民出版社，2017：21.

改革导向、凝聚改革共识、激发改革动力等方面具有重要的功能。

一、坚定改革方向

改革认同是社会成员对改革的认可与赞同，是社会成员对改革的信任和支持，实际上体现的是社会成员与国家的关系。习近平指出，"我们的改革开放是有方向、有立场、有原则的。我们当然要高举改革旗帜，但我们的改革是在中国特色社会主义道路上不断前进的改革，既不走封闭僵化的老路，也不走改旗易帜的邪路"①。我国在进行改革的过程中，必须坚持正确的立场和方向。只有坚持了正确的改革方向，改革才能深入有序地进行，才能得以进一步深化。中国特色社会主义引领着改革事业的前进方向，对社会成员的思想和行为起着重要的引导作用。我国的改革是高举中国特色社会主义伟大理论旗帜的改革，是在正确理论指导下进行的改革，以中国特色社会主义伟大理论为指导的改革。在庆祝改革开放 40 周年大会上，习近平发表讲话指出，"改革开放 40 年来，中国共产党全部理论和实践的主题是坚持和发展中国特色社会主义"②。实践证明，中国特色社会主义是我国改革必须坚持的正确方向，是引领我国各项改革事业进一步发展的正确方向。改革过程中要始终坚持中国特色社会主义这一根本方向，把其作为改革事业发展的行动引领，发挥其统一思想和集体行动的作用。改革认同的过程，就是社会成员在了解和认同党和国家方针政策和发展道路的基础上，信任和支持国家改革事业，在思想上和行动上为推进国家改革事业进一步发展而努力的过程。改革认同有利于坚定社会主义改革正确方向，正确引导社会成员改革的思想和行为，矫正偏离改革目标的思想和行为。改革认同对于进一步坚定中国特色社会主义改革正确方向，维护中国共产党的核心地位具有积极作用。

增进大学生改革认同，能够进一步坚定大学生对党和国家各项改革事业的信心，加大大学生对党和国家改革事业的认可与支持，培养大学生树立为

---

① 中共中央文献研究室. 习近平关于协调推进"四个全面"战略布局论述摘编［M］. 北京：中央文献出版社，2015：51—52.

② 习近平. 在庆祝改革开放 40 周年大会上的讲话［N］. 人民日报，2018 - 12 - 19（02）.

实现改革目标而努力的信念，能够进一步引导大学生在思想上、行为上支持党和国家各项改革。新时代大学生改革认同的生成，有利于进一步坚定社会主义改革正确方向，纠正偏离改革目标的思想和行为，维护党和国家的领导地位，促进我国社会主义建设伟大事业不断沿着社会主义正确方向深入推进。

二、凝聚改革共识

改革开放是新时代中国发展进步的动力之源，全面深化改革是新时代发展的必然选择。改革共识是社会成员对改革的价值、目标、方法、成效等方面所持的相对一致的认识和态度，是社会成员对改革问题达成的一致性认识，是社会成员对改革的一种一致性态度，改革共识具有时代性、相对性、层次性、过程性等特征。改革共识是全面深化改革的内在动力，具有导向、推动、协调等方面的社会功能：导向功能方面，改革共识能够统一改革思想；推动功能方面，改革共识能够增强改革动力；协调功能方面，改革共识有利于处理改革难题。习近平强调，"凝聚共识很重要，没有广泛共识，改革难以顺利推进，推进了也难以取得全面成功"①。改革共识是改革的全面深化与进一步推进的重大影响因素，改革共识对改革的进一步深化具有十分重要的促进作用。全面深化改革是新时代坚持和发展中国特色社会主义的内在要求，改革共识是改革得以全面深化的内在动力，对改革能否进一步全面深化起着至关重要的影响。改革共识的凝聚是进一步全面深化改革的必要条件，改革共识对改革事业的发展具有强大的推动作用，是改革认同生成的重要推动力。在改革开放的新时代，党和国家要通过思想引领、利益满足、平台搭建、文化营造等路径来凝聚社会成员的改革共识，增进社会成员的改革认同，从而进一步全面深化改革，推动改革事业不断向前发展。

改革认同的生成，具有进一步凝聚改革共识的功能。改革的过程，是一个对各方面体制机制进行调整与完善的过程。当前我国的改革事业处于攻坚期和深水区，改革的力度进一步增强，改革的涉及面进一步扩大，社会利益

---

① 习近平关于全面深化改革论述摘编［M］.北京：中央文献出版社，2014：31.

关系也需要进一步调整。社会成员是改革的实践者，也是改革的对象，改革会直接涉及他们自身利益的方方面面。社会成员的心理状况影响改革的进程，社会成员是否积极对待改革中的各种利益调整，是否主动支持与参与改革事业，都对改革事业的进一步开展产生较大的影响。通过增进社会成员的改革认同，提升其对改革的积极态度和感情，则社会成员会立足国家的长远利益和整体利益，以积极的态度面对党和国家开展的各项改革所带来的各种利益调整，形成对改革的积极态度，支持党和国家改革事业的继续深入。改革认同有利于促进社会成员对改革事业的认可与支持，促进其积极主动支持改革事业，从而选择有利于改革的行为方式，能够进一步凝聚改革共识，促进改革事业的深化与发展。

增进大学生改革认同，能坚定大学生对党和国家改革事业的信心，加大大学生对改革的支持力度，起到凝聚大学生改革共识的作用。美国政治学家戴维·伊斯顿在对政治生活系统的研究中，提出社会成员的"支持"对政治系统产生重要影响，"要是没有支持，就不可能保证管理规则和政府的某种稳定性"①。同时，他指出支持分为"显性支持"和"隐性支持"两种，"以行动来支持，我叫作显性支持；以一种态度或情绪来支持，我叫作隐性支持"②。他指出，"支持的行为并不只是可观察到的外在的行动。一个人可以保持一种支持某个人或某个目标的心态"，这是"隐性支持"的表现。③ 隐性支持是指社会个体成员从内心深处的自觉认同，是从内心层次引发的支持，是支持的一种内在稳定的表现。党和国家各项改革要得以顺利推行和并不断加以深化，需要得到社会个体成员的隐性支持。社会个体成员的隐性支持对党和国家的各项改革会起到较大的促进和推动作用。而社会个体成员隐性支持的形成，需要通过凝聚高度的改革共识来实现。大学生改革

---

① ［美］戴维·伊斯顿. 政治生活的系统分析［M］. 王浦劬，译. 北京：人民出版社，2012：144.

② ［美］戴维·伊斯顿. 政治生活的系统分析［M］. 王浦劬，译. 北京：人民出版社，2012：146.

③ ［美］戴维·伊斯顿. 政治生活的系统分析［M］. 王浦劬，译. 北京：人民出版社，2012：147.

认同的形成，对于凝聚改革力量具有十分重要的作用，能够有力提升大学生对改革的认可与支持力度。大学生改革认同能进一步凝聚改革共识，促进大学生认可与支持党和国家的各项改革，积极投身于社会主义现代化建设伟大事业。

三、激发改革动力

党和国家进行改革的过程，是党领导各族人民进行伟大革命的历程，是党带领全国人民结合国家发展过程的需要而进行各方面建设的过程。其中，中国共产党是改革的主导者，人民群众是历史的创造者，党和人民群众都是中国改革发生的动力。习近平指出，"改革开放是党在新的历史条件下领导人民进行的新的伟大革命，是决定新时代中国命运的关键抉择"①。全面深化改革需要多方力量的支持，需要改革动力的进一步激发。只有充分发挥改革过程中的多方力量，才能更好地推动改革，将改革进一步全面深化。改革认同有利于协调多方利益、协调多方力量、发挥多方力量的作用，有利于为全面深化改革激发动力。一方面，改革认同有利于改革科学决策的形成。改革认同有利于党和国家进行科学决策，进一步激励党和国家结合时代发展要求来深化改革事业，制定各项改革政策方针。改革认同的生成，可为党和国家科学判断与分析改革策略与社会成员期望之间的关系提供参考依据，从而使党和国家在改革方面的相关方针政策更加科学合理。党和国家将结合社会成员的改革认同具体状况，进一步采取相应的有利于国家发展、社会成员利益的改革措施，更好地调节和处理好改革决策与社会成员期望之间的关系，满足社会上大多数人的利益和需求，从而促使更多的社会成员支持改革和拥护改革，激发改革的内在动力，有利于激励、推进改革事业的全面深化。另一方面，改革认同有利于激发人民群众的创造力。改革认同有利于协调多方利益，维护社会稳定，为全面深化改革提供良好的社会环境。社会稳定涉及的因素涵盖很多方面，其中人民群众对改革的认同状况对社会的稳定和发展

---

① 中共中央文献研究室. 习近平关于协调推进"四个全面"战略布局论述摘编 [M]. 北京：中央文献出版社，2015：51.

产生较大的影响，人民群众对改革的认同是改革得以继续深入开展的前提。改革认同是社会成员对改革事业认可与支持的表现，是社会成员对改革的积极心理表现。在我国，人民群众的改革认同程度越高，人民群众对改革的支持程度就越高，从国家集体利益出发选择有利于改革、有利于社会发展的行为的人就越多，人民群众的积极性、主动性、创造性就会发挥得越充分，推动改革不断向前发展的力量就越大。改革认同的生成，能够起到激发内在改革动力、聚集多方改革力量的作用，改革认同有利于激励、推动改革实践向前发展。

增进大学生改革认同，有利于坚定青年大学生这一重要社会成员群体的改革信念，加大大学生对党和国家各项改革的认可度，提升新时代大学生对改革的支持力度。同时，增进大学生改革认同，有助于增强改革的权威性。改革在开展的过程中，党和国家的改革方针、政策只有得到社会成员的广泛认同，取得社会成员的信任与支持，改革才能具有权威性，改革也才能得以进一步深化。新时代大学生只有对党和国家的各项改革从内心产生认同，才能自觉地拥护改革，自觉地认可和支持改革。美国社会学家彼得·M. 布劳指出，"社会凝聚力的整合纽带在追求共同目标中巩固了该群体。群体凝聚力促进了关于规范标准的共识的发展及这些共享规范的有效实施，因为伙伴关系的整合纽带加强了群体的非正式制裁对每个个体成员的意义"①。彼得·M. 布劳在这里指出了社会凝聚力的重要性，认为通过社会凝聚力增加了社会控制和协调，指出了社会凝聚力的整合对于群体维系所起到的重要作用。当今时代，是世界多极化、经济全球化、社会信息化、文化多样化的社会，而且目前我国改革处于深水区和攻坚期，伴随着改革出现的一些不良现象引发了社会大众特别是部分大学生对改革的不同看法，存在大学生改革认同差异情况。增进新时代大学生改革认同，有利于全面深化改革；有利于改革的推动、宣传与普及，提高大学生对国家改革的价值认知、情感赞同和行为支持；有利于维护改革稳定大环境，激发改革动力。

---

① ［美］彼得·M. 布劳. 社会生活中的交换与权力［M］. 李国武，译. 北京：华夏出版社，2012：335.

第二章

新时代大学生改革认同的生成

新时代大学生改革认同的生成机制是本书研究的重要内容，大学生改革认同生成机制是研究新时代大学生改革认同的重要理论支撑，剖析大学生改革认同生成机制是研究大学生改革认同的题中之义。本章从新时代大学生改革认同生成机制的角度进行研究，分析新时代大学生改革认同发生的基础条件、理论依据、现实因素、发生机制等问题，探讨新时代大学生改革认同何以必要、何以可能，研究新时代大学生改革认同发生的内部机制和外部机制。

第一节　新时代大学生改革认同的基础条件

改革认同不能凭空产生，需要经济、政治、文化、心理等主客观条件的支撑，需要内部外部等多方面因素作用的共同发挥。只有多方面条件作用的综合发挥，新时代大学生改革认同才能形成。党和国家实行改革开放方针政策40多年以来，我国取得了巨大的成就，积累了丰富的经验财富，提升了人民的生活水平，改革开放促进了国家与社会不断向前发展。改革的成就是巨大的，改革带来的效益也是巨大的，新时代改革的成就给改革认同的进一步生成创设了较好的条件。新时代大学生改革认同生成的基础条件，可从以下几个方面来考量。

一、经济发展是物质基础

改革认同的生成，需要具备良好的经济基础。社会经济发展是大学生改革认同的重要前提条件，是大学生改革认同的物质基础条件。改革认同是社会成员对改革的认知与态度，实质上是一种社会意识，是对社会存在的能动反映。人生存于社会当中，人的本质属性是社会属性，人的本质反映在人的社会关系上。马克思指出，"根据唯物史观，历史过程中的决定性因素归根到底是现实生活的生产和再生产……我们自己创造着我们的历史，但是第一，我们是在十分确定的前提和条件下创造的。其中经济的前提和条件归根到底是决定性的"①。马克思认为，人类社会中，社会存在是第一性的，社会意识是第二性的，社会存在决定社会意识。其中，经济作为社会存在首要的前提条件起到了决定性作用，对社会成员社会意识的形成产生重要的影响。改革认同作为社会成员对改革的共识与认可，需要通过经济、政治、文化等各种因素相互影响而实现。其中，经济发展是改革认同的客观物质基础，作为社会存在对社会意识起到了决定性作用。马克思也指出，"观念的东西不外是移入人的头脑并在人的头脑中改造过的物质的东西而已"②。人的观念都是源于物质，是客观物质在人脑中的反映，人们通过对客观物质存在的接触形成了自身的思想观念。毛泽东指出，"人们的社会存在，决定人们的思想。而代表先进阶级的正确思想，一旦被群众掌握，就会变成改造社会、改造世界的物质力量"③。毛泽东指出了社会存在与人们思想形成的关系，指出了客观物质存在对思想观念所起到的决定性作用，指出了社会存在对于人们思想形成的重要影响；同时，毛泽东也指出了正确的思想观念所起到的积极作用，强调了正确思想对改造社会和世界的重要作用。邓小平也指出，"社会主义阶段的最根本任务就是发展生产力"④。邓小平强调了社会主义初

---

① 马克思恩格斯选集（第4卷）［M］. 北京：人民出版社，2012：604—605.
② 马克思恩格斯选集（第2卷）［M］. 北京：人民出版社，2012：93.
③ 毛泽东著作选读（下册）［M］. 北京：人民出版社，1986：839.
④ 邓小平文选（第3卷）［M］. 北京：人民出版社，1993：63.

级阶段中国发展生产力、发展经济的重要性，指出了只有从根本上大力发展生产力，才能促进社会向前发展。我国目前处于社会主义初级阶段，经济发展是整个社会发展的物质基础，是社会成员改革认同形成的前提条件，发展经济是发展社会的重要前提基础。经济的发展有利于推动社会各方面事业的发展，有利于形成社会发展的良好态势，有利于让社会成员从中有了利益获得感，从而促进社会成员改革认同的形成。

改革开放 40 多年以来，党和国家以经济建设为中心，制定并贯彻落实相关促进经济发展的路线政策，经济的发展为改革认同的形成提供了物质基础。我国经济的不断发展促进了人们物质生活水平的提升，给人们带来了切切实实的利益，让人们体会到改革带来的成效，这些都为改革认同的生成提供了基础条件。改革开放 40 多年来，我国社会各方面特别是经济方面取得了举世瞩目的成就，经济水平不断提升。"我国国内生产总值由 3679 亿元增长到 2017 年的 82.7 万亿元，年均实际增长 9.5%，远高于同期世界经济 2.9% 左右的年均增速……现在，我国是世界第二大经济体、制造业第一大国、货物贸易第一大国、商品消费第二大国、外资流入第二大国，我国外汇储备连续多年位居世界第一，中国人民在富起来、强起来的征程上迈出了决定性的步伐！"[1] 改革为促进我国经济的发展发挥了重要的作用，改革为推动国家社会的发展起到了重要的影响作用，大大地提升了人们的生活水平。我国经济的发展为改革认同的生成提供了物质基础。

我国改革事业的进一步推进，需要建立在经济进一步发展的基础上，只有有了经济的进一步发展，有了生产力的进一步提升，才能为社会成员对改革的认知和认可提供物质基础，才能促进人们更好地生成对改革的认同感。《中共中央关于全面深化改革若干重大问题的决定》指出，"经济体制改革是全面深化改革的重点，核心问题是处理好政府和市场的关系，使市场在资源配置中起决定性作用和更好发挥政府作用"[2]。全面深化改革的过程中，要

---

① 习近平. 在庆祝改革开放 40 周年大会上的讲话［N］. 人民日报，2018 – 12 – 19.
② 十八大以来重要文献选编（上）［M］. 北京：中央文献出版社，2014：513.

先抓住经济体制改革这一重点，提升社会经济发展水平。同时，加强各方面建设，切实提升经济发展水平。在关系处理上，要处理好公平与效率的关系，坚持"效率优先，兼顾公平"的原则，既要抓好经济增长，又要衡量好各方关系，兼顾公平；经济增长方式上，要实现经济增长方式的根本转变，要发展高质量高水平经济，坚持粗放型经济向集约型经济的转变，实现经济可持续发展；制度建设上，要建立健全合理的社会保障制度，结合社会发展实际和经济运作形势，健全完善相关制度，为经济发展提供制度保障。新时代大学生群体作为社会群体成员的重要组成部分，社会生产力水平的提高，社会经济的发展以及经济发展带来的物质生活条件的提升，都会给生活在当今社会中的大学生带来实实在在的利益，会让生活在当今时代的大学生得以切身感受。社会经济的发展是新时代大学生改革认同形成的重要物质前提条件，为大学生改革认同生成提供了物质基础条件。

二、政治民主提供政治保障

改革认同的形成，需要民主的政治环境。只有在民主的政治环境之下，社会成员才能更好地反映意愿、表达需求，才能更好地将自我的意愿表达出来。在良好的民主政治环境中，通过民意表达渠道的畅通，能够促进相关意见建议的收取，能够为党和国家在改革上进行科学决策提供参考的依据。民意的充分表达为党和国家制定改革决策、推进改革实践提供了重要的参照，能够促进党和国家更加科学、合理地进行决策，制定并落实更加切合实际的改革方针政策，有利于增进社会成员的改革认同。改革认同的生成源于社会成员对改革的认可与支持，而只有切合社会成员需要、符合社会成员期望的改革才能得到社会成员的认同与支持。改革事业要得以不断深入推进，需要社会成员对改革的认同。只有在社会成员认同改革的基础上，改革才能进一步推进，才能进一步全面深化。一方面，民主的政治环境有利于民意的充分表达。在民主的政治环境中，社会成员得以表达自我的意愿，得以展示自我对党和国家各项改革的态度。通过民意表达渠道作用的发挥，社会成员对于改革的看法能够被了解。另一方面，民主的政治环境有利于改革方针的科学制定与推行。在民主的政治环境之下，民意才能得到更好的表达，民意才能得到真实的展现。在民意表达充分的基础上，党和国家可以了解社会成员对改革的真实看法，能够明确社会成员的改革认同状况。在此基础上，党和国家根据社会成员对改革的真实反映能更好地制定科学合理的改革方针，从而实现绝大多数人的根本利益，从而更好地促进人们改革认同的生成。民主的政治环境是对社会成员在改革中起到的作用加以重视的表现，是对民意的重视，有利于改革认同的生成。在民主的政治环境中，党和国家改革者通过及时关注改革过程中社会成员的利益需求和心理变化来适时对我国各项改革的方向、内容、方式等方面进行调整，这样有利于党和国家更加科学地制定我国各项改革相关方针、政策，采取更加科学合理的改革决策，使得改革更加科学、有序地开展，从而有利于促进社会成员改革认同的形成。

改革开放 40 多年以来，我国的民主政治取得了长足的进步，这为改革认同的进一步生成创设了良好的政治条件。"40 年来，我们始终坚持中国特色社会主义政治发展道路，不断深化政治体制改革，发展社会主义民主政治，党和国家领导体制日益完善，全面依法治国深入推进，中国特色社会主义法律体系日益健全，人民当家作主的制度保障和法治保障更加有力。"① 我国政治体制方面的改革促进了我国民主政治的发展，优化了我国的民主政治环境，也为改革认同的生成创设了政治条件。与此同时，改革认同的生成与改革认同程度的进一步提升，需要进一步发展我国的民主政治。改革过程中，只有及时关注社会成员的意愿，有效回应社会成员的需求，才能获得社会成员的支持和认可，才能维持改革认同的持续性和稳定性。为此，全社会要形成良好的民主政治环境，重视民主制度的完善和落实，在改革过程中坚持民主原则，使社会成员有表达自身意愿的机会和渠道，及时反映和回应民意，结合社会成员所表达的意愿予以回应与决策，这样才能更好地促进改革有序、合理地进行，才能更好地增进人们对党和国家各项改革的认同。新时代大学生群体作为社会群体重要的组成部分，良好的民主政治环境是大学生

---

① 习近平. 在庆祝改革开放 40 周年大会上的讲话 [N]. 人民日报，2018 - 12 - 19.

得以表达意愿的重要条件，是增进大学生改革认同需要考虑的重要因素。良好的民主政治环境为大学生了解与掌握、反馈改革方针、政策提供重要的条件，是大学生意愿得以表达的重要因素。在良好的民主政治环境下，新时代大学生能够运用相关的平台，真实地反映和反馈对党和国家各项改革相关方针、政策的看法；在良好的民主政治环境下，党和国家也能结合新时代大学生关于改革方针、政策的相关看法来更好地制定切合时代发展、大学生需求的改革方针、政策，从而使得改革能够取得更多大学生的支持，进一步促进大学生改革认同的形成。

三、文化理性作为文化支撑

改革认同的形成，需要理性的文化环境。习近平指出，"文化是一个国家、一个民族的灵魂，文化兴国运兴，文化强民族强"①。社会发展过程中，文化作为一种"软实力"发挥着重要的作用，文化环境对社会成员思想的形成有着十分重要的影响。当今时代，是文化多元化、思潮多样化的时代，改革认同的形成需要理性文化的引领和熏陶。只有在理性文化的引领下，改革认同才能沿着正确的方向更好地发展，改革认同才具有持续性和稳定性。第一，正确的理论指导是根本。习近平在党的十八届中央政治局第二次集体学习讲话中强调，"改革开放是一场深刻革命，必须坚持正确的方向，沿着正确道路推进。在方向问题上，我们头脑必须十分清醒，不断推动社会主义制度自我完善和发展，坚定不移走中国特色社会主义道路"②。党和国家的改革要始终坚持正确的理论指导，始终坚持中国特色社会主义正确道路，将马克思主义、中国化的马克思主义特别是习近平新时代中国特色社会主义思想作为我国改革的思想引领和行动指南，引导改革事业沿着中国特色社会主义道路这一正确的方向进行，并指导社会成员在改革实践中不断形成改革共

---

① 习近平. 决胜全面建成小康社会，夺取新时代中国特色社会主义伟大胜利——在中国共产党第十九次全国代表大会上的报告［M］. 北京：人民出版社，2017：40—41.

② 习近平谈治国理政（第1卷）［M］. 北京：外文出版社，2018：67.

识。改革认同生成过程中，要把马克思主义、中国化的马克思主义作为改革的行动指南，同时，要注重马克思主义中国化、时代化，要结合时代发展和中国国情不断完善发展正确的指导思想，要防止思想僵化和固化。改革过程中，要在坚持正确行动指南的前提下发展马克思主义，将指导思想与国家实际相结合，结合改革事业的具体发展形势进一步将理论运用于实践，并在实践中不断完善发展相关理论，实现马克思主义中国化、时代化。第二，理性的公共文化是重要条件。改革认同的生成，需要社会成员对改革的合理性和效能性有自觉正面的评价与认可。理性的公共文化主要包括两方面：一方面，改革事业的规范理性。只有在规范理性的前提下开展改革事业，才能获取社会成员的支持，才能使改革进一步全面深化，才能达成社会成员的共识和认同。改革者所进行的改革要具有公正合理性，改革权力的运用要具有公平公正性，改革方法方式要具有公信力；另一方面，改革效能的持续性。改革事业的发展，要有利于保障社会成员的利益，并能在改革实践过程中使社会成员的利益得以改善与持续。改革要形成多数人获利的客观效果，就要保障大多数人的基本利益，保障社会成员的公共福利，使社会成员的权益得以持续。改革效能要具有持续性，才能获得社会成员对改革的认可与支持，从而促进社会成员改革认同的生成。

改革开放 40 多年以来，中国特色社会主义先进文化不断向前发展，社会主义精神文明建设不断得以加强，在坚持科学理论为道路指引的前提下，不断促进我国先进文化的发展并取得了不少的成就。"爱国主义、集体主义、社会主义精神广为弘扬，时代楷模、英雄模范不断涌现，文化艺术日益繁荣，网信事业快速发展，全民族理想信念和文化自信不断增强，国家文化软实力和中华文化影响力大幅提升。"[①] 改革开放以来的文化成就有目共睹，我国文化的发展也推动了社会其他方面的进步。当前我国先进文化的发展，为改革认同的生成提供了文化条件。新时代大学生改革认同的生成，需要进一步发展中国特色社会主义先进文化，创设良好的改革认同文化环境。

---

① 习近平. 在庆祝改革开放 40 周年大会上的讲话 [N]. 人民日报，2018 – 12 – 19.

改革过程中，良好的社会主义改革理性文化环境是大学生群体改革认同形成的重要条件，对大学生改革认同的生成有着较大的促进作用。只有创设良好的社会主义改革理性文化环境，才能对大学生改革认同的形成进行正确的引领和熏陶，从而增进大学生的改革认同。良好改革文化环境的形成，首先要用正确的理论作为根本指导。要形成对改革引领的良好的主流意识形态，营造良好的改革主导文化氛围，坚定改革的正确方向。新时代增进大学生的改革认同，就要坚定中国特色社会主义道路方向，坚定马克思主义理论的引领方向，用习近平新时代中国特色社会主义思想加强对新时代全面深化改革的引导，指引改革的进一步全面深化沿着正确的道路进行。同时也要创设理性的改革公共文化。改革理性文化是新时代大学生改革认同的文化条件的重要方面，改革事业的规范性、改革效能的持续性等方面，都是理性改革文化环境的重要组成部分。全面深化改革的过程中，各项改革工作的开展要规范合理，同时，各项改革工作开展的过程中也要注重提升改革的实效性和效能持续性，为改革的进一步深入开展营造良好的改革公共文化氛围。改革理性文化环境的形成，对增进大学生改革认同起到积极的促进作用，文化理性为大学生改革认同生成提供了文化支撑。

四、信任认可是心理动力

改革认同的生成，需要社会成员的信任和认可。信任和认可是社会成员从内心层面的态度表现，是改革认同生成的内在心理动力。只有取得大学生对改革的信任和认可，才有大学生改革认同生成的可能。影响大学生改革认同生成的因素很多，其中大学生对改革的信任认可是大学生改革认同生成的内部影响条件，是大学生是否认同改革的关键影响因素，对大学生改革认同的生成起到决定性作用。一般而言，社会成员对改革是否信任和认可，主要是基于社会成员对改革各方面情况的评判，其中主要在于社会成员对改革的价值、改革的成效等方面的评判。大学生对改革进行评判的过程中，主要考虑改革目标与其价值取向是否一致，考虑改革的实施效果与其利益需求实现的目标是否一致。只有当改革成效与社会成员的期望相一致时，改革才能更容易被社会成员所接纳，才能获得社会成员的赞同与支持，从而促进社会成员形成改革共识，并促进社会成员自发自觉地积极主动地支持与参与改革事业。对于改革价值的认可，实质是对党和国家在经济体制、政治体制、文化体制、生态体制、社会体制、国防与军队建设、党的建设等各方面的改革措施、方针政策的价值认同，这是改革认同形成的前提条件。只有对改革在价值上有了共识与认可，才能形成改革认同。同时，改革要获得社会成员的信任与认可，还必须立足社会成员的客观需要去开展。只有在改革过程中注重对社会成员利益需要的满足，才能更好地获得社会成员对改革的认同。党和国家在改革的过程中，要让社会成员的利益需要得以体现，让社会成员在改革中受惠，使得社会成员在改革中有切切实实的利益获得感。只有这样，才能使得改革受到社会成员的认可，才能得到社会成员对改革的支持，改革认同才能更好地生成。马克思指出，"在社会历史领域内进行活动的，是具有意识的、经过思虑或凭激情行动的、追求某种目的的人；任何事情的发生都不是没有自觉的意图，没有预期的目的的"①。也就是说，社会中人们的行为选择很多都是有意识有目的的，人们的行为都是基于自身的需要而做出的抉择，人们的选择具有目的性。人们接受事物的前提，更多的是从自我需要、自我利益出发来衡量，结合自身的需求去评判事物，选择行动。只有切合人们需要、符合人们追求目的的事物才能更好地为人们所接受，才能更好地获得人们的认可与支持。

新时代大学生改革认同的生成，基于大学生对改革的信任和认可。大学生对改革的信任和认可，是大学生改革认同生成的根本心理动力，是大学生改革认同生成的内在驱动力，对大学生改革认同的生成起着重要的作用。党和国家的改革只有获得了大学生的信任和认可，大学生对改革的认同才能从根本上得以生成。而新时代大学生对党和国家各项改革的信任和认可，基于大学生在改革过程中需求的满足和利益的实现，基于改革给大学生带来的利益"获得感"。党和国家在进行各项改革的过程中，要处理好直接利益和间

---

① 马克思恩格斯选集（第4卷）[M]．北京：人民出版社，2012：253.

接利益、眼前利益和长远利益、社会成员个人利益和国家集体利益的关系，使得更多的社会成员在改革中获得利益，使得更多社会成员的利益需求在改革中得以满足，这样才能获得更多社会成员对改革的信任和认可，为人们改革认同的达成提供内在动力。新时代大学生改革认同的生成，需要党和国家在各项改革方针政策的制定和实施中，结合各个社会群体特别是大学生群体的利益需求来综合考虑，科学合理地制定改革相关的方针政策，从大学生群体出发来制定相应的改革方针、政策，包括教育、就业等方面与大学生学习生活相关的改革措施。只有这样，党和国家的改革事业才能取得大学生群体的信任和认可，大学生才会从内心认可和支持党和国家的各项改革，大学生才会形成改革认同。

第二节　新时代大学生改革认同的理论依据

改革认同问题是认同问题研究题域的内容之一，是基于马克思主义理论学科、政治学、社会学、心理学等相关学科的研究，涉及多学科相关理论。新时代大学生改革认同命题的提出，具有相关的理论借鉴依据，是基于相关学科理论而开展的研究，是基于多学科理论的研究。本章通过梳理马克思主义理论、政治学认同理论、社会学认同理论、心理学认同理论等相关理论，探讨新时代大学生改革认同研究的理论依据。

一、人的全面发展理论与社会交往理论

马克思主义理论有着丰富的内涵，其中马克思主义人的全面发展理论、社会交往理论等理论是研究新时代大学生改革认同的重要理论依据，马克思主义理论为新时代大学生改革认同研究提供了可资借鉴的理论参考。

（一）马克思主义人的全面发展理论与大学生改革认同

人的全面发展理论是马克思主义理论的重要组成部分，是马克思关于人类社会的重要论述。马克思在关于人的全面发展理论中指出，人的全面发展

是个人的自由而全面的发展，更是人的社会关系的全面发展，是个人和社会关系全面发展的统一。人类社会发展的最终目标是消除人的"异化"，是实现人的自由而全面的发展。人的自由而全面发展目标的实现需要具备物质、教育、实践等多方面条件，需要内外环境的创设与促成。大学生成才成长的过程，也是一个自我全面发展的过程，新时代大学生改革认同对于大学生自我全面发展的实现有着重要意义。

1. 人的全面发展理论的丰富内涵

第一，人的全面发展指个人能力的全面发展。马克思指出，"我们把劳动能力，理解为人的身体即活动的人体中存在的，每个人生产某种使用价值时就运用的体力和智力的总和"①。由此可见，人在发展的过程中，人的能力包括很多方面，比如体力、智力、潜力等各方面的能力，是多方面能力发展的过程。在这里马克思指出了人的劳动能力主要是指人的体力和智力的总和，包括体力和智力两方面。马克思也指出，在社会主义的前提下，人的能力是"人的本质力量的新的证明和人的本质的新的充实"②。在马克思看来，人的体力和智力的发展是人的全面发展的重要组成部分，马克思强调人的体力和智力发展对于人的全面发展的重要性。只有重视人的劳动能力的发展，重视人的体力和智力的发展，才能促成人的全面发展。人的全面发展，首先是个人能力方面的全面提升与发展。

第二，人的全面发展指人的社会关系的丰富发展。马克思指出，"人的本质不是单个人所固有的抽象物，在其现实性上，它是一切社会关系的总和"③。马克思认为，人是生活在社会中的人，人离不开社会而存在，人的本质属性是社会属性，人的本质体现在物质生活条件的现实历史社会当中，人的存在与发展需要在一定社会关系中才得以实现。只有具备各种社会关系的人，才是真正意义上的人。"社会关系实际上决定着一个人能够发展到什么

---

① 马克思恩格斯全集（第42卷）[M]．北京：人民出版社，1972：125.
② 马克思恩格斯全集（第3卷）[M]．北京：人民出版社，2002：339.
③ 马克思恩格斯选集（第1卷）[M]．北京：人民出版社，2012：135.

程度。"① 马克思指出了社会关系对个人发展的重要决定性作用，强调社会
关系程度对个人发展程度产生的影响。在马克思看来，个人的全面发展离不
开社会，个人的全面发展需要在一定的社会关系中才能得以实现，个人发展
的情况很大程度上受其社会关系状况所影响。马克思也指出，"一个人的发
展取决于他直接或间接地进行交往的其他一切人的条件"②。可见，人的本
质并不是简单的抽象个人，而是存在于人的社会关系中，人的本质属性体现
为人的社会性。人的社会关系的丰富和发展会促进个人的全面发展，个人通
过与他人的交往来影响个人的发展，与其他人的交往是个人发展的重要影响
因素。因而，个人的全面发展也指人的社会关系的丰富发展，这是个人全面
发展的重要方面。一个人要得以全面发展，就要处理好与自我与他人的社会
关系，要促进自我社会关系的丰富发展。

　　第三，人的全面发展指发展过程中人与社会发展的适应。人的全面发展
的过程，是个人与社会发展相适应的过程。通过对所生活的社会发展的适
应，个人也会不断地向前发展。马克思指出，"人的依赖关系（起初完全是
自然发生的）是最初的社会形态，在这种形态下，人的生产能力只是在狭隘
的范围内和孤立的地点上发展着；以物的依赖性为基础的人的独立性是第二
形态，在这种形态下，才形成普遍的社会物质变换、全面的关系、多方面的
需求，以及全面的能力的体系；建立在个人全面发展和他们共同的生产能力
成为他们的社会财富这一基础上的自由个性，是第三个阶段"③。可见，关
于人的发展层次，马克思指出了人的发展是一个从低级到高级的一个过程，
是包括从人的依赖性、物的依赖性和个人自由发展三个不同程度的发展过
程。在马克思看来，人的自由而全面的发展，是一个人与社会发展相适应的
过程，这期间受到个人社会实践历史条件的制约。人的全面发展的过程，是
一个不断向前发展的过程，是一个人对社会和自身认识不断发展的过程。一
个人要实现自我的全面自由的发展，就要认识和了解社会，在自我成长的过

---

① 马克思恩格斯全集（第 3 卷）[M]. 北京：人民出版社，2002：443.
② 马克思恩格斯全集（第 46 卷）[M]. 北京：人民出版社，2003：36.
③ 马克思恩格斯全集（第 39 卷）[M]. 北京：人民出版社，1972：189.

程中不断与社会发展相适应。个人发展的过程中要注意协调好自我与社会的关系，要与社会发展历程相适应，并在社会发展过程中不断实现自我的全面发展。

2. 人的全面发展的实现条件

第一，物质资料的高度发展是实现人的全面发展的前提基础。马克思指出，"当人们还不能使自己的吃喝住穿在质和量方面得到充分供应的时候，人们就根本不能得到解放"①。在马克思看来，社会物质资料的发展即生产力的发展是人的全面发展得以实现的前提条件，人的全面发展需要以物质资料的发展为基础。只有首先解决人的吃穿住行等问题，才能真正地促进人的全面发展。只有社会的物质资料得以大力发展，社会生产力水平得以高度提高，才能为人的全面发展的实现提供物质前提基础，才能为人去从事其他各种各样的社会生产活动提供条件。只有大力发展社会生产力，丰富社会物质生产资料，才能为人的全面发展的实现提供物质条件。要促进人的全面发展的实现，必须首先提高社会生产力水平，发展社会物质资料。

第二，社会关系的合理化是实现人的全面发展的重要条件。人生存于社会当中，最重要的社会关系体现为生产关系，生产关系对人的发展起到了制约作用。人类发展史上，不同的社会人们的社会关系不同。在阶级社会中，统治阶级占主导地位，被统治阶级处于从属地位。统治阶级凭着自身的统治地位占据着社会发展的成果并在物质占有、社会管理、资源享受、权利发挥等方面优先发展自我，而被统治阶级则在多方面都处于劣势地位。在阶级社会中，不同阶级人与人之间的社会关系存在不合理性，统治阶级处于优势地位。基于这样的社会现实，马克思提出人的全面发展需要社会生产关系的合理化，指出只有在合理的社会关系中，才能实现人的全面发展。人生存于社会当中，不能脱离社会而存在，人的全面发展需要有合理化的社会关系，社会关系的合理化需要多方因素的共同努力。只有在合理化的社会关系中，人与人之间才有合理的相互关系，人的全面发展才具备实现的条件，人的全面

---

① 马克思恩格斯全集（第42卷）[M]．北京：人民出版社，1972：368.

发展才有实现的可能性。

第三，教育的开展是实现人的全面发展的重要途径。马克思指出，教育"不仅是提高社会生产的一种方法，而且是造就全面发展的人的唯一方法"①。在这里，马克思指出了教育对社会生产的促进作用，更加强调了教育于人的发展而言的重要性所在。教育作为一种方法，是实现人的全面发展的重要途径，是促进人的全面发展得以实现的重要方法。人的自由而全面发展的实现离不开教育，教育是促成人的自由而全面发展实现的重要途径。只有通过教育，在思想上、学识上、能力上等多方面对社会成员进行引导，全面提升社会成员的综合素质，让社会成员从思想到能力等各方面得以提升，才能使得生存于社会中的个人真正得到自由而全面的发展。

3. 人的全面发展理论与大学生改革认同

人的全面发展是个人能力的全面发展，也是人的社会关系的全面发展，是个人在成长过程中不断与其所生活的社会相适应的过程，是人的自由而全面的发展。新时代大学生改革认同是大学生在学习生活过程中对改革事业的态度和行为表现，是大学生对党和国家各项改革的认可与支持。作为生活在改革这一新时代社会大环境中的大学生，改革认同问题是个人成长发展过程中所必须要面对的社会问题之一，是大学生全面发展所不可避免的问题。第一，大学生改革认同的过程是个人能力发展的过程。大学生改革认同形成的过程，是大学生对改革的认知、评判、选择等能力发展的过程。大学生结合现实情况对改革进行深思和评判，通过自我的思考和行为来表达对改革的态度，这是一个运用和发展自我能力的过程，体现了大学生成才发展过程中个人能力的发展。通过改革认同的生成，大学生自我思考、评判等方面的个人能力也得到不断发展，大学生改革认同的过程也是促进个人能力不断发展的过程。第二，大学生改革认同的过程是大学生社会关系发展的过程。大学生改革认同形成的过程，是大学生处理个人与社会、他人关系的过程。在自我与他人、自我与国家关系处理的过程中，大学生通过思考和选择，不断丰富

---

① 马克思恩格斯全集（第23卷）[M]．北京：人民出版社，1972：530.

和发展自我与他人的社会关系，这个过程体现了大学生成才发展过程中社会关系的丰富与发展。通过改革认同的生成，大学生会结合自身实际和社会发展形势，处理自我与他人、社会的关系，促进社会关系的发展。第三，大学生改革认同的过程也是大学生与社会发展相适应的过程。改革认同生成的过程是大学生对党和国家各项改革不断地进行评判和认可的过程，也是大学生对我国改革发展情况的认识过程。改革是历史发展的必然，是时代发展的需要，是国家富强民族振兴的必然选择，生活在当今时代的大学生，学习生活就处于改革大潮的新时代社会中。大学生个人的全面发展，离不开大学生所处社会的发展，离不开大学生对所处社会发展的适应。通过改革认同，大学生能够更好地适应社会发展的形势，更好地促进自我的发展，改革认同的生成过程也是大学生与社会相适应的成才成长过程。新时代大学生改革认同的生成过程，是大学生不断促进个人发展的过程，是大学生实现个人自由而全面发展的重要组成部分。新时代大学生改革认同的生成，是大学生个人自我提升与社会发展共同起作用的过程，也是大学生自由而全面发展的过程。

（二）马克思主义社会交往理论与大学生改革认同

交往理论是马克思理论的重要组成部分，是马克思主义理论的重要内容之一，马克思主义社会交往理论具有丰富的理论内涵和实践意义。马克思从社会实践出发，探讨作为实践主体的个人之间的交往活动，从人的需要和满足需要的方式出发，指出了交往活动对个人的全面发展以及社会发展的重要意义。新时代大学生群体是社会成员中的一部分，其成长发展的过程也是在社会生活中与他人交往的过程。

1. 社会交往理论的丰富内涵

第一，交往是人类物质生产活动的前提基础。马克思认为，人只有通过与他人交往，自身的需要才能得以满足，个人的能力才能得以提升。个人与他人的交往是其他一切交往的前提，孤立的个人不能进行生产活动，孤立的个人不能发展自身。社会生产只有通过人与人之间的交往，才能得以开展和发展。马克思指出，"人们在生产中不仅仅影响自然界，而且也相互影响。他们只有以一定的方式共同活动和相互交换其活动，才能进行生产。为了进行生产，人们相互之间便发生一定的联系和关系；只有在这些社会联系和社会关系的范围内，才会有他们对自然界的影响，才会有生产"①。可见，生活于社会中的人们，总是在与他人相交往的各种社会关系中相互影响。人们只有通过相互交往，才能从事各种活动，促进生产发展，交往生产的前提条件。马克思也指出，"生产本身又是以个人彼此之间的交往为前提的"②。由此可见，马克思认为，交往是生产得以进行的必需条件，人类的物质生产活动无法离开人与人之间的交往。人们只有通过人与人之间的交往，通过在生产过程中以一定的方式联合起来共同劳动并相互交换，才能有生产的进行。交往和生产是互为前提、密不可分的，社会实践活动要得以进行，需要具备交往和生产这两个基本要素。人类要进行生产活动，必须通过交往才得以实现，交往是生产活动得以进行的首要前提条件。

第二，交往是人类社会关系得以体现的必需条件。马克思认为，生活在社会中的个体，与他人的社会关系是自出生之后就存在的，人与人之间的交往体现了人与人之间的社会关系，人们的交往具有社会性的特征。交往是不同的社会个体之间的实践关系，是交往实践主体通过实践活动相互作用而形成的关系。通过社会交往，人们在开展物质交换生产活动的过程中形成了主体间的社会关系，形成了人与人之间、群体与群体之间的关系。这种关系的形成与发展，会推动生产的进一步开展，促进社会的进一步发展，也会为进一步实现人的利益需求和能力提升起到积极作用，体现了人与自然、人与社会发展的辩证统一的关系。只有通过交往，人们在交往中的社会关系才能得以体现，这也是人的社会本质的体现。交往体现了人们的社会关系，也促进人们社会关系的丰富和发展。

第三，交往是人的全面发展得以实现的现实需要。交往对于人的全面发展的实现起着十分重要的作用，交往的发展与生产力的发展都是人的全面发展的现实基础条件，人的自由而全面的发展需要通过交往来实现。马克思指

---

① 马克思恩格斯选集（第1卷）［M］．北京：人民出版社，2012：340.
② 马克思恩格斯选集（第1卷）［M］．北京：人民出版社，2012：147.

出，"生产力或一般财富从趋势和可能性来看的普遍发展成了基础，也是促进人的全面发展的条件。同样，交往的普遍性，从而世界市场成了基础。这种基础是个人全面发展的可能性"①。交往具有普遍性，生产力发展是交往的基础。马克思也指出，"一个人的发展取决于和他直接或间接进行交往的其他一切人的发展"②。在马克思看来，人们只有通过交往才能形成一定的社会关系，只有通过直接或间接地与其他人进行交往，通过与他人之间相互作用，人的自我全面发展才能得以实现。离开了社会交往，人的自由而全面的发展就不可能实现。只有通过社会交往，通过人与人之间社会关系的体现，社会才能发展，人的需要才能得以满足，人才能实现自我的全面发展。

2. 社会交往的功能意义

第一，交往促进了社会的发展进步。在交往实践过程中，人与人形成了一定的社会关系，人与人之间的交往互动是社会实践活动得以开展的前提。只有通过人与人之间的交往，社会实践活动才得以进行。社会中人们的各种社会实践活动的开展，都是要通过社会活动实践主体间的交往来实现。通过社会成员间的交往活动，社会个体成员继承、发展了相关的知识，社会生产也得到了发展。通过社会交往，人类的文明成果得以继承与发展，社会的生产力水平得以发展和提升，人类社会的物质文明、精神文明等各个方面得以继承与发展。在此基础上，人与人之间的进一步交往又更好地促进了各项社会活动的开展，从而也进一步推动人类社会向前发展。交往活动是人类社会活动得以开展的前提，是人类社会得以发展的基础，社会的发展进步需要以社会成员之间交往活动的开展为前提。

第二，交往促成了人的全面发展。社会交往是社会个体得以存在的前提，决定着人的发展也促成了人的发展，具体表现在以下几个方面：其一，交往是人存在的前提条件。作为社会中的个体，社会属性是人的根本属性，人的本质体现在社会性上。每个人只有通过与他人的交往才能得以存在，社

---

① 马克思恩格斯全集（第46卷）[M]．北京：人民出版社，2003：36．
② 马克思恩格斯全集（第3卷）[M]．北京：人民出版社，2002：515．

会上没有脱离他人而独立存在的个体。通过社会交往开展实践活动，人的需要才能得到满足，人的本质才能得以实现。其二，交往决定和促成人的全面发展。生活于社会中的个人，其社会关系的发展程度决定其自身的发展程度，个人自身的发展需要通过社会关系的发展来实现。社会个体多样化需求的实现，既受到个人自身能力的制约，也受到社会生产力状况的制约。生活于社会中的个人，只有通过社会交往，通过与他人的交往互动，才能为自我发展的实现争取条件，才能实现自我的全面发展。社会生产力越发达，个人的全面发展实现的可能性就越大。生活在社会中的人们，通过社会交往活动促进社会生产力不断发展和提升。社会生产力的发展为人自由而全面的发展提供了条件和基础，进而促进和实现了人的自由而全面的发展。只有通过交往，人的需要才能得到实现和满足，个体才能成为真正意义上的人，才能实现自己的本质的发展。社会交往是人自由而全面发展的基础，决定和实现了人自由而全面的发展。

3. 马克思主义社会交往理论与大学生改革认同

交往是人在社会生活实践中实现自我发展不可或缺的条件，是人的自由而全面发展得以实现的重要前提基础，是人得以生存发展的重要方式。新时代大学生改革认同，体现的是大学生在社会生活实践过程中对改革的态度和行为表现，是社会交往的一种体现，也是大学生进行社会交往的需要。

其一，大学生改革认同的过程是大学生进行社会交往的过程。改革作为社会发展的潮流趋势，是党和国家在推动社会主义伟大事业发展过程中的正确举措，是推动国家进步的重要决策。全面深化改革是推动国家发展的历史抉择，是促进社会进步的必然要求。大学生改革认同的形成，是大学生对改革事业的认可与支持，是新时代大学生在社会生活过程中社会交往的具体体现。其二，大学生改革认同的过程是其社会关系得以体现的需要。身处改革开放社会主义新时代中的大学生，通过改革认同，形成了与他人之间、国家之间的关系。这种关系的形成与发展，会进一步丰富大学生的社会关系，也会促进社会的发展。其三，大学生改革认同的过程是个人发展的过程。通过改革认同，大学生对改革事业进行认知、评判和选择。改革认同的过程，是大学生个人与他人、社会交往互动的过程，也是大学生个人各方面能力不断提升的过程。大学生通过社会交往，促进自我的全面发展。新时代大学生改革认同的生成，是大学生在学习生活中与他人、与社会进行交往的体现，有利于实现大学生的自我全面发展。

二、政治社会化理论与政治认同理论

政治是人在社会中生活的重要部分，生活于社会中的人们，对社会的认可是由个体在社会实践劳动中形成的对社会特定的价值、文化等方面的认可与赞同，是对社会活动的肯定。美国学者曼纽尔·卡斯特指出，"认同所建立的是意义……意义是社会行动者为其行动的目的所做的象征的确认"①。认同的产生，需要社会个体对社会实践活动加以内在的认可与赞同，将相关对象加以内化，这样才能促进认同的达成。政治学理论中，政治社会化理论、政治认同理论等相关理论是考究新时代大学生改革认同的重要理论依据。

（一）政治社会化理论与大学生改革认同

政治社会化的过程，是社会个体政治自我形成的过程，是个体学习政治、发展政治、参与政治的过程，是政治文化和政治价值的传递过程，是社会个体由自然人向社会政治人转化的过程。"政治自我意味着政治共同体的成员确定了这样一个结构：一是政治依属和政治忠诚，对某个政府、政党、阶级、社会、政治体系的关系的特殊意识；二是关于政治体系的知识和感情；三是对政治活动的明确的观念。"② 政治社会化在个体政治自我形成中起到关键的作用，对社会个体的发展起到了重要的作用。

1. 政治社会化的重要功能

第一，维持和巩固政治体系。政治社会化的过程，是政治教育培训的过程。"政治社会化即是政治教育培训过程，是一定的统治阶级为了维护其政

---

① ［美］曼纽尔·卡斯特. 认同的力量［M］. 北京：社会科学文献出版社，2003：3.
② 王泸宁. 比较政治分析［M］. 北京：人民出版社，1987：182.

治统治，通过一定的渠道将其政治文化传授给其社会成员的过程。具体而言，政治社会化首先表现为政治教育过程，是把该政治统治体系所确认的政治思想、观念、意识、行为方式等传授给其社会成员的社会过程。"① 政治社会化的实质是社会政治生存环境与个人政治生存需要的统一，是一定的统治阶级经由各种途径和方法，通过政治社会化，使社会成员明晰其生活的社会所要求的政治理想、政治信仰、政治规范等，促进社会成员进一步支持和认可所在社会的政治体系，加强社会个体对政治体系合法性的认同。同时，政治社会化的过程也是政治文化传播的过程。政治文化作为社会成员的政治倾向和政治情感的反映，体现了政治体系、法律制度在社会成员心中的价值认知取向，体现了社会成员对政治体系的要求和愿望。通过政治社会化，社会个体成员在特定政治文化的影响下，会形成特定的政治价值观念，认可和接受所生活的社会的政治文化。社会成员的政治价值观念会制约着他们的政治愿望和政治要求。通过政治社会化，可以更好地维持政治体系，传递政治文化。

第二，引导和规范政治行为。政治社会化的过程，是社会组织对社会个体成员进行政治教育和灌输的过程，社会个体的政治倾向、政治行为会被社会组织所引导。"政治社会化又是个人学习政治文化的过程。通过学习，建立起个人的政治观念、政治意志，形成个人的行为方式。"② 政治社会化的过程，也是一个社会政治文化内化成社会个体成员政治文化，形成个体政治价值观念、政治行为倾向的过程。通过政治社会化，个体形成了对政治体系、政治规则等方面内容的观念和意识，并在此基础上形成自我的政治价值取向和行为模式。政治社会化决定着社会个体成员对政治规范的态度，也引导着社会个体成员的政治思维方式和倾向，规范着社会个体成员的政治行为模式。通过政治社会化，社会个体成员个人的政治行为会被引导和规范。

第三，完善和运作政治制度。政治社会化的过程，是社会成员政治人格

---

① 王惠岩. 当代政治学基本理论 ［M］. 北京：高等教育出版社，2001：98.
② 王惠岩. 当代政治学基本理论 ［M］. 北京：高等教育出版社，2001：98.

塑造的过程，也是政治制度完善和运作的过程。政治社会化对于更好地建立健全政治制度，维护和推进政治运作有着重要的作用。一方面，政治社会化有利于完善政治制度。政治社会化过程中，传播了主导政治文化，推进了政治制度与社会成员的互动。与此同时，决策者会通过社会成员间结合互动的实际情况来对相关制度加以变革调整，从而更好地完善政治相关制度，推动相关制度的建立健全。另一方面，政治社会化有利于促进政治运作。政治的顺利运作和有序进行，需要社会成员对相关政治制度、政治文化的认知和认可。通过政治社会化，可以增进社会成员对政治文化的认知和内化，从而更好地实现社会成员对政治体系的认同，从而有利于维护政治关系稳定，促进政治的顺利运作。

2. 政治社会化的实现途径

政治社会化的实现，需要通过一定的途径来进行。每个政治体系都要通过一定的组织或机构来落实政治制度、传递政治文化。新时代背景下，主要是通过家庭、学校、大众传媒、其他社会组织等作用的发挥来促使社会个体实现政治社会化。

第一，家庭优先影响作用的发挥。家庭作为影响政治的最初社会化机构，在社会个体政治社会化的过程中起着非常重要的作用。社会个体成员成长的过程中，最先接触的是家庭，社会成员的各种社会生活意识、价值观念等都是先从家庭获得，深受父母、亲人的影响。在家庭中，亲子关系有着其他人际关系所不能比拟的亲密与强烈的感情，而且父母对儿童时期的政治学习的影响是第一位的，儿童的许多政治取向的获得都发生在早期，深受父母的影响。家庭作为社会成员政治社会化的第一途径，父母的政治观念直接影响子女的政治观念，父母对个体的政治社会化产生较大的影响。通过一些政治知识的教导，父母认同的一些政治观点会直接影响儿女，儿女会形成与父母一致的政治倾向。总体而言，家庭对社会成员的政治社会化起到了较大的影响作用，家庭的影响是最先产生的。

第二，学校教育管理作用的发挥。学校是教育管理社会成员的系统性机构，是有目的、有计划地对个体施加政治影响的场所，是个体政治社会化的重要社会机构。学校是正式、有效和系统地进行政治社会化的场所，对社会个体成员实施正规、系统的教育。学校通过系统的政治知识教育和政治文化传播，塑造学生的政治知识、政治理念，教育引导学生的政治行为，使得学生系统地学习和获得政治文化知识。学校教育主要是通过有计划的课程培养计划的实施和有组织的各种教学活动的开展来增加学生的政治知识面，促进学生更加全面系统地获取政治文化知识。学校教育是实现学生政治社会化的重要手段，学校是实现学生政治社会化的重要场所。学校教育的过程，是一种有意识、有目的、系统的政治文化培养过程，学校教育比家庭教育更具有系统性，对社会个体政治态度的形成有着深远的影响。通过学校教育，学生之前在家庭中所形成的政治态度倾向会得到进一步的深化和拓展，学生会进一步确定自我的政治观念，形成对政治系统的认识，形成较为清晰的政治价值倾向。

第三，其他社会组织生活影响作用的发挥。社会环境对个体政治社会化的影响十分重大。这里的社会组织，指的是除家庭和学校之外的，社会个体日常生活所在的社会环境中的其他因素，具体包括各种政党组织、同辈群体、其他组织团体、生活的社区、工作的场所等。人的本质属性是社会性，人是生活在社会中的人不能脱离社会而存在，每个人都处于特定的社会关系中。通过各种多元主体综合作用的发挥，社会个体的政治观念和行为模式得以形成。其中，同辈群体作为因为家庭背景、年龄、爱好等方面比较接近而形成的关系比较密切的群体，在个体政治社会化中起到重要的作用。有研究表明，青少年在政治性格形成的过程中，同学更像他们的朋友，与朋友的相近常常甚于与父母的相近。[①] "当儿童升入中学后，同辈群体的影响便日渐增强，也日益重要。"[②] 在主张张扬个性的当今时代，青年大学生的政治观念更容易受到同辈群体的影响，同辈群体在青年学生思想观念形成的过程中

---

① M. Kent Jennings and Richard · G. Niemi. The political character of adolescence, princeton, N. J. Princeton University Press, 1974, chapter 9.

② 陈万柏，张耀灿. 思想政治教育学原理 [M]. 北京：高等教育出版社, 2007: 109—110.

产生了很大的影响。当然，其他各种社会因素也在社会个体的政治社会化中不同程度发挥重要的作用。另外，公民对政治的普遍参与是现代政治的显著特征。政治社会化过程中，社会成员的政治参与是其政治社会化的重要实现方式。在政治参与的过程中，社会成员通过各种政治组织各项活动的运作也实现了政治社会化。"我国公民的政治参与是在对社会主义主导政治文化认同的基础上而采取的政治行为……政治参与作为最普遍而广泛的政治社会化方式，试图通过人们对政治活动的参与，诱导人们的政治热情和政治行为，由此达到政治社会化的目的。"① 政治参与是一种政治实践活动，是社会成员政治社会化得以实现的重要方式。社会成员通过政治参与参加政治生活并对政治体系的运作产生影响，通过政治参与来表达自我的政治态度，体现自我对政治文化的接受与认同。

第四，大众传播媒介传播引导作用的发挥。当今时代是信息化时代，大众传播媒介与社会个体的生活息息相关。大众传播媒介是一种影响广泛的政治社会化载体，主要包括电视、广播、报纸、杂志、网络、手机等传统媒体与新媒体。信息化时代，大众传媒无时无刻不与社会成员相接触，对社会成员生活的方方面面产生重要影响。生活于信息时代的人们，每天都通过大众传播媒介来接触和传达各种信息，通过大众传播媒介来开展各种社会活动。大众传播媒介作为社会个体成员生活中不可或缺的信息接收媒介，对社会成员在信息接收、信息表达等方面都起到了很重要的媒介作用，是社会个体政治社会化的重要载体。一方面，大众传播媒介对政治文化信息进行传播。信息化的当今时代，大众传播媒介是信息传播的重要渠道，人们对于各种信息的接触基本都是通过大众传媒来获取。政治制度等政治方面相关的信息通过大众传播媒介得以传播，社会成员通过大众传媒对政治相关信息得以接触和了解。另一方面，大众传媒对政治文化的发展方向进行引导。信息传播的过程也是一个价值引导的过程，大众传播媒介通过信息传播来引导社会成员的

---

① 马振清. 中国公民政治社会化问题研究 [M]. 哈尔滨：黑龙江人民出版社，2002：133.

政治观念、政治态度，对于社会成员政治认同感的形成产生重大的影响。"传媒中的政治性问题、政治态度、政治判断标准等，对人们的政治观念和态度都有极大影响。此外，大众传播媒介又是政治知识的传播者。通过经常性的、有意识的传播，诱发和指导人们的政治兴趣，提高人们的政治判断能力。"① 大众传播媒介在信息传播的过程中往往也会对社会成员的思想产生影响，各种传播主体也是通过大众传媒来向社会成员传达信息。在大众传播媒介信息的引导下，政治信息得以传播，社会成员的政治态度受到影响，其政治社会化也会受到影响。

3. 政治社会化理论与大学生改革认同

政治社会化与大学生改革认同有着紧密的联系，大学生改革认同的过程是大学生自我政治社会化的体现；大学生改革认同的生成，有利于促进大学生自我的发展和社会的进步。其一，大学生改革认同的过程是大学生政治社会化的体现。政治社会化的过程，是社会成员学习政治、参与政治的过程，也是社会成员接收政治文化的过程。新时代大学生改革认同生成的过程，是大学生对改革事业的认知、评判的过程，也是大学生政治社会化的过程，体现了大学生对国家政治生活的参与。通过改革认同生成，大学生对改革的方针、政策会进一步了解，对党和国家的改革理念、做法等方面会进一步认可和支持，这是大学生政治社会化的体现。其二，政治社会化促进了大学生改革认同的生成。通过政治社会化，社会对大学生传递政治价值体系、行为观念准则等方面的内容，促进大学生形成政治信念品质，培养了大学生的政治能力，从而使得大学生更好地参与社会政治活动。新时代大学生政治社会化的过程，是大学生形成特有的政治意识、政治知识和政治行为参与倾向的过程，也是特定政治文化传播与延续发展的过程。通过政治社会化，大学生对党和国家政治相关制度会有更加全面更加深入的认识。改革作为国家政治生活的组成部分，也是大学生认知的重要内容。通过政治社会化，有利于新时代大学生更好地认识和了解党和国家的各项改革方针政策，更好地参与改革

---

① 王惠岩. 当代政治学基本理论［M］. 北京：高等教育出版社，2001：100.

实践活动，在改革认知提升和实践参与的过程中，更好地形成大学生改革认同。其三，大学生改革认同的过程，需要发挥家庭、学校、社会、大众传媒等方面的综合作用。社会成员政治社会化过程，家庭、学校、社会、大众传媒等是重要的实现途径，这些因素都产生重要的影响。大学生改革认同的生成，是多方面因素共同起作用的结果，要重视发挥各因素在大学生改革认同生成过程中的作用。

（二）政治认同理论与大学生改革认同

关于政治认同理论的研究，国内外学者都展开了不同程度的探讨。其中国外学者较多的研究是从政治认同危机问题的存在出发来进行探究，国内学者则从政治认同的内涵、影响因素、提升路径等方面进行探讨。随着社会经济、政治、文化等方面情况的不断变化，基于政治认同危机现状，政治认同问题在学界也作为研究的重要话题被关注。政治认同危机的产生原因包括很多方面，政治认同需要结合政治认同危机的现状进行探究。大学生改革认同是对国家改革相关政策法规等方面的认同，也属于政治认同话题的一方面，考究政治认同理论对探究改革认同具有重要的借鉴作用。

1. 政治文化与政治认同

有些学者从政治文化的角度对政治认同进行研究，指出了政治文化在政治认同研究中的重要意义。国外学者美国政治学家罗森保姆、阿尔蒙德、戴维·伊斯顿等都从政治文化的视角对政治认同进行研究，指出政治系统是一个多维的系统，受到多方面内外环境因素的作用。政治文化是政治体系中的一部分，属于政治心理的方面，政治文化对政治认同的生成具有重要的作用。国内一些学者也通过研究指出政治认同包含多方面的因素，在政治认同生成的过程中，价值观、历史记忆等产生较大的影响。学者们的研究指出了政治文化与政治认同的密切关系，政治认同的生成需要考虑政治文化的重要作用。

2. 政治合法性与政治认同

关于政治认同问题，学者也从政治合法性的角度进行探讨。美国学者西摩·马丁·李普赛特、德国学者哈贝马斯、法国学者夸克等都从政治合法性视角开展了对政治认同的研究。纵观学者们的研究，主要是通过对合法性与政治认同之间关系的探讨，指出通过政治认同，政治制度的合法性得以体现和支撑，政治系统得以维持，政治认同支撑着政治制度的合法性，政治认同也是政治权力合法性的体现。学者们指出了"合法性"的重要性，政治合法性是政治认同的重要条件，政治认同的过程，也是一个政治合法性得以体现的过程。

3. 政治认同理论与大学生改革认同

大学生改革认同作为认同的一个方面，改革作为政治生活的重要方面，改革认同形成的过程中也与政治认同具有密切的联系。具体而言，改革文化、改革政策法规实施的合法性等方面也是影响改革认同的重要因素。一方面，大学生改革认同的过程是对改革文化认同的过程。改革文化对改革认同起到了重要的作用。良好改革文化氛围的形成，改革理性文化的宣传与大学生对改革文化的接纳程度，都是大学生改革认同生成的重要影响因素。改革过程中，大学生改革认同的生成，需要重视改革文化作用的发挥，需要改革政策法规的科学合理制定与推行。全面深化改革的时代背景下，良好积极的改革文化氛围的形成，改革政策法规的合理合法制定与实施，是取得大学生改革认同的重要条件。要重视改革文化作用的发挥，形成良好的改革文化氛围，从而增进大学生的改革认同。另一方面，大学生改革认同的过程也是对改革合法性认同的过程。全面深化改革，是新时代国家治国理政"四个全面"的重要内容之一，改革的进一步全面深化，是时代发展的需要和必然选择。改革的合法合理性，是改革得以进行的前提，也是改革获得认可的重要条件。党和国家各项改革方针、政策要具备合法合理性，才能促进社会成员更好地认可和支持改革，从更好地形成改革认同。改革过程中，要注重改革内容、改革程序、改革方式方法等方面的合法合理性。大学生改革认同的过程，是对改革的认可和支持的过程，体现了对国家权力、国家相关改革法律法规的认可和服从，是改革合法性得以体现的过程。党和国家在改革的过程中，要注重改革的合法性，加强改进改革的合理性，结合实际情况采取制定更加科学完善的改革方针政策，采取更加灵活有效的改革方式方法，保证改革的合法合理性，从而促进大学生更加认可和支持改革，增进大学生改革认同。

三、社会学符号互动论与社会化理论

社会学理论也是研究新时代大学生改革认同的重要理论依据，其中社会学符号互动论、社会化理论等理论为开展大学生改革认同研究提供了重要理论基础。

（一）社会学符号互动论与大学生改革认同

在社会学领域中，不少社会学家对社会认同进行了研究，社会学家的研究主要包括了社会认同和个人认同等方面。人的本质在于人的社会性，社会认同是人的社会性的体现，个体认同与社会认同相互融合。英国社会学家安东尼·吉登斯指出，"认同与人们对他们是谁以及什么对他们有意义的理解有关"[①]。安东尼·吉登斯从主体客体二重性的角度对认同进行了阐释，认为社会认同应该将人与具有相同属性的其他人联系起来。社会认同是他人赋予某个人的属性，表明了社会认同是一种集体认同，体现了个人与他人的相同所在。同时，安东尼·吉登斯也提出，社会认同过程中，文化和社会是塑造自我认同的因素，但是个人的意志和选择是最为重要的因素。综合社会学家们的观点，社会认同理论指出："个体通过社会分类，对自己的群体产生认同，并产生内群体偏好和外群体偏见。个体通过实现或维持积极的社会认同来提高自尊，积极的自尊来源于在内群体与相关的外群体的有利比较。当社会认同受到威胁时个体会采用各种策略来提高自尊。个体过分热衷于自己的群体，认为自己的群体比其他群体好，并在寻求积极的社会认同和自尊中体会团体间差异，就容易引起群体间偏见和群体间冲突。"[②] 社会学关于认同理论的相关研究中，符号互动论是比较有代表性的理论。

---

① ［英］安东尼·吉登斯. 社会学（4 版）［M］. 北京：北京大学出版社，2003：27.
② 张莹瑞，佐斌. 社会认同理论及其发展［J］. 心理科学进展，2016（14）：476.

1. 社会学符号互动论的丰富内涵

社会学关于"认同"理论的研究中，比较有代表性的是产生于20世纪30年代的符号互动论。符号互动论是一种关注个体行为的社会学理论，强调人类主体性的理论前提，关注个体间互动行为的经验。该理论通过人际互动的过程来阐释了社会与自我的关系，指出社会是由互动着的个人构成的，对于诸种社会现象的解释只能从这种互动中寻找。美国哲学家、社会学家、社会心理学家乔治·赫伯特·米德是符号互动论的奠基人，是符号互动学说的重要创立者。

符号互动论的主要倡导者美国社会学家布鲁默指出，符号互动论具有以下几个基本前提："第一个前提是人们对事物的行为是基于事物对人所具有的意义的基础上而发生的，建立在人们对意义的理解；第二个前提是事物的意义来源于人们之间的互动，是人类社会中社会互动的产物；第三个前提是事物的意义通过人们之间的互动而不断修改和处理。"① 米德的符号互动论主要包含以下观点：

（1）心灵、自我与社会是相互联系的有机统一体

乔治·赫伯特·米德认为，心灵、自我与社会是有机统一的，社会在人与人之间的互动中产生。人不能脱离社会而存在，社会也依赖于心灵、自我。"任何一种生物有机体都不具有使它能够在完全脱离其他所有生物有机体的情况下存在，或者维持自身的本性抑或体质，或者说，都不具有使它能够在它与其他生物有机体（无论是与它同种的生物有机体，还是与它不同种的生物有机体）的某些关系——这些关系从严格意义上说都是社会关系——在它的生活中不发挥必不可少的作用的情况下，存在或者维持自身的本性抑或体质。"② 他指出，"人类本性完全是某种社会性的东西，并且总是以真实

---

① HERBERT BLUMER. Sumbolic interationnism：perspective and method，prentice–hall，Inc，EnglewoodCliffs，New Jersey，1969：2.

② ［美］乔治·赫伯特·米德. 心灵、自我与社会［M］. 霍桂桓，译. 北京：华夏出版社，1999：248.

的社会个体为前提"①。可见，米德指明了人的本性是社会性，强调了社会关系对于个体的存在和发展的重要性。同时，他也指出，"心灵只有在人类社会中——只有在中枢神经系统从生理的角度使之成为可能的、由各种社会关系和社会互动组成的、特别复杂的脉络内部——才会出现，或者说才能够出现；因此，也只有人类才显然是具有抑或能够具有自我意识，或者说拥有抑或能够拥有自我的生物有机体"②。他认为，人的意识是人类特有的机能，而且人的意识是在社会关系和社会互动中产生的，人的意识跟人们所生活的社会具有统一性。

（2）符号（语言）在人与自我、他人、环境互动中具有重要作用

符号互动论从人与他人、环境互动的角度来研究事物意义的产生，强调了人运用符号的能力，指明了人能够运用符号，通过符号来保存经验和发展新的意义。乔治·赫伯特·米德指出，人能够运用符号与他人交往互动，也能够运用符号进行自我互动。他把自我分成"主我（the 'I'）"和"客我（the social 'me'）"。其中，"主我（I）"是作为主体的我，代表的是主观的我，是自我积极主动的方面；"客我（Me）"指的是作为社会客体的自我，这一自我是一个社会客体，是被社会所定义的自我，是社会的"我"。人与人之间、人与环境之间的互动是变化、具体的，意识、意义、自我产生于具体的相互间的社会互动之中，通过自我对事物意义的确认而产生。米德认为，"主我"代表着人类经验的初始、自发方面，"客我"是对他人的内在化，是客观环境、所在群体态度和定义的体现。人的行为是"主我"和"客我"相互作用的结果，是"自我"与"客我"互动统一的体现。③同时，米德指出了符号（语言）的重要性，指出人是通过符号来与人之外的"他者"来进行互动。"我们——尤其是通过运用各种语音姿态——持续不断地在我

---

① ［美］乔治·赫伯特·米德. 心灵、自我与社会［M］. 霍桂桓，译. 北京：华夏出版社，1999：249.

② ［美］乔治·赫伯特·米德. 心灵、自我与社会［M］. 霍桂桓，译. 北京：华夏出版社，1999：255.

③ ［美］乔治·赫伯特·米德. 心灵、自我与社会［M］. 霍桂桓，译. 北京：华夏出版社，1999：188—193.

们自己身上导致我们在其他人那里所导致的那些反应，所以，我们在自己的行为举止中采用了其他人的态度。语言在人类经验的发展方面所具有的至关重要的意义，通过这个事实表现出来，即这种刺激可以像影响另一个人那样影响这个说话人本身。"① 符号（语言）是人与他人、环境、自我互动过程中的重要方式载体。"掌握一种有意味的语言具有头等重要意义。语言隐含着各种有组织的反应；而这些反应所具有的价值观念和含义，则可以在共同体中找到——个体正是从共同体中把这种反应组织接收到了他自己的本性之中。"② 这强调了符号（语言）在人的互动交往、价值观念形成中的重要影响作用，指明了掌握符号（语言）的重要性所在。

（3）教育是个体接纳共同体和制度的重要媒介

乔治·赫伯特·米德在关于社会的论述中，指出了社会是在人与人之间的互动中产生，是基于对心灵和自我的认识基础上来展开对社会的论述。一方面，米德认为社会依赖于自我、心灵的存在，社会共同体的认同、社会制度的实施要通过自我的认可来实现。"个体的统一性也就是整个社会过程所具有的统一性，而且，社会对个体的控制就通过这种不断进行的共同过程表现出来。"③ 米德认为，人类社会是建立在生物基础之上的关系，但是有别于生物的本能反应，人类能够进行反思和交往，通过符号（语言）来交往并形成各种社会关系。同时，米德从有机体和环境的关系来阐释人类社会制度的基础，他指出，"有机体可以对环境作出某种直接的、可以在某种程度上导致控制的反应"④。米德认为有机体从某种意义上通过它的反应控制环境，这是人具有的使自己置身于其他人的位置的能力。同时，米德也指出，也正

① ［美］乔治·赫伯特·米德. 心灵、自我与社会［M］. 霍桂桓，译. 北京：华夏出版社，1999：73.
② ［美］乔治·赫伯特·米德. 心灵、自我与社会［M］. 霍桂桓，译. 北京：华夏出版社，1999：289.
③ ［美］乔治·赫伯特·米德. 心灵、自我与社会［M］. 霍桂桓，译. 北京：华夏出版社，1999：291.
④ ［美］乔治·赫伯特·米德. 心灵、自我与社会［M］. 霍桂桓，译. 北京：华夏出版社，1999：264.

是因为人具有使自己置身于其他人位置的这种能力，使得个体具有其所处社会的特征，政治上指的就是一个人的公民身份。"这种特征使他成为共同体的一个组成部分，而且他之所以承认自己是这个共同体的成员，就是因为他确实采取了这些有关的人的态度，并且确实根据各种共同态度控制他自己的行为举止。"① 公民对社会的认可，对自身所处的"共同体"成员身份的承认，很大程度上基于自我的态度采取与控制。另一方面，米德指出了教育的重要性。他指出，制度体现的是社会成员对特定环境的一种共同反应。社会成员如何更好地接纳和认可社会相关制度，教育起到了比较重要的作用。"教育过程就是由这种使社会反应进入个体心灵的过程构成的，它使个体以多少有些抽象的方式接受共同体的文化媒介。教育过程显然是一个人接受某一种有组织的、针对他自己的刺激而出现的反应的过程。"② 关于教育的重要作用，米德也做出了不少相关论述，他认为教育作为一种媒介，对于个人态度观念的形成起到了重要的作用，是使得社会成员对所处的国家的认同、对国家制度的认可的重要途径。通过教育的开展，可以使得社会制度深入人心，使得社会得到认同。

2. 社会学符号互动论与大学生改革认同

社会学符号互动论从人与他人、人与社会环境的具体互动中来研究人与社会的关系，是结合现实生活开展的研究探讨。符号互动论指出，人是具体环境的产物，人的意识、思想源于人生活的环境，人的种种能力源于对环境的适应。人生活的过程，是人对环境的探索与适应的过程，人要积极主动探索环境、适应环境。符号互动的过程，是社会认同的过程，是个体对所处的群体进行认同的过程，是个人对所处社会的认知、评价的过程。符号互动过程中，符号（语言）十分重要，而教育是使得个人认同所处的组织的重要途径。

---

① ［美］乔治·赫伯特·米德. 心灵、自我与社会［M］. 霍桂桓，译. 北京：华夏出版社，1999：291.
② ［美］乔治·赫伯特·米德. 心灵、自我与社会［M］. 霍桂桓，译. 北京：华夏出版社，1999：285.

　　大学生改革认同的过程，也是大学生认知党和国家各项改革的过程，是对党和国家各项改革的态度表现，需要通过与他人、与社会环境其他因素互动来展现。生活在全面深化改革新时代下的大学生，要积极发挥自我选择的作用，要主动积极地去了解把握当今改革发展的时代形势，科学合理地去认识和评价党和国家的各项改革，形成改革认同。大学生改革认同是社会认同的一种表现，是在生活过程中对改革的接触而形成的态度表现。

　　新时代要增进大学生改革认同，需要从互动的双方进行考虑，充分发挥大学生自身与自身以外的其他因素间的互动作用。一方面，大学生自身要对党和国家的改革形成正确认知并且进行科学评判。大学生要积极主动去关注感知党和国家的改革事业，并用积极的态度对党和国家的改革事业进行科学合理的评价分析。在对改革相关问题进行分析研判的过程中，大学生要注意全面科学，避免过于片面、偏激和不合理性。另一方面，党和国家要切实提高改革成效，切实提升社会成员的利益"获得感"。改革认同的过程，是大学生与社会接触的互动的过程，是对党和国家各项改革进行认知评判的过程。党和国家各项改革的发展态势以及改革成效的体现情况、改革成果的惠及程度等各方面，都影响着新时代大学生改革认同的生成，是大学生评判改革的重要影响因素。党和国家在各个领域进行改革的过程中，要注意结合社会形势与社会成员的利益需求，制定落实相关合理有效的制度、政策，使得改革的成效得以体现，使得社会成员的"改革受惠"面更大、"改革受惠"度更广，在互动的过程中使改革的成果得以广泛惠及。同时，要重视充分发挥教育的作用。个体对所处的共同体和制度的接纳过程中，教育是十分重要的媒介，起到了较大的作用。通过教育，能够使得互动更好的达成。大学生改革认同生成的过程中，要加大对大学生改革认同的教育力度，通过宣传、引导等多种方式，结合"线上""线下"等多种载体，充分发挥社会、学校、家庭等各方力量的教育引导作用，采取灵活有效的教育方式方法，构建科学的改革话语，充分发挥改革符号的宣传等方面的作用来增进新时代大学生对改革的认同。

（二）社会化理论与大学生改革认同

1. 社会化理论的丰富内涵

关于人的社会化的研究，不同学科领域的学者们都展开了不同程度的探讨并有了不少研究成果。从社会学的角度而言，个体社会化指的是人由自然人转化为社会人的过程。这个过程中，个人通过一定的社会环境与他人进行交往互动，参与社会生活实践，履行社会角色。个体社会化的过程是个人社会属性得以体现的过程。人的社会化的过程，也是个体与社会融合的过程，是个体对自我所处的社会角色定位得以明晰的过程。纵观学者们的研究，个体社会化具有以下特征：第一，个体社会化具有必然性。个人的社会化过程，是一个人成长的必然过程，个体社会化是个体成长发展的必要环节。每个个体都要通过对所生活社会的各类规范制度的认知和接纳，明确自我所该承担的社会角色，才能更好地融入社会，自我才能得以更好地成长与发展。在社会化过程中，个人通过生活实践，通过与他人的交往互动，明确并接纳所生活社会的价值观念、行为规范等，掌握社会生活技能，成为合格的社会成员。第二，个体社会化具有实践性。个人在社会化过程中，需要个人通过社会生活实践，通过自我与自然、他人互动的社会生活实践来进一步促进个体社会化的实现。个体只有通过社会生活实践，个体社会化才能得以实现，个体社会化的过程也是一个实践的过程。第三，个体社会化具有自主选择性。人作为社会中的人，具有主观能动性。在个体社会化过程中，个体的主观能动性也体现在社会化过程中的自主性和选择性上。个体社会化的过程，是个体认识和接纳社会理念规范、确定自我的社会角色的过程，在这一过程中，个体会通过自我选择形成自我个性特征，会通过自我思考和观察来对社会相关规范有所选择地进行确认和接纳。

2. 个体社会化实现的影响因素

社会学家研究表明，人的社会化的实现受到多种因素的影响。人在社会生活实践过程中接触的外部环境因素包括家庭、学校、工作单位、朋辈群体、生活社区、网络媒体等，这些都是个体社会化得以实现的重要影响因素。结合社会学家相关研究结论，个体社会化实现的影响因素具体包括以下几个方面：第一，家庭因素的影响。一个人出生后首先接触的社会环境就是家庭，家庭教育是一个人社会化的开端，家庭教育对个人的早期社会化产生重要的影响，对个人的早期社会化起到了很大的作用。家庭作为个体社会化的第一场所，是个体社会化的第一个社会外部环境。个体社会化的过程中，父母、其他亲人对个体儿童时期的心理、行为等方面都会产生潜移默化的潜在影响，家庭各方面成员的社会特征都会对个体产生影响，如父母的文化水平、行为方式等方面的情况，家庭其他成员包括兄弟姐妹、其他亲人等的情况等，都会对个体思想、行为等方面的形成产生深刻影响。家庭成员对个人社会化的影响过程中，不同的家庭成员发挥着不同的作用，其中父母起到的影响作用最大。父母作为子女成长的第一任老师，其言行举止都会对子女产生深刻的影响，要注重考虑父母对子女社会化的影响作用。第二，学校因素的影响。学校是个体社会化的重要场所，是个体社会化过程中的系统性学习机构。学校作为提供系统教育的学习管理机构，是教育者对受教育者开展系统教育的场所，在个体社会化的过程中，学校对于个体社会化产生最重要的影响，具体表现为：一方面，学校系统培养学生相关知识和技术。个人的知识能力水平是个体更好地实现社会化的基础。一个人在社会化的过程中，只有首先掌握相应的知识能力，才能更加科学合理地去认知和评价社会，才能更好地去与所生活的社会相适应。另一方面，学校系统培养学生的思想价值观念和相关规范意识。学校是传播社会主流价值观的重要场所，同时也是有组织、有计划地开展系统教育的管理机构。在参与学校学习的过程中，个体通过接受系统的教育，并且通过班级群体学习生活的开展，能够更加清晰地明确自己所生存的社会中的各项相关规范标准，明确生活于社会中的自我角色定位，学会用社会的制度规范来要求自我，从而更好地开展与他人的社会交往活动，处理好社会化过程中的与他人的人际关系。第三，工作单位的影响。工作单位是个体职业发展的重要场所，是个人后期社会化的重要场所。一个人在工作单位工作的过程中，会接触到其他社会团体、组织机构以及其他各种工作单位等不同的他人，个体在职业知识能力、社会关系等方面都会受到外部环境的影响。同时，工作过程中的社会化相对于家庭、学校而言，角色要求更加严格，规范性、社会性更加明显，对于个体角色的责任义务要求更加严格和明确。工作单位是个体后期社会化的重要场所，对于个体社会化的实现也产生较大的影响。第四，网络传播媒介因素的影响。网络媒体具有传播信息多、传播速度快、传播范围广等特点，当今时代是网络信息化的新时代，网络媒体作为现代社会的技术手段已经成为人们生活中不可或缺的载体，对人们生活的方方面面都产生较大的影响，人们的价值观念也受到深刻的影响。现代社会中，特别是在信息化时代背景下，社会成员都通过网络媒体这一重要载体接触各种社会事物，获取各种信息。其中，通过电视、广播、报刊等大众传媒对社会时事热点、政策规章等的宣传，人们接触了各种社会观念，了解各种社会规范。网络媒体已成为人们社会生活中不可或缺的一部分，生活于价值多元社会中的人们，日常生活中通过网络媒介对各种信息的接触影响着自我思想的形成，影响着自我行为的选择。另外，网络时代电脑、网络的普及化以及手机使用的大众化使得人们得以更加迅速地接触到来自社会上方方面面的信息。通过网络媒体传达的各种信息，人们更加迅速地了解社会发展的方方面面，了解社会他人的生活情况，这些都对人们的自我角色定位、自我社会化起到了较大的影响。

另外，除了以上提及的社会化实现的影响因素之外，朋辈群体、个体所生活的社区等个人在社会生活实践过程中接触的其他群体、组织，也是影响个体社会化的重要方面。

3. 社会化理论与大学生改革认同

大学生个人成长发展的过程，也是一个实现自我社会化的过程。大学生社会化的过程，是大学生对所处的社会加以认识和评判、明确自身角色定位的过程，是自我与社会相互融合的过程。大学生自我社会化的过程，是一个自我成长发展的必然过程，也是一个通过实践来实现的、发挥自我选择意识的过程。一方面，在社会化过程中，大学生通过社会生活实践，通过学习交流与他人进行交往互动，从而明确并接纳社会中倡导的价值观念、行为规范等，同时也通过学习交流掌握社会生活技能，提升自我的素质能力。大学生社会化的过程是其成长的必然过程。大学生只有通过与自然、他人互动的社会生活实践对社会制度规范的认知和接纳和对自我社会角色的明确，才能更好地融入所生活的社会当中去。另一方面，大学生需要在一定的社会环境中与他人进行交往互动，通过积极参与社会生活实践来履行社会角色，从而达到自我发展与社会发展的融合，实现自我社会化。大学生在成长发展的过程中，需要通过自我与社会的融合来对自我所处的社会角色定位进行明晰。同时，大学生在自我社会化的过程中，大学生自我选择的意识起到了重要的影响作用。大学生在认识和接纳社会理念规范、确定自我的社会角色的过程中，会通过自我选择形成自我个性特征，会通过自我思考和观察来对社会相关规范有所选择地确认和接纳。大学生社会化的过程中，家庭、学校、社会、网络媒体等因素都产生重大的影响。

改革作为我国社会发展的关键点，是推动社会进步的必然选择。大学生改革认同的过程，是大学生对党和国家各项改革的认知、评判和态度表现的过程，增进新时代大学生的改革认同需要发挥多方因素的作用。新时代大学生在成长的过程中会接触到来自各个方面的改革信息。新时代大学生改革认同的过程，是一个自我社会化的过程。大学生对党和国家各项改革的认同过程是自我成长发展过程中的一部分，是大学生社会化过程中需要面对的问题之一；同时，改革认同的过程需要大学生通过各种实践活动来实现与他人、社会的互动并通过自我思考来形成对党和国家各项改革的认知和评判。新时代大学生在社会化的过程中，要从以下方面更好地增进改革认同：一方面，大学生要积极了解掌握改革相关信息，通过积极实践来深入认知改革，对改革形成科学认知并进行合理评价，形成理性认知和采取理性行为；另一方面，大学生改革认同的生成，需要发挥家庭、学校、社会等外部环境因素的作用，需要外部因素对改革进行客观科学的宣传与引导，创设良好的外部环境来增进大学生的改革认同。

四、个体心理认同与社会群体心理认同

心理学认同理论从心理学角度进行了认同的理论探讨，其中个体心理认同理论、社会群体心理认同理论都为大学生改革认同理论提供了重要的理论

参考,是研究新时代大学生改革认同的重要理论依据。

(一) 个体心理认同与大学生改革认同

1. 个体心理认同的丰富内涵

奥地利心理学家、精神分析学派创始人弗洛伊德最先把认同研究引入心理学,从个体心理学的角度进行分析,提出了"本我、自我、超我"的阶段论,形成个体心理模型。美国著名精神病医师、新精神分析派的代表人物埃里克森也从心理学的视角对认同进行深入研究。埃里克森提出"人格发展八阶段理论",他把自我意识的形成和发展过程划分为八个阶段,具体包括:婴儿前期、婴儿后期、幼儿期、童年期、青少年期、成年早期、成年中期和成年后期。埃里克森指出,自我意识形成的这八个阶段的顺序是由遗传决定的,而每一阶段能否顺利度过是由环境决定的。埃里克森特别关注青少年的认同问题,他指出,人的心理认同的实现过程中,青春期是关键时期,人进入青春期后,生理和心理上的不稳定性会引发"认同危机"的产生。对于个体能否建立自我同一性和提高自我以后的人格适应能力的问题,认同危机能否得以解决起到了较大的影响作用。健全人格的塑造是人的发展过程中十分重要的问题,只有建立了自我同一性,才不会导致同一性危机,才能促进人的健全人格的形成。青少年时期是个人健全人格形成的关键时期,要注重对青少年时期个体心理认同的把握。

在精神分析学家的研究中,心理认同的动力根源是无意识,并由个体心理认同研究发展到群体心理认同研究。后来弗洛伊德在对认同的研究中,将个体心理与群体心理结合起来,把认同研究深入到个人生存环境中的所有人,注重个体心理研究和群体心理研究的结合。

2. 个体心理认同理论与大学生改革认同

个体心理认同理论指出了认同过程中个体心理发展的不同阶段和关键环节。个体心理认同的形成过程,是一个自我意识形成的过程。大学生改革认同是对国家改革的态度表现,改革认同生成过程,也是一个个体心理认同的过程,是一个通过自我对改革的认知和评价,从而对改革产生情感,并认可、赞同和支持改革的过程。

大学生改革认同生成的过程中，个体心理认同是大学生改革认同形成过程中的重要环节，是大学生改革认同形成的重要影响因素，要重视个体心理认同的形成作用。大学生处于青年时期，青少年时期是个人健全人格形成的关键时期，也是处于产生"认同危机"的敏感时期，要注重对青少年时期个体心理认同的把握，建立自我同一性。个体心理认同的过程，是大学生首先对自我身份有了认知和认同的过程。大学生只有对自我在社会中的社会角色有了更好的认同，明确自我的社会角色，才能形成个体对改革的认知和评判，形成改革认同。

（二）社会群体心理认同理论与大学生改革认同

1. 社会群体心理认同理论的丰富内涵

社会群体心理认同理论是由泰弗尔（Tajfel）和其弟子特纳（Turner）等人研究提出并发展起来的，它对群体行为做出了新的解释，并成为群体关系研究中最有影响的理论。社会认同理论产生于对群体间行为解释，它认为个体对群体的认同是群体行为的基础。社会认同理论是欧洲心理学本土化的重要成果，对社会心理学具有重要的贡献。[1] "个体都在努力地维持和增强自尊，而社会团体以及团体内部成员都会赋予个体或积极或消极的价值内涵，这势必会影响到个体的社会认同。个体希望得到和维持积极的社会认同，而对自身所属团体的评价需要参照其他相关团体通过社会比较来进行，积极的差异比较可以带来较高的威望，而消极的差异比较则产生较低威望。当社会认同得不到满足时，个体可能会离开现有的团体，加入使自身更能得到积极区分的团体，或者通过努力使现有团体获得更多的积极区分。"[2] 社会心理学家们认为，社会上的人群基于各种原因分成了不同的群体，个体的努力和群体的策略等都会对社会群体认同产生影响。由此可见，社会群体的认同需要个体的努力和群体的策略两方面因素发挥作用。除了个体自我因素，社会群体的策略表现也是影响社会群体认同的重要因素。

---

① 张莹瑞，佐斌. 社会认同理论及其发展 [J]. 心理科学进展，2016（14）：475—480.

② 闫丁. 社会认同理论及研究现状 [J]. 心理技术与应用，2016（9）：549—573.

2. 社会群体心理认同的基本过程

关于社会群体心理认同的基本过程，泰弗尔通过微群体实验范式研究表明，社会群体心理认同的过程表现为"内群体倾向"和"外群体歧视"，具体表现为：被试者对群体进行评价的过程中，在没有先期的互动关系的时候，个体单纯的知觉到的分类会使得个体对于自己所在的群体予以更多资源和正向评价，这是一种主观上产生的认同感，是"内群体倾向"的表现；个体对于自我所属群体之外的其他群体给予较少的自由和负面评价，这是"外群体歧视"的表现。泰弗尔指出，群体认同是个体对所生活特定社会群体的情感和价值意义的认可，是个体对其属于特定的社会群体的认识。①

社会群体认同理论指出社会认同的过程，是通过社会分类、社会比较和积极区分的一个过程，个体首先通过社会分类对自己所处的群体产生认同，产生"内群体倾向"和"外群体歧视"。群体的认同需要个体自尊的实现和维持，而这源于内群体和外群体的有利比较。当群体认同受到威胁的时候，群体成员会通过各种策略来提高自尊，维持群体认同。具体的基本过程如下：第一，社会分类。人们在将他人分类时会自动地将社会人群区分为"内群体"和"外群体"。当人们进行分类时会进行自我定型，将自我纳入"内群体"这一类别中，将符合内群体的特征赋予自我。同时，个体在分类的过程中，往往将有利的资源分配给自我所属的群体。第二，社会比较。社会比较也是社会群体认同过程的重要环节。在社会分类的基础上，个体会进行社会比较。而在这一过程中，社会分类过程的意义得以体现，积极区分的原则作用得以发挥。积极区分满足了个体获得积极自尊的需要，而在进行社会比较的过程中，群体间的比较通过积极区分原则使个体寻求积极的自我评价的需要得到满足。第三，积极区分。社会认同理论的一个重要假设是：所有行为不论是人际的还是群际的，都是由自我激励这一基本需要所激发的。在社会认同水平上的自我尊重是以群体成员关系为中介的，个体为了满足自尊的

---

① TAJFEL H. Differentiation between social groups: studies in the social psychology of inter-
　　group relations. London: Academic Press, 1978: chapters1 - 3.

需要而突出某方面的特长。因此，在群体中个体自我激励的动机会使个体在群体比较的相关维度上表现得比其他成员更出色，这就是积极区分原则。社会认同理论认为，个体过分热衷自己的群体，认为它比其他群体好，并且从寻求积极的社会认同和自尊中体会群体间的差异，这样就容易引起群体间偏见、群体间冲突和敌意。① 群体认同实验也表明，群体成员的策略是影响群体进行社会比较的重要因素，群体心理认同的过程也是一个分类与比较、区分的过程。

3. 社会群体心理认同与大学生改革认同

社会群体心理学的研究表明，社会群体间的关系对人们的心理、行为都会产生重要的影响，相关研究也指出了人所处在的群体、环境等外部因素会对社会群体认同产生较大的影响。社会群体认同的维持，需要通过个体对"内群体"与"外群体"的有利比较来实现。内群体在认同形成的过程中具有一定的首要优势，但是从长远来看，在社会比较过程中，内群体优势的取得与维持还需要通过与外群体的比较而获得。因此，社会群体认同形成的过程中，社会"内群体"要创设更多的有利条件，展现本群体的优越之处，使得个体在比较的过程中，认识到自我所处群体的优越性，增强自我群体归属感，从而才能形成群体归属感，才能更好地形成与进一步增进社会群体认同。

新时代大学生改革认同是一种对改革的态度情感，也是一种对改革的行为表现，体现了大学生对改革举措的态度行为。改革认同的过程，是大学生在通过与其他国家各方面相互比较后对我国改革方针政策的态度表现，是大学生对党和国家各项改革的认知与评判。而这一过程中，评判的标准往往是基于对改革各方面情况的衡量和对比。生活在社会主义新时代的大学生，接受的是党的领导，接触的是党和国家的各项方针政策，对党和国家各项改革的认同的过程，也是对所生活的我国社会的认同的过程。改革的有利作用是

---

① 张莹瑞，佐斌. 社会认同理论及其发展 ［J］. 心理科学进展，2016（14）：476—477.

否得到发挥，改革的成效是否得以体现，这些都是影响大学生对改革进行评判的重要因素，都是大学生改革认同是否生成需要考虑的方面。对党和国家各项改革事业的认同的形成，需要党和国家在改革过程中体现出我国改革的优越性，需要党和国家采取有效的改革措施，让改革的成效得以体现，让改革的成果惠及更多的人，惠及大学生群体。通过改革成效的体现，让社会成员体会到国家发展较之社会上其他国家的优越性所在，从而使得大学生认可、赞同和支持国家改革，增进新时代大学生的改革认同。

第三节　新时代大学生改革认同的现实因素

新时代大学生改革认同命题的提出，研究探讨的是新时代大学生对当下我国社会主义改革事业的态度表现。马克思指出，"每一时代的理论思维，从而我们时代的理论思维，都是一种历史的产物，它在不同的时代具有完全不同的形式，同时具有完全不同的内容。因此，关于思维的科学，也和其他各门科学一样，是一种历史的科学，是关于人的思维的历史发展的科学"①。社会意识源于社会存在，理论思维都是历史的产物。作为一种主观社会认识的形成，新时代大学生改革认同需要基于大学生所生活的社会实际而产生。大学生改革认同与其生活的具体时代状况息息相关，与其生活的具体时代实践活动紧密相连，改革认同的形成受现实生活实践各因素的制约。笔者通过研究得出，经济全球化、价值多元化、信息化时代的当今时代环境，是审视新时代大学生改革认同的现实依据。

一、经济全球化对大学生改革认同的影响

经济全球化以资本主义的扩展为背景，是资本扩张增值的过程，也是文化激荡碰撞的过程。经济全球化是历史发展不可抗拒的趋势，也是当今社会

---

①　马克思恩格斯选集（第3卷）[M]．北京：人民出版社，2012：873—874.

发展过程中必然出现的社会潮流。经济全球化在社会发展过程中发挥着重要而复杂的作用，经济全球化在实现全球化、国际化的过程中，产生整合又产生分裂，推动合作又引发冲突。新时代大学生身处经济全球化的社会大环境中，其改革认同的生成受到所处现实环境的影响。

（一）经济全球化的双重效应

全球化发端于欧洲，起源于工业化，是劳动分工和生产专业化扩张的产物，是现代化的必然结果。全球化是在西方国家的主导下推动的，包括经济、政治、文化等各方面的"全球化"。全球化首先是经济运行的全球性，也即是经济全球化。经济全球化给社会带来了不少的影响，具体体现在：

第一，经济全球化使得各国间的联系越发紧密。马克思指出，"资产阶级，由于开拓了世界市场，使一切国家的生产和消费都成为世界性的了"①。经济全球化是一种历史进程，工业化的发展使得全球范围的经济得以转换，生产、消费、分配等经济环节实现了跨国家跨地区运行，现代国家体系得以形成。西方学者乌·贝克、尤尔根·哈贝马斯也指出，"世界市场不再是一个欧洲共同体市场，而是一个几乎包括整个世界的市场"②。可见，经济全球化时代中的各国都处于世界大市场的运作当中，国与国之间都处于紧密的联系当中。经济全球化是现代化的结果，"经济全球化是一种新的国际关系机制，包括生产、金融和科技三个方面的全球化……经济全球化的发展主要是生产的全球化。经济全球化的实质是一场以发达国家为主导，以跨国公司为主要动力的全球范围的产业结构调整"③。经济全球化过程中，涌现了不少诸如世贸组织等的全球性组织。经济全球化加速了社会上资本、人口等的流动，加强了全球各国间的社会性联系。全球化时代背景下，各国经济、政治、文化等方面的联系越来越紧密，各国在经济、政治、文化等方面的发展受其他国家的影响越来越大。马克思指出，"单是大工业建立了世界市场这

① 马克思恩格斯选集（第1卷）[M]．北京：人民出版社，2012：404.
② [德] 乌·贝克，尤尔根·哈贝马斯．全球化与政治 [M]．王学东，柴方国，译．北京：中央编译出版社，2000：205.
③ 李鑫炜．体系、变革与全球化进程 [M]．北京：中国社会科学出版社，2000：2.

一点，就把全球各国的人民，尤其是各文明国家的人民，彼此紧紧地联系起来，以致每一个国家的人民都受到另一个国家发生的事情的影响"①。在这里，马克思指出了工业化时代，世界市场建立之后，国与国之间的紧密联系和相互影响程度的提升。

第二，经济全球化使得各国面临不同文化的融合与应对。经济全球化时代背景下，各国在经济、政治、文化等各方面的联系不可避免地越发紧密，各国在发展的过程中需要与其他国家发生各种各样的关系。但与此同时，各国有自我发展的历史和国情，各国在与他国联系交往的过程中，由于具体国家实际国情的不同，也面临着各种政治文化方面的融合与应对的问题。马克思指出，"每一历史时代的经济生活以及必然由此产生的社会结构，是该时代政治的和精神的基础；因此（从原始土地公有制解体以来）全部历史都是阶级斗争的历史"②。在全球化的时代背景下，各民族都处在相互交往的大时代中，但各国由于经济情况、社会结构的不同，在全球化过程特别是经济全球化过程中表现出不同的政治、文化态度。而各民族具有具体的特性，在相互交往中面临着民族间的相互融通的问题。在社会发展的过程中，面对一些社会问题，发达国家与发展中国家由于自身国家情况的不同，包括具体国情、文化传统等方面的差异，各个国家基于不同的国家利益会具有不同的反应。经济全球化过程中，需要各国在交往过程中注重国家间不同国情的融合，注重对相关问题的合理应对。

第三，经济全球化一定程度上导致认同危机的产生。全球化是由西方国家发起的。在全球化的过程中，一方面，西方国家进行着资本的扩张；另一方面，西方国家也加强了对其他国家在政治、文化等方面的渗透。西方国家在全球化的过程中，凭借其经济优势，也进行西方意识形态的渗透和价值观的引导。西方国家在经济全球化时，除了期待经济上起到主导作用，也期待在政治、文化等方面进行扩张影响，进而实现其价值观的引导认同。在全球

① 马克思恩格斯选集（第1卷）［M］．北京：人民出版社，2012：306.
② 马克思恩格斯选集（第1卷）［M］．北京：人民出版社，2012：380.

化的过程中，国与国之间在多方面都相互影响，各国都会受到本国之外的其他国家的相关因素所制约。在全球化大背景下，一个国家的经济、政治、文化等各方面都面临着融入国际大背景的境阈，能否维持本土特色，能否维持对本国的认同，不同国家都面临着一些现实挑战，全球化在促进社会融合发展的同时也带来了本国的认同危机。

（二）经济全球化对学生改革认同的影响

经济全球化的过程，是国与国之间联系更加紧密的过程，是各国国际化的过程。经济全球化对于大学生改革认同的形成，既是挑战也是机遇。

一方面，经济全球化具有引发大学生认同危机的可能性。经济全球化使得国家间的联系更加紧密，可能引发大学生的认同危机。伴随着经济全球化的产生，国家间在经济、政治、文化等各个方面越来越"去国家化"，国家间在各领域的联系越来越紧密。在各国联系紧密的情况下，国与国之间的相互对比相互借鉴就更加明显与普遍。在通过与其他一些发达国家优越性进行对比的情况下，结合国内发展过程中存在的一些问题，大学生容易产生改革认同差异。新时代大学生改革认同是寻求大学生对党和国家各项改革的认可，是对党和国家在经济、政治、文化等各方面所进行的改进和革新的态度，是要立足于我国发展实际而进行的思考。全球化过程中，国家间相互依存更加紧密，国际干预力量越来越强，国家的概念越来越模糊。国家发展过程中面临的问题，更多的是从国际的角度去考虑和看待。全球化过程中，改革认同的达成产生矛盾的态势，表现如下：其一，经济全球化使得改革认同的促发力不足。经济全球化过程中，社会成员看到更多的是西方国家的发达情况，通过对比会产生对国家的改革力度、改革成效等方面满意度不高的情况，从而降低了自我的改革认同程度。其二，经济全球化使得改革认同的方向性不统一。经济全球化过程中，除了经济领域，各国在政治、文化等方面的相互影响越来越大，西方国家的各方面情况都对人们产生较大的影响。生活于当今时代的大学生，深受西方发达国家发展情况的影响，在对西方国家的经济、政治、文化等方面情况进一步了解和接触之后，部分大学生可能会比较认同西方国家相关做法而对国内改革产生认同差异。

另一方面，经济全球化具有促进大学生改革认同的现实性。经济全球化为各国的发展提供了机遇和参考，各国通过与其他国家的联系和跟其他国家的对比，能更好地对本国发展进程存在的不足加以改进，通过改革的推进来缓解或解决国家发展过程中存在的一些问题，从而有利于大学生更好地看待党和国家的改革事业，促进大学生改革认同的生成。国家改革与时代发展紧密相联，改革是党和国家在新时代条件下为了推动国家社会发展而采取的重要举措。改革认同是社会个体成员对党和改革实践活动的态度，不仅仅是个体成员主观思维的简单结果，而且是联系当下时代社会实际而做出的现实反映。作为改革认同的对象，改革是历史的、具体的。改革认同的过程，既是对现实具体改革实践的认识，也是对社会发展规律的认识，而具体的改革实践是人们形成改革认同的理性认识的前提条件。改革实践越到位，改革成效越明显，人们对改革的认识就越深刻，对改革的认同就越容易形成。列宁指出，"物质的抽象、自然规律的抽象、价值的抽象及其他，一句话，那一切科学的（正确的、郑重的、不是荒唐的）抽象，都更深刻、更正确、更完全地反映着自然"①。经济全球化的过程，加强了国家与国家之间的联系，提供了国家与国家之间交往的机会，也为各国的发展改革提供了机遇和参考。国家与国家间的合作与联系，也给各独立国家在发展过程中在经济、政治、文化等各方面进行自我审视与考量，对本国在发展过程中存在的问题进行反思和改进，从而有针对性地进行改革，以产生更好的改革成效，从而获得更多社会成员的认同。国际社会上，各国间的竞争，归根到底是国家间利益的竞争。在经济全球化时代背景下，我国借助国际社会平台，借鉴全球化进程中其他国家建设发展的先进经验，能更好地开展国内各项事业的改革，有利于提高改革的成效，使得更多人在改革中受益，从而促进人们改革认同的生成。新时代大学生生活在经济全球化的社会大背景下，通过感受经济全球化进程中国家各项改革事业的发展，体验到国家发展带来的利益，也会更好地生成改革认同。

---

① 列宁全集（第38卷）[M].北京：人民出版社，1959：181.

二、价值多元化的双重效应

价值多元化是当今时代的特点，社会上各种思潮并存，人们的思想观念具有多样性。西方国家的各种思想、我国国内的各种思想潮流存在于社会当中，社会思想呈现出价值多元化的现实特点。新时代大学生生活的时代是价值多元化的时代，各种价值观念交织并存，各种思想交流碰撞，这对大学生改革认同的形成产生较大的影响。

（一）价值多元化的现实审视

当今时代，是价值多元化的时代。生活于价值多元化时代下的人们，其思想观念具有多元的现实特征，其形成也有多方面的原因。同时，在价值多元化时代，人们的思想易受多元社会思潮影响。

第一，价值多元化的现实表现。马克思、恩格斯指出，"生产的不断变革，一切社会状况不停的动荡，永远的不安定和变动，这就是资产阶级时代不同于过去一切时代的地方。一切固定的僵化的关系以及与之相适应的素被尊崇的观念和见解都被消除了，一切新形成的关系等不到固定下来就陈旧了。一切等级的和固定的东西都烟消云散了，一切神圣的东西都被亵渎了。人们终于不得不用冷静的眼光来看他们的生活地位、他们的相互关系"①。当今社会，是个体自我价值彰显的社会。随着社会生产的发展，社会关系也不断变化发展，人们的价值观念表现出多元化。社会存在决定社会意识，随着社会的变化发展，人与人之间关系发生变化，人们的价值观念也发生了较大的变化，呈现出价值多元的特点，具体表现为：其一，人际关系越来越个体化。现代社会，社会个体成员与组织的关系日益分化，个体成员与组织的关系不再如传统社会一样紧密，个体与外部社会体系之间越发分离。其二，集体关系越来越弱化。加拿大哲学家查尔斯·泰勒指出，"一个分裂的社会是一个其成员越来越难以将自己与作为一个共同体的政治社会关联起来的社会。这种认同之缺乏可能反映了一种个人利益至上主义的观念，而依此观

---

① 马克思恩格斯选集（第1卷）［M］. 北京：人民出版社，2012：403—404.

念，人们终将纯粹工具性地看待社会"①。在现代社会中，人们越来越多的是强调自我利益的实现，人们的思想更加趋于自我化和去传统化，人们之间的集体关系越来越弱化。其三，集体观念越来越淡漠化。在现代社会中，人们的集体观念比较弱，对集体的思考比较少，更多的是关注自我，强调个体与自我，更多的人把个体放在首位。

第二，价值多元化的原因探析。价值多元化是当今社会发展的现实特点，其形成有着多方面的原因，具体表现为：其一，现代社会中利益和身份的多元化导致了价值的多元化。一方面，利益的多元化引发了价值的多元化。生活在社会中的人们，他们的思想、价值观念都是基于利益尤其是自身利益来考虑而形成的。在当今利益多元化的时代，人们有着不同的利益追求，人们的价值观念也更加多元化。另一方面，身份的多元化引发了价值的多元化。经济全球化的时代，人们作为公民的身份也出现了多重现象，双重国籍或是多重国籍的公民不在少数，人们拥有多元的身份。英国著名学者马歇尔指出，"今天的公民已被'剥夺了公民权'"②。全球化时代，公民身份具有了世界公民、国家公民、地区公民、联邦组织公民等多重身份，不同的身份使得人们具有多重的角色定位，多元的角色身份也导致了人们价值的多元化。其二、现代社会的分化导致了价值的多元化。价值多元化是现代社会分化的结果。在全球化时代，国与国之间的联系越来越紧密，国与国之间在各个领域的相互接触越来越多。社会越来越分化，各种跨国组织普遍存在，而且各种跨国组织的数量越来越多。尼采在关于人性的研究中指出，"人们受传统的约束越小，他们的种种内在动机也就越发蠢蠢欲动，因此他们的外在的骚动不安、他们相互间的交往和融合以及他们的种种努力的多重效响也就日益增强"③。全球化时代，各国间的联系与竞争给人们价值观念的形成

---

① ［加］查尔斯·泰勒. 现代性之忧［M］. 程炼，译. 北京：中央编译出版社，2001：135—136.

② HORSEMAN M. &A. Marshall：The disenfranchised citizen after the nation state：citizens，tribalism and the new world order：London：Harper Collins，1994：37.

③ NIETZSCHE. Human，all too human. London：Cambridge University Press，1986：24.

提供了多元的参考思考依据，人们的思想观念也受到价值多元化的影响。随着社会的分化，人们的价值观念更加多元化。德国著名社会学家马克斯·韦伯在关于社会的研究中指出，"所有这些领域均可按照完全不同的终极价值和目的取向来加以理性化"①。在传统社会不断发展的情况下，现代社会呈现的是社会越来越分化，社会价值越发多元化的现象。

第三，价值多元化的理论阐释。关于"价值多元化"的观点，不同学者进行了不同角度的探讨。英国哲学家约翰·洛克从宗教的角度出发，阐述了价值多元化的观点。约翰·洛克指出，"由于真理只有一个，通往天堂的路只有一条，而每一个宗教信仰对自身而言都是真的和正统的，所以别的宗教就都是假的和异端。这里存在着不可克服的矛盾，唯一的办法就是宽容"②。约翰·洛克指出了在不同宗教不同信仰并存的前提下，只有通过价值多元化的方式，才能得以协调，指出了价值多元化的协调功能。英国哲学家以赛亚·柏林则从"积极自由"和"消极自由"这两种自由的概念出发阐述价值多元的情况。以赛亚·柏林指出，以下的观念是不科学的："对于规范性问题必然存在最终的客观真理，存在能够被证明或直接感觉到的真理；从原则上说能够发现一种所有价值和谐共处的模式而且这正是我们必须趋赴的唯一目标；我们能够揭示塑造这种前景的单一的、核心的原则，这种原则一旦被发现就将主导我们的生活"，这样的观念"不仅是无效的，而且曾经（并依旧）导致理论上的荒谬与实践上的野蛮后果"③。以赛亚·柏林认为，"自由的根本意义是摆脱枷锁、囚禁与他人奴役的自由。其余的意义都是这个意义的扩展或某种隐喻。为自由奋斗就是试图清除障碍；为个人自由而奋斗就是试图抑制那些人的干涉、剥削、奴役，他们的目标是他们自己的，而不是被

---

① [德] 马克斯·韦伯. 韦伯文集（上）[M]. 韩水法，译. 北京：中国广播电视出版社，2000：246.
② [英] 约翰·洛克. 论宗教的宽容 [M]. 吴云贵，译. 北京：商务印书馆，1982：42.
③ [英] 以赛亚·伯林. 自由论 [M]. 胡传胜，译. 南京：译林出版社，2011：47—48.

干涉者的"①。以赛亚·柏林指出了自由的意义所在。英国哲学家、心理学家约翰·密尔也指出，"唯一名副其实的自由，就是只要我们不试图剥夺他人的这种自由，不妨碍他们获得这种自由的努力，就可以按照我们自己的方式追求我们自身利益的自由。无论是身体的健康，还是智力和精神的健康，每个人是其自身健康的恰当保卫者。人们如果容忍各自按照自己认为是好的方式去生活，那要比强迫每个人都按照其余的人认为是好的方式去生活，所获更大"②。可见，以赛亚·柏林和约翰·密尔都从"自由"的角度对价值多元化进行了阐释，指出了价值多元化的现实性和客观性。在现代社会中，价值多元是客观存在的事实，是当今多元社会的客观而普遍的现象。生活于新时代社会中的人们，其价值观念的形成越来越多元化。

（二）价值多元化对大学生改革认同的影响

价值多元化的社会，多元社会思潮对大学生价值观念的形成产生了较大的影响，对大学生改革认同的形成起到正反两方面的作用。新时代大学生要在比较批判的过程中，运用科学思维，全面合理地对党和国家的改革事业进行科学评判分析，凝聚改革共识，增进改革认同。

一方面，价值多元化容易导致大学生产生改革认同差异。价值多元化使得大学生对改革评判的立场具有多元性，对改革的评价标准具有多样性，大学生改革共识的达成存在困境，改革认同差异容易产生：其一，改革价值定位不统一。大学生作为社会个体，有着不同的个体利益需求，在多元价值观念的引领下，对改革的价值评判各异，对改革的价值定位不统一，从而难以达成改革共识；大学生作为社会个体，其利益需求具有广泛性和多元性，在对改革进行评判的过程中，容易受到多元价值观念的影响，对改革价值的定位往往不一致，对自我利益的强调会影响改革共识的达成，从而影响改革认同的形成。其二，改革评判标准不科学。改革过程中，各国、各地区、各领域的发展情况都不尽相同，改革成效也情况各异。在对改革进行评判的过程

---

① ［英］以赛亚·伯林. 自由论［M］. 胡传胜，译. 南京：译林出版社，2011：48.
② ［英］约翰·密尔. 论自由［M］. 顾肃，译. 南京：译林出版社，2012：14—15.

中，评判的标准需要科学合理化，只有这样，才能合理正确地对改革进行科学的认识。而在价值多元化的现代社会，大学生接触各种思维观念，接触各种观点看法。大学生在面对各国、各地区、各领域的不同发展情况时，在评判的过程中容易受社会上多元思想观念的影响而产生不科学的片面评判的情况，容易把国内情况与西方国家某些方面进行不科学的对比，从而产生片面将其他国家发展成就作为评判本国国内改革成效的标准的情况。这样的不科学评判会导致大学生对国内改革产生不满意或疑虑的情况，从而导致改革认同差异的产生，不利于大学生改革认同的生成。

另一方面，价值多元化有利于大学生达成改革共识。价值多元化促使大学生改革认同在思想形成的过程中，能够通过对多元价值的认识和比较加以明晰完善。多元的价值观念为大学生科学价值观念的形成提供了思考的依据，有利于大学生更加科学地评判改革，达成改革共识，形成改革认同。其一，价值多元的比较有利于改革认同的形成。"全球化以各种方式削弱了国家和个人的关系，疏远了国家和公民的联结，也进一步消解了个人的各种其他纽带，使得风险和无意义感也随之而来，迫使人们改变自身的处境，寻求新的落脚点。"① 全球化在带来风险与挑战的同时，也使得大学生在通过比较、批判之后形成新的思想观念。思想源于现实，大学生多元思考的价值反思产生于大学生具体的社会生活实践中，大学生的价值观念通过多元价值分析和比较而形成。改革认同的形成，需要通过对现实的改革进行评价分析而产生，需要在理解和认同的境域下生成。现代社会中多元的价值观念作为改革共识达成过程的参照体系，是改革共识得以达成的评判参考。在对各种多元价值观念进行比较和批判的过程中，大学生对改革的认识会更加科学和全面，改革认同的形成将更加容易。其二，价值多元的比较有利于改革认同的理解强化。改革认同的形成，是社会个体通过综合分析各种观念的结果，其中凝聚改革共识是改革认同形成的重要方面。改革共识是社会个体成员对改

---

① ［英］安东尼·吉登斯. 现代性与自我认同［M］. 北京：生活·读书·新知三联书店出版社，1998：203.

革所持有的相对一致的认识和态度，包括对改革价值、改革目标、改革内容、改革方式方法、改革成效等方面在思想观念上的一致性看法，改革共识作为一种社会意识具有显著的社会功能，对推动改革的进一步深化具有导向功能、推动功能和协调功能。身处价值多元的现代社会，新时代大学生对于多元的价值观念有了充分认识，能更好地寻求界定并达成比较科学合理的改革共识，从而推进对改革的正确理解，促进改革认同的形成。在这个过程中，多元的价值观念成为共识达成、认同产生的思考前提和形成动力，为提升大学生比较批判能力创设了条件，为大学生改革共识的达成提供了现实思考依据，能促进大学生对改革更好地理解和认知，推动改革认同的生成与强化。

当然，在价值多元化的社会中，改革认同的生成还需要具备一定的条件，主要包括：一方面，社会公共领域外部条件的提供。公共领域是指以自由、独立、理性的商讨方式调节自我与他者、个体与团体、国家与社会的一种中介机制。① 改革共识的达成，改革认同的生成，需要社会提供经济、政治等各方面的条件，提供得以协商、对话的平台。社会作为改革认同生成的外部机制，要从经济、政治、文化等多方面提供条件，为凝聚社会个体成员的改革共识，促进社会个体成员的改革认同创设条件，以便更好地促进大学生改革认同的形成。另一方面，个体自我思维方式的科学合理化。大学生作为改革认同形成的主要个体，其内在思维是改革认同形成的内在发生机制。大学生在对党和国家各项改革进行评判的过程中，要采取科学合理的评判标准，要具体问题具体分析，全面科学合理地对改革进行评判。评判的过程中要克服偏见，克服绝对化的思想，克服否定一切的绝对观念，要科学全面地结合社会多元的价值观念，形成科学合理的思维方式，从而达到从多元到共识的效果。

三、利益市场化的现实驱动

改革的进程是一个利益调整的过程，改革过程涉及社会成员利益的方方

---

① 王邦佐，等. 政治学辞典［M］. 上海：上海辞书出版社，2009：216—217.

面面，利益市场化是新时代大学生改革认同生成的现实影响因素。市场经济的时代背景下，社会成员情况各异，社会成员的利益需求具有广泛性、多样性和复杂性。在评判改革的过程中，人们多数会根据自身利益的实现程度来决定是否拥护改革，把利益特别是个人利益的获取成效作为评判改革的最根本标准。改革认同是社会成员的态度表现，改革认同能否生成，基于改革是否增进了社会成员的利益，是否获得了社会成员的认知和信任。改革开放的时代，是市场经济的时代，利益市场化是当今社会的特点。市场经济作为现代社会的经济运行方式，利益市场化对大学生改革认同的生成产生较大的影响。

（一）利益市场化的现实表征

市场经济条件下，人们更加追求自身的利益，人们正确价值观念的形成更加受到挑战，具体表现在：第一，市场经济下人们更加注重自我利益的获得。现代社会是一种基于市场经济运作之上的社会，市场经济是现代化的重要表征之一。以利益为导向的市场经济，是一种以市场为主导的经济调控方式，也是一种以利益为衡量标准的经济运作模式。现代市场经济条件下的社会，生产过程中更多的是立足利益需求，注重追求市场效益，追求物质利益最大化。在市场经济运作的社会，人们更加注重追求个人利益的满足。第二，市场经济下人们正确价值观念的形成受到挑战。以利益获取为根本衡量标准是市场经济的重要特点，现代市场经济条件下，人们的价值观念受到现实考量。在看待分析事物的时候，人们更多是以自我价值的认定为基准，以自我的利益为衡量依据。德国著名社会学家、哲学家尤尔根·哈贝马斯指出，"神话消除之后兴起的第二种合理化动力激发了一种现代意识，其关键特征在于，具有各种不同特征的文化价值领域发生了分化。价值领域分化所导致的结果是信仰和知识的主观化"[①]。受到市场经济的影响，人们对客观事物价值的评价更多立足于自我利益的主观评价，受利益至上运作逻辑的影

①　[德] 尤尔根·哈贝马斯. 交往行为理论 [M]. 曹卫东，译. 上海：上海人民出版社，2004：331.

响。改革认同的根本是对改革价值的认同，表现为在精神层面上的人们对改革的认可与接纳。而在市场运作、利益为先的市场经济时代，人们的正确价值观念的形成受到挑战。

（二）利益市场化对大学生改革认同的影响

利益市场化这一现实情况对大学生价值观念的形成产生了较大的影响，在大学生改革认同的形成过程中起到了双重作用，一方面影响大学生的理性认知，另一方面也助力大学生改革认同的形成。当今市场经济下，大学生要注重结合国家发展实际，处理好集体利益和个人利益的关系，端正自身对改革的看法，科学看待党和国家的改革事业，主动形成改革共识，积极增进改革认同。

一方面，利益市场化影响大学生的理性认知。改革认同的根本是对改革价值的认同。而在市场经济为主导的现代社会，社会运作以市场资源配置为特征，注重利益利润的获取，大学生对于改革的理性认知受到挑战，具体表现为：一是核心价值体系影响力的弱化。市场化的现代社会，人们更多的是追求自我价值的实现，更多的是从自我出发去思考问题，从社会集体的角度去看待问题的相对较少。社会核心价值体系的影响力比起传统社会弱化了不少。二是集体道德观念的式微。市场化的现代社会，宣扬的是个人自我价值，更多的是强调自我的利益与权力。现代社会中，集体道德观念缺失，集体道德观念日益淡薄。在现代化进程这样的境域下，社会更多的是注重利益性，对生活中事物的评判更多是立足于自我利益的获取和自我价值实现的程度。在这样的社会境域下，大学生理性认知的形成受到不少挑战。大学生对于改革的看法，会更多的是立足自我、立足自身利益而缺少立足国家、集体利益，表现出对他人、对国家认同程度弱化。利益市场化影响了大学生理性认知的形成，对大学生改革认同的形成产生了挑战。

另一方面，利益市场化助力大学生改革认同形成。现代社会的市场化，以利益、效率作为衡量标准，在改革认同的形成过程也具有积极的促进作用。在个人追求自我利益的同时，为了更好地实现自我利益的获取，个人也努力改变自我以获得他人的认同，经济的增长与大学生改革认同的形成有着内在联系：一是市场化对个人利益的重视彰显了认同问题的重要性。在现代市场经济社会中，如何去重视改革认同问题，如何去处理改革认同问题，这些都值得研究和探讨。在改革开放的新时代社会，重视大学生的改革认同也显得尤为重要，市场化时代下大学生的改革认同具有重要性和必要性。市场化时代下，市场经济的深入发展更加突出认同问题考量的紧迫性和重要性，提高了人们对于认同问题的重视度。二是市场经济的规则契约有利于理性思维的形成。市场经济具有自主性、平等性、开放性、有序性等特点，规则和契约是市场运作的重要方面，这些运作规则对于大学生理性思维的形成起着积极作用，能够促进大学生合理认知的形成，促使大学生运用理性思维去看待和分析改革问题，从而对大学生认知、评析党和国家的改革起到积极作用。三是利益整合促成认同强化。市场经济环境下，利益主体呈现多元化，利益实现方式显现多样化。而利益是认同的根本基础，是认同的前提基础条件，在整合利益的过程中，认同在反思中得以强化。市场化运作时代下，大学生改革认同问题凸显，应予以重视。市场经济下利益市场化与改革认同得以互动，助力大学生改革认同的形成。

四、信息化时代的感染与作用

信息化时代，大众传播媒体作为媒介工具在人们的生活中发挥重要作用，具有重要的地位，对人们的日常生活产生很深的影响。作为认同教育的重要媒介，对信息化时代下大众传播媒介的作用进行审视，是考量认同问题不可缺少的方面。相对于新媒体而言，报纸这一传统媒介在信息传播的过程中曾发挥了十分重要的作用。美国学者本尼迪克特·安德森对报纸这一媒介载体曾做过相关的评价，他指出，报纸是"单日的畅销书"，是"现代人晨间祈祷的代用品"，与此同时，"报纸的读者们在看到他自己那份一模一样的报纸同样在地铁、理发厅或者邻居处被消费时，更是持续的确信那个想象的世界就根植于日常生活中，清晰可见"①。本尼迪克特·安德森的论述体现了当时报纸这一传播媒体对人们生活起到的影响作用，反映了报纸信息对人们的思想、行为等方面产生的重要影响。信息化时代，除了传统的传播媒体外，还有微信、微博、多媒体网络等新媒体，信息化时代下的这些大众传播媒体都深刻地影响人们的日常生活，影响人们思想的形成。

（一）传播媒介的现代界说

第一，大众传媒具有重要的作用。大众传媒作为一种中介对信息的传播起到重要的作用，作为信息传播中介，在不同时期以不同的形式对人们的生活、学习、工作等方面产生影响。特别在信息化的现代社会，网络媒体已经成为人们生活不可缺少的一部分，其信息传播影响力远远高于传统媒介。现代网络媒体、手机等媒介的普及，微信、微博、QQ 等平台的运用，无时不在，无处不有，渗透在人们生活的方方面面。美国学者凯尔纳指出，"媒介文化"的广泛使用，"意味着我们的文化是一种媒体文化，说明媒体已经拓殖了文化，表明媒体是文化的发行和散播的基本载体，揭示了大众传播媒体已经排挤掉了诸如书籍或口语等这样旧的文化模式，证明我们是生活在一个由媒体主宰了休闲和文化的世界里。因而，媒体文化是新时代社会中的文化的主导性形式和场所"②。当今时代，是信息化的时代，大众传媒对个人和社会都产生诸多影响。同时，大众传媒作为一种公共管理的重要媒介，是人们接收和反馈信息的重要载体，在政治调控、舆论导向等方面起到了重要作用。

第二，大众传媒具有自身的特点。大众传媒作为一种传播媒介，具有相应的特点，既具有一般媒介工具的特点，也具有自身特殊功能性特点。大众传媒具有迅速性、广泛性、引导性等特点，具体表现为以下方面：其一，大众传媒具有迅速性。大众传媒在信息传播的过程中，迅速是其最突出的特

① ［美］本尼迪克特·安德森. 想象的共同体——民族起义的起源与散布［M］. 叡人，译. 上海：上海人民出版社 2005：31—32.
② ［美］道格拉斯·凯尔纳. 媒体文化——介于现代与后现代之间的文化研究、认同性与政治［M］. 丁宁，译. 北京：商务印书馆，2004：61.

点。随着技术水平的不断提高，在科技发达的现代社会，大众传媒的信息传播很迅速，各种信息都能很快传达。信息传播速度的快速和信息传播的及时是新时代媒体的重要特点。信息传播的过程中，大众传媒快速地将各种信息向生活在世界各地的人们传播，人们得以第一时间接触信息，了解信息。其二，大众传媒具有广泛性。大众传媒信息传播的过程中，其影响范围、影响内容、影响手段等方面均具有广泛性。"媒体便利跨越时空的互动，影响个人用来代理他人的方式，影响个人对他人作出回应的方式以及影响个人在接收过程中行动和互动的方式。"① 大众传媒深入到社会大众当中，影响人们生活的方方面面，生活于现代社会的人们均深受影响。大众传媒影响范围大，涉及面广，具有广泛性。其三，大众传媒具有引导性。大众传媒的引导性，既指政治的引导也指文化的传播。一方面，指大众传媒的政治引导性。大众传媒在信息传播的过程中会为社会主导阶级所控制，运行过程中会与政治相联，具有社会意识倾向性。大众传媒在信息传播的过程中，往往隐含着某种政治倾向、价值导向，起到导向的作用，具有导向性的特点，会对社会成员的思想产生引导作用，影响社会成员思想观念的形成。另一方面，指大众传媒的文化引导性。大众传媒在各种信息传播的过程中会产生文化影响，对人们思维方式、价值观念的形成等方面都产生影响。大众传媒在信息传播的过程中会形成一种信息文化氛围，通过各种信息的传达和各种形象的展现，赋予了文化的信息，影响人们价值观点、思想观念的形成。

（二）信息化时代对大学生改革认同的影响

在信息化时代的社会中，大学生作为社会民众的重要组成部分也深受大众传媒的影响。大学生的生活受到大众传媒所影响，大学生价值观念的形成受到大众传媒的深刻制约。信息化时代，大众传媒作为信息传播的媒介，对大学生改革认同的形成具有双重作用。新时代大学生要注重合理利用大众传媒这一工具，发挥大众传媒的优势，端正自身的看法，科学看待改革，增进

---

① ［英］约翰·B.汤普森.意识形态与现代化［M］.高铦，等译.南京：译林出版社，2005：248.

改革认同。

一方面，信息时代的大众传媒使得大学生思想容易受各种思潮影响而波动不定，影响其改革认同的形成。"在全球互联网时代，网络信息中的政治文化渗透不断冲击着青少年的世界观和人生观。青少年鉴别'精华'和'糟粕'的思维能力尚未完全成熟，思想观念正处于可塑期。他们深受全球网络传媒的影响，同时又受到不同社会群体或种族文化思想的影响。"① 第一，大众传媒的工具性特点不利于大学生理性认知的形成。信息时代的大众传媒更多的是体现其工具性的一面，而在引导大学生形成理性认知，增进改革认同等方面的作用则相对较弱。大众传媒作为一种传播工具具有商业化倾向的特点，有时候还存在低俗化取向等情况，这些都对大学生思想认知的形成产生不利影响。第二，大众传媒传播的迅速性与多渠道性等特点影响大学生的正确认知。大众传媒具有传播速度迅速、传播渠道广泛等特点，其传播过程中的关于改革的一些负面信息或不正确观念会影响大学生对改革事业的科学评判。在市场经济条件下，大众传媒更多的是去满足社会大众多样多变的各种需求，更多的是传递易变、流动的信息，一些传播媒介在主流价值引导的关注度方面存在不足。"在廉价的纸张、印刷、普及识字、交流便捷的时代，会出现各种意识形态，争取我们的认同。创造和宣传这些意识形态的，往往是一些比民族主义预言家们有更高的文化水平和宣传才能的人。"② 在商业化市场化时代，大众传媒更多的是关注各种新奇信息，有些网络媒体存在缺少对主流信息的传播的情况，这对大学生的认同教育引导产生冲击，不利于认同教育引导的开展；同时，大众传媒的低俗化取向也影响大学生的价值判断，影响大学生对改革的认同。另外，大众传媒信息传播迅速、便利的特点也为不良分子开展反面引导提供了条件。社会上一些不良分子通过利用大众传媒来传播一些不正确信息，传递不正确价值理念，这些都不利于大学生改革认同的生成。英国民族学家安东尼·史密斯在关于民族问题的研究中提到，

---

① 马文琴. 全球化时代青少年国家认同教育研究 [M]. 北京：中华书局，2017：74.
② [英] 厄内斯特·盖特纳. 民族与民族主义 [M]. 韩红，译. 北京：中央编译出版社，2002：165.

"新的大众传播系统——广播、电视、录像、个人电脑，也促使小得很多的社会政治群体、族裔与语言共同体，在反对民族国家和更大范围的洲际或全球化的过程中，去建立并维持其密集的社会和文化网络"①。安东尼·史密斯指出了大众传播系统在促使社会团体在反对民族国家方面的影响。在信息化时代，一些不认同改革、怀疑改革等方面的负面信息也会通过大众传媒的传播充斥大学生的思想，从而影响大学生对改革的科学认识，影响大学生改革认同的形成。此外，大众传媒的运作使得信息传播无边界，全球信息呈现共享性。这使得大学生容易接触到来自国内、国际等各方面的信息，在评判改革的过程中会受到这些信息影响，有时候会出现对改革成效进行不正确对比、改革的评判标准不科学不合理等情况，从而导致自我对改革的不合理认识，产生改革认同差异。信息化时代，各种社会思潮充斥于人们的生活当中，大学生也受到来自社会上各种信息所影响，大学生改革认同的形成存在一定难度。

另一方面，信息时代的大众传媒使得大学生更加全面地认识改革，从而对改革的评判更加合理，有利于促成其改革认同的形成。大众传媒在信息传播过程中也有着积极的作用，具体表现在：其一，大众传媒信息展现的功能发挥使得大学生得以更加全面深入地了解改革。信息化时代，生活中随时接触大众传媒的大学生，能够随时、灵活地通过各种传播媒体了解各种信息，包括改革的相关信息，如改革的方针、政策、开展情况等多方面的信息。新闻网络媒体在信息传播的过程中，通过历史叙事、事件追踪、重大日子纪念活动等形式，展现和反映历史事件，重现历史事件。在改革方面，通过大众传媒对改革历史的重现，大学生可以了解改革的相关知识内容，可以更加深入了解我国的改革史、改革现状以及改革发展的态势。通过大众传媒的历史事件重现，大学生在对改革多方了解的基础上会进一步深化自身对改革的情感，更好地去认知和评价改革。现代社会历史感缺失，通过对历史事件的重

---

① ［英］安东尼·D. 史密斯. 全球化时代的民族与民族主义［M］. 韩红，译. 北京：中央编译出版社，2002：18.

现能够唤起民众对历史的认知，培养民众对民族的感情。大学生通过大众传媒，可以对党和国家改革的相关信息有进一步了解，从而培养对改革的情感；同时，通过大众传媒，改革的现状与未来能够得以再造，大学生能够从中得以加深认识。大众传媒对改革现状、改革进程、改革发展趋势的预测等方面信息的再造，能够展现社会对改革的评判，展现改革的现状与未来发展的趋势。大学生通过大众传媒对改革的信息再造，能够更加深入、全面地了解和认识改革，从而更好地凝聚改革共识，更好地去理解和认可改革，形成改革认同。其二，大众传媒信息展现的超越时空的特点有利于大学生改革共识的形成。大众传媒具有超越时空限制的特性，信息传播具有便捷、快速、双向等特点，信息传播不受时空限制。信息化时代的社会，人们接收信息离不开媒介作用的发挥，媒介对于大众观念的形成产生很大的影响。通过报纸、杂志、电视、网络、手机等大众传播媒体，社会成员无时无刻不在分享各种信息，并在各种媒体平台中加以互动、交流。在这个交流方便、互动灵活的大众传媒平台上，社会成员的思想受到深刻影响，人们对事物的认同态度也深受影响。大学生通过大众传媒，能够更便捷、迅速地接触到社会各方面的信息并与他人进行互动交流，通过思维碰撞来形成自我观念。同时，大众传媒在传播正面信息的过程中，对大众观念的正面引导起到积极的作用。大众传媒作为新时代社会教育的一种重要介体，在教育学生、培养学生方面也发挥了重要作用。通过大众传媒，可以对改革进行正面宣传、积极引导，可以教育大学生正确认识改革，科学评判改革，这些都有利于促进了大学生对改革的正确认知，形成改革认同。通过发挥大众传媒的功能，利用大众传媒的积极作用，可以实现改革认同教育。结合广播、电视、网络等载体作用的发挥，推动大学生改革认同教育，在教育理念、教育内容、教育方式方法等方面对大学生开展教育，进一步完善教育手段，创新教育方式，提升教育成效，增进大学生改革认同。

第四节 新时代大学生改革认同的发生机制

改革认同的发生机制，指的是社会成员在承认、认可和赞同改革的过程中，各种内外部因素相互影响、相互联系的关系及其调节形式。新时代大学生改革认同发生机制的探讨，就是要对内外部各种因素的生成机理、联结方式等方面做系统阐释。具体来说，新时代大学生对改革事业的认同是在主客观因素的共同作用下，大学生作为认同主体接受外部因素的影响，通过自我的能动思考、研判分析、接纳认可来完成。新时代大学生改革认同的发生机制主要包括内部机制和外部机制两个层面。内部机制主要是认同主体的改革认知、改革情感、改革意志以及改革认同行为的发生，外部机制主要是外部经济、政治、文化等方面条件的创设。新时代大学生改革认同的生成，是内外部机制共同起作用的结果。

一、大学生改革认同形成的内部发生机制

新时代大学生改革认同的生成，需要内部机制和外部机制共同起作用。其中，内部机制是改革认同形成的根本，是改革认同的内在个体发生机制。就个体层面而言，改革认同的形成是个体对改革的认知评判的态度行为形成的过程，这期间体现了个体对改革的态度看法，体现了个体与改革的相互作用。美国学者曼纽尔·卡斯特指出，"认同尽管能够从支配性的制度中产生，但只有在社会行动者将之内在化，并围绕这种内在化过程构建其意义的时候，它才能够成为认同"[①]。在这里，卡斯特强调了内化对于认同的重要性，指出了内化的重要作用。通过内化，达到个体自我意识和社会要求在价值取向和社会实践中的统一，从而更好地形成认同。改革认同内化的过程，是社

---

① ［美］曼纽尔·卡斯特. 认同的力量［M］. 2 版. 曹荣湘，译. 北京：社会科学文献出版社，2006：5.

会成员对改革的价值感知、认可与接纳的过程，也是改革影响和支配个体思想、情感和行为的过程。自觉内化的实现，是内在需要和外在刺激共同起作用的结果，要求外部改革契合社会成员的需要，从而促进内化得以更好地实现。

大学生改革认同的生成，是自我意识和群体要求的统一，是大学生对改革的认知、情感、信念和意志等因素相互作用的结果。

（一）改革认知的个体形成

改革认知是改革认同的前提和基础，指的是大学生对改革的具体内容、理论依据、价值标准和发展方向等方面的认识和理解。具备正确的、合理的改革认知，是改革认同形成的前提条件。认知是一个包括感知觉、意识和注意、记忆、思维的过程，认知的过程是一个逐步上升逐步整合的过程。人的认知和观念有不同的情况，有的是正确的、合理的，有的是不正确的、不合理的。只有对改革有了正确的认识和了解，大学生才能产生改革共识，采取积极的改革认同行为，从而形成改革认同。改革认知的过程是一个由感性认识上升到理性认识的过程，是一个思想形成的过程。毛泽东指出，"感性认识的材料积累多了，就会产生一个飞跃，变成了理性认识，这就是思想"①。大学生改革认知可分为改革内容认知、改革方式认知、改革效果评价等方面，其中，改革内容认知、改革方式认知是大学生对改革历史、事实等方面的认知，改革效果评价是大学生对改革结果、改革价值等方面的认知。改革认知是形成大学生意识倾向的重要影响因素，大学生会在改革认知的基础上形成一定的改革认同意识和倾向。通过对各种改革方针政策、措施的接触，大学生形成改革认知，并结合自身的主客观需要对改革进行判断和评价。大学生只有经过自觉的选择和接纳，才能形成对改革的自觉认同，改革认知是大学生改革认同形成的基础因素。

（二）改革情感的个体产生

改革情感是指大学生对改革的主观情绪体验，是大学生在改革认知基础

---

① 毛泽东著作选读（下册）［M］．北京：人民出版社，1986：839．

上产生的对改革的内心体验和感受，情感因素是影响改革认同形成的重要因素。情感是由独特的主观体验、外部表现、生理唤醒等组成。改革情感主要表现为大学生对改革成效是否符合自我期望值而产生的热爱、认可等方面的心理反应，是大学生对改革产生的一种心理体验，具有持续、稳定、易于自我控制的特征。新时代大学生的改革情感包括改革自豪感、改革认同感等方面。改革情感因素影响改革认同的生成，积极的改革情感因素会促使大学生更加主动地关注和支持改革，会促使大学生更加积极地思考和探索改革，从而更好地生成改革认同。大学生对改革的情感受自我思想影响，带有明显的主观选择性和倾向性。改革情感在大学生改革认同的形成过程中起着重要作用，深刻影响着大学生的改革态度和行为，它是改革认同的动力来源和感情基础，也是衡量改革认同状态的重要尺度。大学生要培养自我积极的改革情感，从心理上对改革产生热爱、信任，从内心对改革感到自豪。新时代大学生改革认同的生成，需要大学生改革情感的产生。

（三）改革意志的个体树立

改革意志是指大学生对改革目标的接纳和对改革行为支持与参与的精神观念。每个人的意志品质各有不同，意志是人对自身行为关系的主观反映，体现了人的一种精神观念。在认知和情感基础上产生的改革意志，在社会实践中起到导向和调节作用，能够促进社会成员改革认同的形成，并为改革行为自觉提供保障。作为一种心理反应倾向，大学生改革意志表现体现了一定的系统性，以改革意识、改革信仰为表现形式。大学生的改革自信心是大学生改革心理转换为改革行为的必要中介，大学生的改革意志对其改革认同的生成具有较大的影响，是改革认同生成的重要内驱力，是大学生改革生成相对稳定的构成要素。大学生改革意志指引着大学生改革认同的方向，决定改革认同行为的方式和手段。改革意志具有较大的作用，改革意志是促进改革认同的重要因素。面对改革进程中出现的各种困难和挫折，改革意志发挥着十分重要的作用。一方面，坚强的改革意志能够促使大学生科学分析改革困难，坚定改革信心，推进改革深化；另一方面，坚强的改革意志会指引大学生坚信改革目标，坚持改革方向，维持改革认同。另外，在改革进程中，由于受到各种内外因素影响，难免遇到各种困难或挫折，这都需要坚定的改革意志来促进改革认同的生成。坚定的意志能促进社会成员情感和言行的调节，克服各方面的挑战和困难，促使改革事业得以推进。大学生改革意志的树立，对大学生面对改革挫折、克服改革困难、评判改革问题等方面都起到积极的引导作用，是大学生改革认同生成的重要影响因素。新时代大学生改革认同的生成，需要大学生个体树立坚定的改革意志。

（四）改革认同行为的个体表现

改革认同行为是社会成员与党和国家的改革现实相互作用的结果，受个体的改革认知和改革情感的影响，同时受改革意志所影响，通过一定动机驱动而出现。大学生改革认同行为是改革认同生成过程中显性的结构要素，是改革认同心理的外在表现，表现为大学生在行动上对改革的支持与参与。从心理学的角度而言，知、情、意是人类心理活动的三种基本形式。大学生的改革认知、改革情感和改革意志是其改革认同行为产生的前提和依据，是改革认同行为产生的主观心理依据。大学生改革认同不仅体现为心理层面的认可与赞同，还体现为在具体实践活动中对改革的支持与参与。新时代大学生的改革认同行为是其改革认知、改革情感和改革意志的外在体现，是将内在改革感知外化的表现。同时，作为青年，本身具有创新求变的自然激情。改革认同行为也是青年内在创新求变精神的体现。不过，在有些情况下，行为和心理也会出现不同步的情况。改革认同行为与改革心理之间也会发生偏差，即改革认同行为不一定能反映认同主体真实的认同心理，因为社会政治生活中某些强制性因素有时会迫使大学生做出与其固有的改革认知、改革情感和改革意志相偏离甚至完全相反的行为。但总体而言，改革认同行为是个体改革认知、改革情感和改革意志的外在表现，改革认同行为的表现会进一步促进改革认同的深化。改革认同行为也是大学生改革认同生成的重要因素之一。

从内部机制而言，改革认同需要认同主体自我发生机制起作用，需要内化和外化的协同作用，其中需要改革认知、改革情感、改革意志等因素共同起作用，只有经过这些因素的综合作用，社会成员改革认同的自觉内化才能得以形成，改革认同才能得以生成，改革事业才能更好地继续和进一步推进。

二、大学生改革认同形成的外部发生机制

改革认同的形成受多种因素影响，其中外部机制也是改革认同发生的不可缺少的重要考量因素。在外部机制方面，主要指的是改革认同产生过程中的各种外部条件。改革认同外部条件的创设是改革认同实现的重要条件，是改革认同得以实现不可缺少的因素，其中社会经济的发展、民主政治的渠道畅通、良好文化的氛围营造、改革措施的科学制定等都对大学生改革认同的生成产生重要影响。

（一）社会经济的发展

社会经济的发展，社会生产力水平的提高，能够为社会不同成员间的利益调整提供根本的利益保障。社会经济的发展是改革认同形成的根本条件和物质基础。马克思指出，"人的本质不是单个人所固有的抽象物，在其现实性上，它是一切社会关系的总和"①。人在本质上是社会的，生活在现实中的人们都处在一定的社会关系中。在马克思看来，"观念的东西不外是移入人的头脑并在人的头脑中改造过的物质的东西而已"②。人的思想观念源于客观物质世界，是结合客观实在的主观反映。马克思强调了人的社会本质属性，指出了社会意识源于社会客观存在。改革认同作为一种社会意识，建立在客观社会发展的基础之上，产生于人们所生活的现实社会当中。社会经济作为社会存在对社会意识起到了决定性作用，社会经济的发展是改革认同生成的客观物质基础。邓小平指出，"社会主义阶段的最根本任务就是发展生产力"③。邓小平强调了社会发展过程中，生产力发展的重要性。目前我国处于社会主义初级阶段，经济发展是整个社会发展的物质基础。只有大力发展经济，才能推动整个社会向前发展。改革事业的进一步推进与深化，首先

---

① 马克思恩格斯选集（第1卷）[M]．北京：人民出版社，2012：135.
② 马克思恩格斯选集（第2卷）[M]．北京：人民出版社，2012：93.
③ 邓小平文选（第3卷）[M]．北京：人民出版社，1993：63.

需要发展社会经济，发展生产力，提高社会的经济质量和水平，才能为社会成员利益的实现提供根本的物质保障。

　　大学生改革认同的生成，需要首先抓住经济体制改革这一重点。要提升经济发展水平，为改革认同的生成提供最根本的物质保障，从而为大学生利益的实现创设根本条件。利益是主体对改革认同的内在动力，离开利益追求的改革认同是虚幻的。亚里士多德在《政治学》中提出，"一个人如果没有生活必需品就无法生活，更不可能生活美好"①。在建构改革认同的过程中，需要一种务实、理性地对待利益矛盾和利益冲突的态度，需要用有效的制度安排来加以规范和引导。现代社会中，人们的利益具有广泛性和多样性，不同的利益需求与日俱增。大学生改革认同的生成，需要党和国家结合大学生群体的利益需求有针对性地开展各项改革，有针对性地执行改革相关政策措施。只有社会经济水平不断提升，生产力水平不断提高，才能为改革认同的形成提供物质基础和保障，这是改革认同形成的物质前提条件。进行改革决策过程中，党和国家首先要大力发展社会经济，为改革认同的形成提供根本的经济保障，从而尽可能协调不同人群的利益，满足不同群体的多方利益需求。同时，随着社会经济的发展，党和国家必须不断为具有不同利益诉求的社会成员提供广泛的自我实现的机会，实现社会成员与国家发展的良性互动。大学生改革认同的生成过程，也是一个促进大学生在社会发展过程中也得以受惠和得以发展的过程。社会经济的发展，是大学生改革认同得以生成的重要因素。

　　（二）民主政治的渠道畅通

　　民主政治的推进，民意表达渠道的畅通，这是改革认同形成的重要影响因素。只有在民主政治渠道畅通的良好政治环境下，社会成员与国家间的互动才能有更好的平台，社会成员的利益诉求才能得以更好地反映。人民作为改革的主体，在改革中发挥着重要的作用。改革认同形成的过程中，需要重

---

① ［古希腊］亚里士多德. 政治学［M］. 颜一等，译. 北京：中国人民大学出版社，2003：37.

视民主政治的渠道畅通，让民意得以及时反映。《中共中央关于全面深化改革若干重大问题的决定》提出，"人民是改革的主体，要坚持党的群众路线，建立社会参与机制，充分发挥人民群众的积极性、主动性、创造性，充分发挥工会、共青团、妇联等人民团体的作用，齐心协力推进改革"①。人民对改革的态度与看法，需要通过畅通的民意表达渠道来反映。民主政治渠道的畅通，有利于及时反映人民诉求，及时处理个体与集体的关系。习近平强调，要"打造共建共治共享的社会治理格局。加强社会治理制度建设，完善党委领导、政府负责、社会协同、公众参与、法治保障的社会治理体制，提高社会治理社会化、法治化、智能化、专业化水平"②。协商民主是一种涉及立法和决策的治理形式，具有多元性、合法性、公开性、平等性、参与性等特征，是一个反应多元价值和偏好，鼓励参与和对话，促进共识形成的过程。③协商民主的运作过程，是协商各方相互提供信息、交流意见、形成共识的过程，它有助于各个层面的改革认同的达成和巩固，在现代社会中起到很重要的作用，是现代社会发展的要求。当今时代，协商民主在国内和国际社会中都是一种重要的政治运作形式，协商民主对改革认同的形成起到重要的影响，是改革认同形成的重要影响因素。

大学生改革认同的生成，需要外部民主政治环境条件的创设。只有在民主的政治环境下、民意表达渠道畅通的前提下，大学生的意愿才能得以更好地表达，才能得以真实地反映，大学生这一群体的诉求也才能得以表达。结合大学生反映的情况，党和国家通过及时关注改革过程中大学生群体的利益需求来适时对改革相关措施进行调整，有利于改革更加科学有序地开展，从而实现绝大多数人的根本利益，更好地促进大学生改革认同的生成。全面深化改革过程中改革认同的生成，要形成良好的社会民主政治环境，重视民主制度的完善和落实，在改革过程中坚持民主原则，使大学生有表达自身意愿

---

① 十八大以来重要文献选编（上）［M］．北京：中央文献出版社，2014：545.

② 习近平．决胜全面建成小康社会，夺取新时代中国特色社会主义伟大胜利——在中国共产党第十九次全国代表大会上的报告［M］．北京：人民出版社，2017：49.

③ 陈家刚．协商民主与国家治理［M］．北京：中央编译出版社，2014：63—66.

的机会和渠道，并及时予以回应，及时结合大学生表达的诉求制定合理措施。推进民主政治，畅通民意表达渠道，是大学生改革认同生成的重要方面。

（三）良好文化氛围的营造

文化作为一种软实力对于一个国家的发展具有重要的作用，对于人思想观念的形成也产生深刻的影响。习近平指出，"没有高度的文化自信，没有文化的繁荣兴盛，就没有中华民族伟大复兴"①。文化对于一个国家的发展起到了举足轻重的作用。改革文化作为文化中的一部分，对于改革认同的形成也产生较大的影响。文化环境对于人的思想有重要影响，改革认同的形成，需要营造理性的改革文化环境。"改革认同是民众对改革系统的态度和感情，是民众社会心理的积极形态，实际上是民意的某种表现。改革认同是指社会成员在对改革认知和评价的基础上所形成的心理上的趋同态度和感情。"② 国家要对改革加强引导，营造良好的改革文化氛围。全面深化改革的时代，人们对改革的看法受到多种思潮的影响，改革认同的生成需要理性文化的引领。只有营造良好的改革理性文化环境，才能更好地引领改革深入发展，推进改革沿着正确的方向不断进行。

大学生改革认同的生成，需要良好改革文化氛围的营造。新时代增进大学生改革认同，需要营造以下方面的文化氛围：第一，坚定正确理想信念的文化氛围。习近平指出，"人民有信仰，民族有希望，国家有力量。实现伟大复兴的中国梦，物质财富要极大丰富，精神财富也要极大丰富"③。大学生改革认同的生成，首先需要社会形成认可改革、坚信改革的信念，并始终坚持正确的理论指导，把马克思主义、中国化的马克思主义特别是习近平新时代中国特色社会主义思想作为行动指南。与此同时，也要防止思想僵化和

---

① 习近平. 决胜全面建成小康社会，夺取新时代中国特色社会主义伟大胜利——在中国共产党第十九次全国代表大会上的报告 [M]. 北京：人民出版社，2017：41.

② 张润泽. 略论改革认同的基本意涵及其生成条件 [J]. 当代世界与社会主义，2010（5）：146—149.

③ 习近平谈治国理政（第2卷）[M]. 北京：外文出版社，2017：323.

固化。在坚持正确行动指南的前提下继承和发展马克思主义，结合改革事业的发展进一步实现马克思主义中国化。第二，改革事业合法合理的文化氛围。改革事业的推进，要在政治合法程序合理的进程中推进。改革权力的运用要具有公平公正性，改革方法方式要具有公信力，改革各项事业的开展要在规范理性的范式下进行。改革过程中，要"坚持以法治思维和法治方式推进改革。在整个改革过程中，都要高度重视运用法治思维和法治方式，发挥法治的引领和推动作用，加强对相关立法工作的协调，确保在法治轨道上推进改革"①。在法律法规范围内推进改革，才能促进改革、稳定和发展的协调，才能真正达到改革的目的。第三，改革效能感持续的文化氛围。改革要有利于保障社会成员的利益，并且能够在改革实践过程中使社会成员的利益得以改善与持续。大学生改革认同的生成与提升，需要改革效能体现出广泛性和持久性，让大学生真切感知改革的惠及度和改革效能的持续性。

（四）改革措施的科学制定

科学合理的改革措施有利于改革成效的实现，有利于改革认同的生成。党和国家对改革各项方针政策的全面科学规划和对改革进程的适时推进，是影响改革认同生成的重要因素。改革措施只有科学合理地制定，才能深入有效地推进，才能取得社会成员的支持并得以进一步贯彻实施。德国著名学者尤尔根·哈贝马斯指出，"达到理解的目标是导向某种认同，认同归于相互理解、共享知识、彼此信任、两相符合的主观际相互依存。认同以对可领会性、真实性、真诚性、正确性这些相应的有效性要求的认可为基础"②。理解与认同相辅相成，认同的过程也是理解的过程，建立在各项有效性要求的认可之上。

改革认同的生成过程，是社会成员对改革者改革决策的认可与接受的过程。改革决策是否科学合理，影响着社会成员对改革的认同。习近平强调，

---

① 中共中央宣传部. 习近平新时代中国特色社会主义思想三十讲［M］. 北京：学习出版社，2018：100—101.

② ［德］尤尔根·哈贝马斯. 交往与社会进化［M］. 张博树，译. 重庆：重庆出版社，1989：3.

"注重系统性、整体性、协同性是全面深化改革的内在要求，也是推进改革的重要方法。改革越深入，越要注意协同，既要抓改革方案的协同，也抓改革落实的协同，更抓改革效果的协同，促进各项改革举措在政策取向上相互配合、在实施过程中相互促进、在改革成效上相得益彰"①。可见，改革过程注重全面深化改革的系统性、整体性和协调性。改革的过程，是改革举措的制定、落实和推进的过程，需要协调好各个环节的关系。党和国家要进行全面规划，促进合理有效决策的科学制定。针对城市、农村等不同地域的改革，针对经济、政治、文化等不同领域的改革，党和国家要全面、科学、合理地进行规划，注重结合不同地域、不同领域的实际有针对性地制定合理政策，同时要结合发展实际及时推进改革进程，提升改革成效。改革涉及各方各面，不同地域、不同领域的改革既具有具体改革的特殊性，也具有一般改革的普遍性。党和国家的改革政策是否合理，改革方式是否科学，都是影响社会成员改革认同的重要因素。在制定决策的过程中，党和国家要注重全面规划，协调好普遍性和特殊性的实际情况，要结合国家发展全局和地区特点，同时也要立足社会成员的客观需要来考量。只有在改革目标与社会成员的期望较一致时，改革才能更易被社会成员所接纳，获得赞同与支持。马克思指出，"在社会历史领域内进行活动的，是具有意识的、经过思虑或凭激情行动的、追求某种目的的人；任何事情的发生都不是没有自觉的意图，没有预期的目的的"②。可见，社会成员行为的选择不是无缘无故产生的，而是有意识有目的的选择，人们所做的事情都具有一定的预期目的。马克思也指出，"任何人如果不同时为了自己的某种需要和为了这种需要的器官而做事，他就什么也不能做"③。人们开展活动、进行行为选择，都是有目的有意识的，而且更多的是从自我需要出发来衡量，从自我利益需求来考虑，在此基础上去做出自我的选择。改革决策者在制定改革政策的时候，要注重科学分析，全面研判，科学合理制定改革政策。另外，决策者对于改革策略要进

---

① 习近平谈治国理政（第2卷）［M］．北京：外文出版社，2018：109.
② 马克思恩格斯选集（第4卷）［M］．北京：人民出版社，2012：253.
③ 马克思恩格斯全集（第3卷）［M］．北京：人民出版社，2002：268.

行适时调整，灵活推进具体进程。改革具有渐进性，也具有社会历史性。全面深化改革的过程中，决策者要注重结合不同地域、不同领域的改革情况，及时有针对性地制定相关改革内容，结合所在地域、所在领域社会成员的客观需要采取有效的改革方式，并结合现实发展情况进行及时调整，不断将改革进程加以推进。通过深化推进具体地域、领域的改革进程，实现社会成员的利益追求，取得社会成员认可的改革效果，使得社会成员在各地域、各领域均有利益获得感，从而形成社会成员的改革认同。

综上所述，新时代大学生改革认同的发生，受大学生个体内在因素和大学生所生活的社会外部因素的影响，是内在机制和外在机制共同起作用的结果。从内部机制而言，主要包括大学生改革认同认知、改革认同情感、改革认同意志以及改革认同行为等方面因素，这四个因素在改革认同形成过程中是相辅相成、相互制约的关系；从外部机制而言，主要包括社会经济的发展、民主政治的渠道畅通、良好文化的氛围营造、改革措施的科学制定等方面因素，这些因素是改革认同生成的重要外部条件，在改革认同的形成过程中也是相互联系相互作用的。新时代大学生改革认同的生成是内外部机制相互起作用的结果，需要重视内外部机制作用的共同发挥。同时，由于社会发展变动与改革进程的复杂性，大学生改革认同的发生是各因素系统综合发生作用的过程，在社会发展过程中也具有一定的复杂性，要充分发挥内部机制和外部机制的系统协同作用。

第三章

新时代大学生改革认同的现状聚焦

新时代大学生改革认同的现状是本书研究的重要立足点，是探讨新时代大学生改革认同的重要现实依据。本章主要对新时代大学生改革认同进行现状聚焦，在文献分析的基础上，通过结合专家咨询和学生座谈，科学编制调查问卷并开展实证调查研究，同时运用 SPSS 社会科学统计软件进行分析，其中，主要综合运用 SPSS 社会科学分析软件描述性分析、方差分析等分析方法，结合定量研究与定性研究，理论联系实际进行数据分析，剖析新时代大学生改革认同的现状特点、影响因素、问题原因等方面内容。

第一节　新时代大学生改革认同的测量指标体系

关于新时代大学生改革认同问题，目前学界研究相对比较少。新时代大学生作为一个重要的社会群体，其成长发展对社会产生重要的影响。在全面深化改革的当今时代，新时代大学生改革认同状况十分值得探究。研究新时代大学生改革认同状况，把握大学生改革认同形成的规律，探讨大学生改革认同形成机制和引导举措，是适应全面深化改革时代发展的要求，具有重要的时代意义。青年是社会主义伟大事业的建设者和接班人，青年是推动祖国事业向前发展的重要力量，祖国的发展需要青年一代的担当。习近平指出，"青年兴则国家兴，青年强则国家强。青年一代有理想、有本领、有担当，国家就有前途，民族就有希望。中国梦是历史的、现实的，也是未来的；是我们这一代的，更是青年一代的。中华民族伟大复兴的中国梦终将在一代代青年的接力奋斗中变为现实"①。新时代大学生是青年群体的重要组成部分，肩负着实现中国梦的伟大任务。新时代大学生对改革的认同状况怎么样，对改革的认同程度如何，大学生认同改革的哪些方面，认同改革的哪些维度，不同地区大学生的改革认同程度是否存在差异，影响新时代大学生改革认同的因素都有哪些，等等，都是需要加以深入探究的问题。笔者对广东省不同地区不同高校的大学生开展了深入的实证调研，在全面调研深入分析的基础上，本研究拟对相关问题进行探析。

一、测验指标体系设计思路与内容

（一）总体设计思路

建构新时代大学生改革认同的分析框架是探讨分析新时代大学生改革认同现状的前提，是开展本研究的基础。本研究中，笔者针对研究课题实际开展实证研究，主要采取问卷调查的方式开展调研，首先是科学设计好调查问卷，这是开展好本研究的前提。关于本研究的调查问卷，设计的总体思路是：笔者依据马克思主义理论、社会学、政治学、心理学等相关学科关于认同的理论，以相关认同理论为基础，结合李克特量表（Likert scale）来进行设计。调查问卷由选择题和量表两部分组成，其中选择题主要考察调研对象的基本信息和改革认同的影响因素，量表主要考察调研对象的改革认同程度状况。

全面深化改革是新时代社会发展的主旋律，党的十八大提出了全面深化改革的重要部署，党的十九大提出要进一步全面深化改革。党的十八届三中全会通过的《中共中央关于全面深化改革若干重大问题的决定》对全面深化改革进行了进一步的阐释，提出了经济体制改革、政治体制改革、文化体制

---

① 习近平. 决胜全面建成小康社会 夺取新时代中国特色社会主义伟大胜利——在中国共产党第十九次全国代表大会上的报告［M］. 北京：人民出版社，2017：70.

改革、社会体制改革、生态文明体制改革、国防和军队改革、党的建设制度改革七个方面改革的主要内容。问卷设计方面，笔者结合《中共中央关于全面深化改革若干重大问题的决定》中关于改革内容的阐述，根据认同发生机制来考察新时代大学生改革认同情况，主要是从个人、家庭、学校、社会等几个方面来考虑大学生改革认同的内外影响因素，同时从七个改革认同内容层面和四个改革认同维度来设计量表考察改革认同现状，具体主要从改革认同内容和改革认同维度两个层面来综合考虑设计问卷。改革认同内容层面，主要包括"经济体制改革、政治体制改革、文化体制改革、社会体制改革、生态文明体制改革、国防和军队改革、党的建设制度改革"这七个方面；改革认同维度方面，笔者通过对相关研究的收集分析发现，学界关于改革这一课题的探讨虽有一些，但对于改革认同尚未有明确的维度划分。结合对现有研究成果的梳理，综合相关研究与现实思考，改革认同可以划分为以下四个维度：第一，改革价值认同；第二，改革方式认同；第三，改革效果认同；第四，改革发展认同。

总体而言，关于新时代大学生改革认同的设计分析框架，笔者结合相关研究和现实考量因素，对于改革认同的考量，主要分为改革认同的七个层面和四个维度。虽然所调查内容具有一定局限性，但是调查研究的内容尽可能涵盖了改革认同所要考量的重要内容要素，通过对所要研究内容的细化和把握，本设计框架具有一定的科学性和合理性，能够保证本研究结论的信度和效度。

（二）改革认同量表

笔者在掌握认同相关研究文献综述基础之上，采用李克特量表五级评分法，自编包含28个题项的"新时代大学生改革认同情况量表"作为新时代大学生改革认同程度的测量工具，用来考量大学生的改革认同程度。

为进一步保证量表的科学性和有效性，在开展正式调查之前，笔者开展了预调查，对量表的信度和效度进行了检验。笔者采用随机抽样的方式，对华南农业大学100名在校大学生开展了预调查，同时与其中20名大学生进行深度访谈，了解大学生对调查问卷的解答情况和相关看法。结合预调查的调查结果和反馈情况，笔者及时对认同量表的题项进行了调整和修正，保证量表信度和效度的科学性和有效性。

对于量表信度的检验，笔者采用内部一致性 α 信度系数（Cronbach's Alpha 克朗巴哈系数）和折半信度系数两种方法进行量表的信度检验。首先，考察量表的内部一致性 α 信度系数。一般来说，在关于量表信度的考察中，信度系数 α 值要大于 0.7（α > 0.7）才表示信度好，在此基础上，α 值越大表示信度越好，如 α 值大于 0.8 表示信度"较好"，α 值大于 0.9 表示信度"很好"。本量表经由 SPSS 社会科学分析软件的可靠性分析得出：量表的信度系数 α 值为 0.987（α = 0.987 > 0.9），说明信度"很好"，表明量表中 28 个题项的内部一致性很好。另外，经过 SPSS 检验也表明，其中任一题项进行删除之后，α 值都会下降，而且删除后的结果均比量表的 α 值小，这表明删除任何一个题项均会降低量表的信度，故构成量表的 28 个题项都应该予以保留。其次，考察折半信度系数。SPSS 将量表的前 14 个题项与后 14 个题项对半分开，一般来说，校正后的折半系数（Guttman Split – Half）要大于 0.7（折半系数 > 0.7）。本量表通过 SPSS 分析得出折半系数为 0.966（0.966 > 0.7），因此 28 个题项都应该予以保留。量表信度检验表明，本研究所采用的认同量表的信度很高，28 个题项均可以保留。

对于量表效度的检验，笔者通过内容效度和结构效度两种方法对量表的效度进行检验。第一，量表的内容效度方面，量表的 28 个题项内容通过相关教授专家的论证，以下七个层面四个维度都较好地符合对于变量"改革认同"的测量，具体体现在：改革认同的构成内容层面方面，划分为经济体制改革、政治体制改革、文化体制改革、社会体制改革、生态文明体制改革、国防和军队改革、党的建设制度改革七个层面的内容；改革认同的构成要素方面，划分为改革价值认同、改革方式认同、改革效果认同、改革发展认同四个维度。第二，量表的结构效度方面，通过 SPSS 验证性因子分析得出：量表的 KMO 检验系数为 0.948（KMO 检验用于检查变量间的相关性和偏相关性，取值在 0—1 之间。KMO 统计量越接近于 1，变量间的相关性越强，因子分析的效果越好），同时，Bartlett 球状检验结果显著（p = 0.000 < 0.001。

Bartlett 球状检验用于检验相关阵中各变量间的相关性，当 p<0.05 时，说明各变量间具有相关性，因子分析有效），说明量表适合进行因子分析，进一步检验发现，量表 28 个题项所组成的因子结构与理论预设的因子结构相符合，具有较好的结构效度。

总体而言，本研究自编的"大学生改革认同情况量表"具有较高的信度和较好的效度，作为测量新时代大学生改革认同的工具具有科学性和有效性，可以作为本研究深入开展的可靠测量工具。

二、调查问卷数据来源

2017 年 10 月至 2018 年 6 月，笔者对广东省全日制本科院校的在校大学生进行了问卷调查，通过选取具有代表性的地区和学校，按照不同的年级、专业、生源地、民族、性别等进行了科学抽样调查。调查过程中，采取辅导员、班主任老师和学生干部现场派发、回收的方式，对中山大学、华南师范大学、华南农业大学、深圳大学、广东海洋大学、五邑大学、韶关学院和惠州学院八所高校开展了问卷调查，调查地区包含珠三角、粤东、粤西等地区，调查高校涵盖"211"院校和普通本科高校。本次调研过程中，每一所高校均派发问卷 200 份，一共发放调查问卷 1600 份，调查了在校大学生 1600 名，最终回收有效问卷 1536 份，有效回收率为 96%。（详见表 1）

表 1 调查对象学校分布情况表

调研学校	有效问卷数量（份）	比 例
中山大学	196	12.76%
华南师范大学	200	13.02%
华南农业大学	200	13.02%
深圳大学	176	11.46%
广东海洋大学	199	12.96%
五邑大学	194	12.63%
惠州学院	184	11.53%

续表

调研学校	有效问卷数量（份）	比　例
韶关学院	187	12.17%
总计	1536	100%

本研究中，调查按照不同年级、学科专业、性别、民族、生源地、政治面貌等方面进行科学抽样调查，样本基本分布情况如下：

（1）年级方面分布情况：大一学生 593 名，占 38.61%；大二学生 463 名，占 30.14%；大三学生 299 名，占 19.47%；大四学生 181 名，占 11.78%。

（2）学科构成方面分布情况：文科学生 509 名，占 33.14%；理工科学生 624 名，占 40.63%；体育或艺术类学生 403 名，占 26.24%。

（3）性别结构方面分布情况：男生 785 名，占 51.11%；女生 751 名，占 48.89%。

（4）民族方面分布情况：汉族学生 1436 名，占 93.49%；其他民族学生 100 名，占 6.51%。

（5）生源地方面分布情况：生源地为广东的大学生中，城市学生 446 名，占 29.04%；城镇学生 330 名，占 21.48%；农村学生 354 名，占 23.05%。生源地为非广东的大学生中，城市学生 136 名，占 8.85%；城镇学生 161 名，占 10.48%；农村学生 109 名，占 7.10%。

（6）政治面貌方面分布情况：中共党员 180 名，占 11.72%；共青团员 1147 名，占 74.67%；民主党派 39 名，占 2.54%；群众 170 名，占 11.07%。（详见表2）

表 2　调查对象基本信息情况表

基本信息变量	选项		人数（人）	比例
年级	大一		593	38.61%
	大二		463	30.14%
	大三		299	19.47%
	大四		181	11.78%
学科	文科		509	33.14%
	理工科		624	40.63%
	体育或艺术		403	26.24%
性别	男		785	51.11%
	女		751	48.89%
民族	汉族		1436	93.49%
	少数民族		100	6.51%
生源地	广东	城市	446	29.04%
		城镇	330	21.48%
		农村	354	23.05%
	非广东	城市	136	8.85%
		城镇	161	10.48%
		农村	109	7.10%
政治面貌	中共党员		180	11.72%
	共青团员		1147	74.67%
	民主党派		39	2.54%
	群众		170	11.07%

第二节　新时代大学生改革认同的现状

新时代大学生改革认同的现状，是本研究所要研究的重点内容。本章主要是对新时代大学生的改革认同的现状进行详细分析，分析过程中既把握大学生改革认同的整体特点，又剖析大学生改革认同的具体情况；既从宏观上总体进行综合把握，也从微观上具体进行分类研究。

一、新时代大学生改革认同的整体特点

（一）大学生改革认同的总体情况

对于大学生改革认同总体情况的测量，主要是从客观和主观的层面，从改革认知、改革态度情感和改革行为等角度来考量大学生改革认同总体情况。

1. 客观测量结果

（1）大学生总体上改革认同程度比较高

大学生改革认同情况，首先要考察大学生对改革的总体认同情况，主要是考量大学生对改革的七个层面四个维度的综合评价情况。本研究，主要是通过改革认同总分量表来对大学生改革认同总体情况进行衡量，总分越高，表示认同程度越高。根据调查研究设计的认同量表，考察项目一共包括 28 个题项，总分 140 分。另外，需要说明的是，为了后期数据分析过程中分析结果直观对比的需要，本研究在改革认同总体分数的结果表示上，均采取总分为 100 分的百分制折算方式折算调查得到的实际认同总分。

调查结果显示，新时代大学生的改革认同总分 M 为 78.87（M = 78.87），其中，改革认同总分 M 在 [20, 40) 这一区间的大学生一共有 67 名，占 4.36%；改革认同总分 M 在 [40, 60) 这一区间的大学生一共有 140 名，占 9.11%；改革认同总分 M 在 [60, 80) 这一区间的大学生一共有 538 名，占 35.02%；改革认同总分 M 在 [80, 100) 这一区间的大学生一共有 586

名，占 38.15%；改革认同总分 M 为 100 分的大学生一共有 205 名，占了 13.35%。

总体而言，改革认同总分 M 在 60 分以下的学生一共有 207 名，占 13.48%；改革认同总分 M 在 80 分以上 100 分以下的学生一共有 1124 名，占 73.17%；改革认同总分 M 达 100 分的大学生一共有 205 名，占 13.35%。由调查结果可见，新时代我国大学生的改革认同程度总体上处于中等偏上的水平，大学生对党和国家的改革总体上综合认可度较高。（详见表 3、图 1）

表 3　新时代大学生改革认同总分综合情况表

改革认同总分区间（M）	人数（人）	比例
[20，40)	67	4.36%
[40，60)	140	9.12%
[60，80)	538	35.02%
[80，100)	586	38.15%
100	205	13.35%

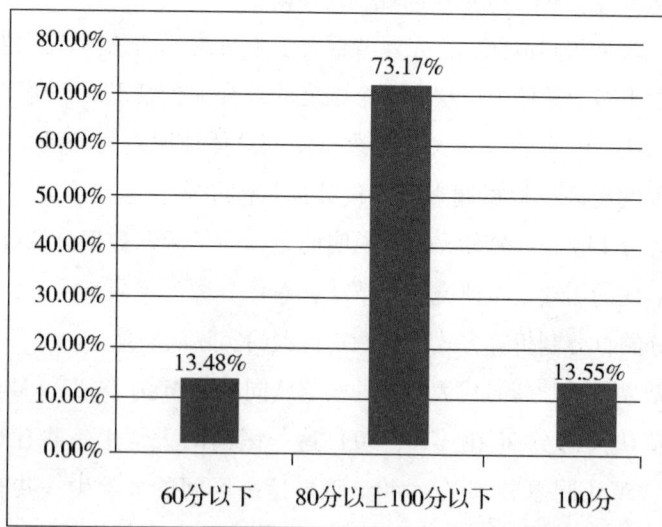

图 1　新时代大学生改革认同总分总体情况

（2）大学生总体上改革认知程度比较强

调查结果显示，在关于"我国新时期改革的起步于哪一次会议"的调查中，正确选择了"十一届三中全会"这一选项的大学生一共有1131名，占了73.63%，表明大部分大学生对于我国改革进程的起步还是比较清楚和了解的；在关于"对于国家改革内容比较熟悉的方面"的调查中，对于"经济体制改革、政治体制改革、文化体制改革、社会体制改革、生态文明体制改革、国防和军队改革、党的建设制度改革"七个层面改革的内容，不同的大学生表示对不同层面改革的内容有不同的熟悉情况，其中大部分同学表示对"经济体制改革""政治体制改革"和"文化体制改革"比较熟悉，认为熟悉其中三项以上的学生一共有898名，占了58.5%，表明大部分大学生对于我国改革的相关情况还是比较熟悉。总体而言，对于我国改革相关信息，大部分大学生的改革认知程度还是比较强的。

2. 主观测量结果

量表得分与客观知识选择是从客观层面测量得出的结果。对于新时代大学生改革认同情况的测量，本研究除了从客观层面进行测量，也从主观层面进行考究，是综合客观情况与主观情况进行的研究分析。通过实证调研，新时代大学生改革认同的主观测量结果如下。

（1）大学生总体上对我国改革事业感到自豪

调查结果显示，在关于"改革提升了我国的国际地位，您为祖国改革事业的发展感到自豪吗"的调查中，表示"非常自豪"和"比较自豪"的大学生一共有1293名（占84.18%），其中表示"非常自豪"的大学生一共有700名（占45.57%），表示"比较自豪"的大学生593名（占38.61%），其改革认同总分分别为 $M=82.44$ 和 $M=77.61$；表示"不自豪"的大学生一共只有24名（占1.56%），其改革认同总分 $M=67.83$。可见，对于改革自豪感的调研中，新时代大学生对国家改革事业的自豪感程度比较高。与此同时，调查结果也显示，对国家改革事业发展自豪度越高的大学生改革认同程度越高，改革自豪感程度与改革认同程度成正比。（详见表4）。

表4　不同改革自豪感大学生群体比例与改革认同总分情况

对我国改革事业是否感到自豪	人数（人）	百分比	改革认同总分（M）
非常自豪	700	45.57%	82.44
比较自豪	593	38.61%	77.61
一般	219	14.26%	72.09
不自豪	24	1.56%	67.83
总计	1536	100%	299.97

（2）大学生总体上对我国改革事业发展具备信心

调查结果显示，在关于"您对我国改革事业发展的信心怎么样"的调查中，表示"非常有信心"和"比较有信心"的大学生一共有1336名（占86.98%），其中表示"非常有信心"的大学生有691名（占44.99%），表示"比较有信心"的大学生有645名（占41.99%），其改革认同总分分别为M＝82.40和M＝77.13；表示"没有信心"的大学生一共只有14名（占0.91%），其改革认同总分M＝54.34。可见，新时代大学生总体上对党和国家的改革事业比较有信心。与此同时，调查结果也显示，对改革事业没有信心的大学生的改革认同程度明显低于对改革比较有信心的大学生，新时代大学生对改革事业发展的信心程度与改革认同的程度成正比，越是对党和国家的改革事业有信心，大学生的改革认同程度越高。（详见表5、图2）

表5　不同改革发展信心大学生群体比例与改革认同总分情况

对我国改革事业发展的信心情况	人数（人）	百分比	改革认同总分（M）
非常有信心	691	44.99%	82.40
比较有信心	645	41.99%	77.13
一般	186	12.11%	73.67
没信心	14	0.91%	54.34
总计	1536	100%	287.54

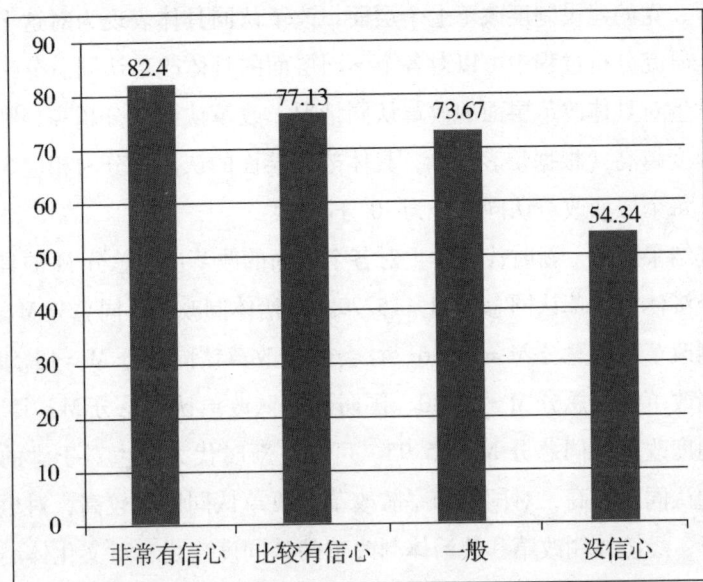

图2 不同改革发展信心大学生群体的改革认同总分情况

（3）大学生总体上比较支持我国改革事业

调查结果显示，在关于对改革事业的支持度的调查中，当问及"党和国家的改革路线、方针、政策在实施过程中，可能在一定时期会出现与您个人利益相冲突的情况，那您还会继续支持改革吗"，选择"会"继续支持改革的大学生一共有1208名（占78.65%），其改革认同总分 M = 80.52；选择"不会"继续支持改革的大学生一共有328名（占21.35%），其改革认同总分 M = 72.80。可见，即使在改革与个人利益相冲突的情况下，大部分大学生还是表示会继续支持改革。总体而言，绝大多数大学生对党和国家的改革事业都比较支持。

（二）大学生对改革七个层面的认同情况

大学生对改革不同层面的认同情况，也是考量大学生改革认同总体情况的一个重要方面，需要对大学生关于改革层面内容认同的具体情况加以分析。根据调查问卷设计的内容，改革认同层面内容一共包括经济体制改革、政治体制改革、文化体制改革、社会体制改革、生态文明体制改革、国防和军队改革、党的建设制度改革七个层面，改革认同具体表现为对这七个层面的认同。研究分析过程中，以对各个不同层面的具体改革认同总分来考量新时代大学生对具体改革层面的改革认同情况，改革认同总分越高，则表示改革认同程度越高（根据量表设计，具体改革层面的认同总分为相应 5 个题项的总分，每个层面改革认同满分为 20 分）

调查结果显示，新时代大学生对各个层面的改革认同总分 M 的具体情况如下：经济体制改革认同总分 M = 15.79、政治体制改革认同总分 M = 15.79、文化体制改革认同总分 M = 15.56、社会体制改革认同总分 M = 15.59、生态文明体制改革认同总分 M = 15.80、国防和军队改革认同总分 M = 15.94、党的建设制度改革认同总分 M = 15.95。可见，新时代大学生对于党的建设制度改革的认同度最高，对国防和军队改革的改革认同度也较高，对生态文明体制改革、经济体制改革和政治体制改革的认同度次之，对文化体制改革的认同度最低。（详见表6、图3）

表6 不同改革层面大学生群体的改革认同总分情况

改革层面	改革认同总分（M）
经济体制改革	15.79
政治体制改革	15.79
文化体制改革	15.56
社会体制改革	15.59
生态文明体制改革	15.80
国防和军队改革	15.94
党的建设制度改革	15.95

另外，调查结果显示，大学生对党和国家在不同改革领域的熟悉程度也有所不同，但改革层面的熟悉程度并不与改革认同程度成正比。其中，大学生对经济体制改革、政治体制改革以及文化体制改革这几个领域相对比较熟悉，对经济体制改革领域比较熟悉的大学生人数最多，一共有 968 名约占 63.02%（其改革认同总分 M = 15.79，在七个领域的认同程度中排名位列第

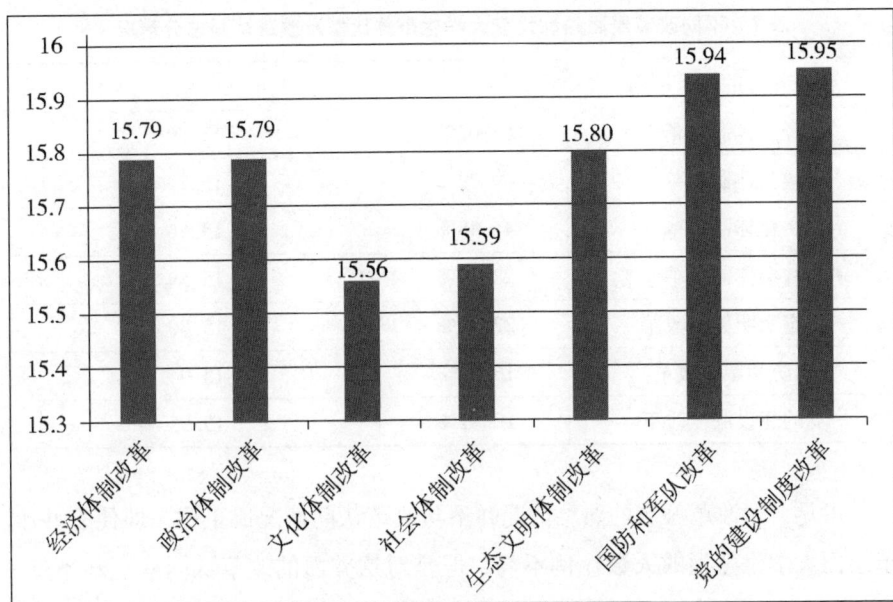

图3 不同改革层面大学生群体的改革认同总分情况

四）；调查结果也表明，大学生比较认同的是党的建设体制改革、国防和军队改革和生态文明体制改革这几个方面，认同程度最高的是党的建设制度改革，改革认同总分 M = 15.95，但只有 18.81% 的大学生对党的建设制度改革比较熟悉（大学生对党的建设制度改革的熟悉程度在七个改革领域的熟悉程度中位列倒数第二）。

　　具体情况如下：认为对"经济体制改革"比较熟悉的大学生占 63.02%，其改革认同总分 M = 15.80；认为对"政治体制改革"比较熟悉的大学生占 49.22%，其改革认同总分 M = 15.79；认为对"文化体制改革"比较熟悉的大学生占 46.48%，其改革认同总分 M = 15.56；认为对"社会体制改革"比较熟悉的大学生占 28.39%，其改革认同总分 M = 15.59；认为对"生态文明体制改革"比较熟悉的大学生占 22.98%，其改革认同总分 M = 15.80；认为对"国防和军队改革"比较熟悉的大学生占 16.08%，其改革认同总分 M = 15.94；认为对"党的建设制度改革"比较熟悉的大学生占 18.81%，其改革认同总分 M = 15.95。（详见表7）

表7　不同改革层面熟悉程度大学生群体比例及改革认同总分情况

比较熟悉的改革层面	百分比	改革认同总分（M）
经济体制改革	63.02%	15.79
政治体制改革	49.22%	15.79
文化体制改革	46.48%	15.56
社会体制改革	28.39%	15.59
生态文明体制改革	22.98%	15.80
国防和军队改革	16.08%	15.94
党的建设制度改革	18.81%	15.95

可见，对改革领域的熟悉情况并不与改革认同情况成正比，即使有些改革层面大学生熟悉的人数比例不高，但是对这方面的改革认同程度却不低，如国防和军队改革、党的建设制度改革等方面。表示对于相关改革内容熟悉的大学生比例较低，但是总体和具体层面的改革认同程度都较高。考量相关原因，影响大学生对改革内容的认同程度的因素是多种多样的，有些改革领域大学生接触得比较多，相对比较熟悉，但可能这期间存在一些问题反而使得大学生接触得越多越产生不好的影响，从而导致大学生对该领域的改革情况不那么认可，对该领域的改革认可程度反而不高。

（三）大学生对改革四个维度的认同情况

大学生对改革不同维度的认同情况，同样是考量大学生改革认同总体情况的一个重要方面，需要对不同具体改革维度的认同情况加以分析。根据调查问卷设计内容，改革认同一共包括改革价值认同、改革方式认同、改革效果认同、改革发展认同四个维度的认同。本研究在研究分析过程中，以对各个不同改革维度认同总分来考量新时代大学生对具体改革维度的认同情况，总分越高，则表示认同程度越高（根据量表设计，具体改革维度的改革认同总分为相应五个题项的总分，每个维度改革认同满分为35分）。

调查结果显示，新时代大学生对各个维度的改革认同总分如下：改革价值认同总分 M = 27.78、改革方式认同总分 M = 27.55、改革效果认同总分

M＝27.27、改革发展认同总分 M＝27.84。可见，新时代大学生对改革发展的认同程度最高，对改革价值的认同程度次之，其后是对改革方式和改革效果的认同，其中对改革效果的认同程度最低。但总体而言，大学生对改革四个维度的认同程度差别不是特别明显，各维度的认同程度没有显著性差异（详见表8、图4）。

表8 不同改革维度大学生群体的改革认同总分情况

改革认同维度	改革认同总分（M）
改革价值	27.78
改革方式	27.55
改革效果	27.27
改革发展	27.84

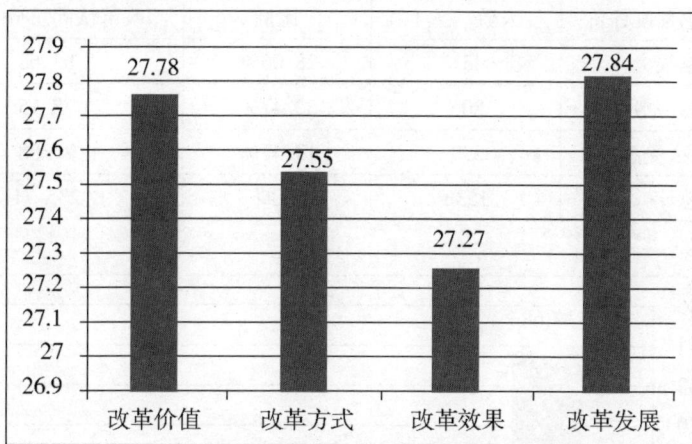

图4 不同改革维度大学生群体的改革认同总分情况

另外，调查结果也显示，大学生对于改革受惠程度的评价不高，较大比例的大学生认为自己在改革中的受惠程度不大，绝大部分大学生认为自己在改革过程中的受惠不多，这也与大学生对"改革效果"的认同程度最低的调查结果相符合。在关于改革过程中个人受惠程度的调查中，认为自己"受惠很大"的大学生有431名，占了28.06%，其改革认同总分 M＝83.68；认为自己"受惠一般"和"没怎么受惠"的大学生分别有 806 名和 299 名，分别占 52.47% 和 19.47%，共占总人数的 71.94%，其改革认同总分分别为 M = 78.15 和 M = 73.88。可见，大部分大学生认为改革受惠程度不够；改革受惠认可程度与改革认同程度成正比，越认为自己受惠多的大学生对改革的认同程度就越高，反之则越低。

同时，通过 SPSS 单因素方差来分析考察改革效果受惠程度评价对改革认同的影响。SPSS 单因素方差分析结果表明，对改革受惠程度评价不同的大学生，其改革认同程度存在显著性差异。大学生对改革受惠程度的评价高低对其改革认同程度影响显著。大学生越认为自己受惠程度高，对受惠程度的评价越高，其改革认同程度也越高（F = 30.96，P = 0.000 < 0.05）。（详见表 9、图 5、表 10）

表 9　不同改革受惠评价大学生群体比例及改革认同总分情况

改革受惠程度评价	人数（人）	比例	改革认同总分（M）
受惠很大	431	28.06%	83.68
受惠一般	806	52.47%	78.15
没怎么受惠	299	19.47%	73.88
总计	1536	100%	235.71

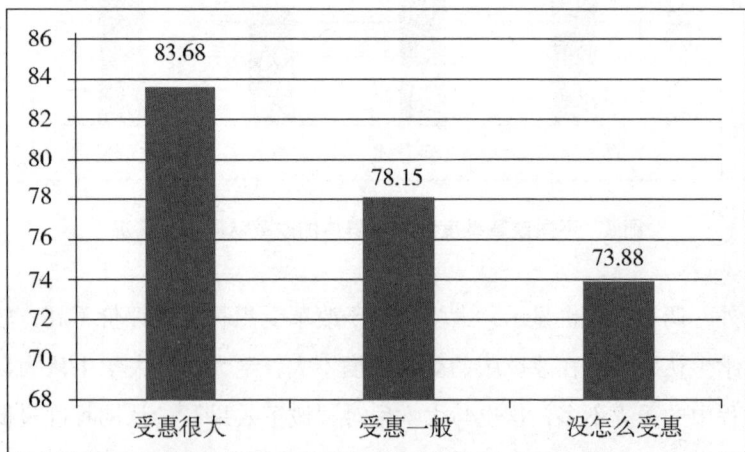

图 5　不同改革受惠评价大学生群体的改革认同总分情况

表10　改革效果受惠评价对大学生群体改革认同的影响

变量	受惠很大		受惠一般		没怎么受惠		F	P
	M	SD	M	SD	M	SD		
改革认同总分	83.68	16.14	78.15	17.03	73.88	17.96	30.96	0.000

　　以上分析主要是从整个大学生群体的角度，来考察新时代大学生总体上的改革认同情况，其中包括对改革总体的综合性认同、改革层面的总体认同以及改革维度的总体认同等方面情况，主要是对新时代大学生整个群体的改革认同总体情况进行宏观描述。

　　综上分析可见，目前新时代大学生改革认同总体上处于中等偏上的程度，大学生总体上改革认同程度比较高。总体而言，大学生对我国改革事业感到自豪、对我国改革事业的发展有信心，大部分大学生对改革的自豪感强、自信心足；同时，具有不同改革自豪感和自信心的大学生在改革认同方面存在显著性差异，大学生对我国改革事业的自豪感和自信心对其改革认同程度有着显著的影响。改革自豪感越强、改革自信心越足的大学生，其改革认同程度越高。不过在具体的改革层面和改革维度的认同程度上，不同大学生群体则存在改革认同差异：在改革层面方面的认同情况上，新时代大学生对于党的建设制度改革的认同程度最高，对国防和军队改革的改革认同程度也较高（仅次于对党的建设制度改革的认同度），对生态文明体制改革、经济体制改革和政治体制改革的认同程度次之，对文化体制改革的认同程度最低；在改革维度方面的认同情况上，新时代大学生对改革发展的认同程度最高，对改革价值的认同程度次之，接着是对改革方式的认同和对改革效果的认同，其中对改革效果的认同程度最低。同时，调查结果显示，当前大学生对改革效果的评价不高，大部分大学生认为改革对于自身的受惠程度不高，大学生对改革效果受惠程度的评价影响着大学生的改革认同程度，评价越高则改革认同程度越高。

二、新时代大学生改革认同的具体情况

　　对于大学生改革认同的测量，除了从以上宏观角度进行总体分析，还需

要从微观角度来进行考量。本研究针对我国新时代大学生群体，从不同年级、专业、性别、民族、生源地、政治面貌等方面进行考究，分析不同群体是否存在显著性差异，探究不同大学生群体的改革认同状况。调查结果表明，不同民族、专业的大学生群体，其改革认同的程度存在着显著性差异；而不同年级、性别、生源地、政治面貌的大学生群体则差异性不明显。

（一）大学生改革认同的民族差异

调查结果显示，不同民族身份的大学生改革认同程度不同，而且存在显著性差异。其中汉族大学生的改革认同总分 M = 79.11，其他民族大学生的改革认同总分 M = 75.49。可见，汉族大学生的改革认同程度比较高，其他民族的大学生认同程度相对较低；同时，通过 SPSS 单因素方差检验表明，不同民族的大学生的改革认同程度总体上存在显著性差异，不同民族身份对大学生的改革认同程度有着较大的影响（F = 4.093，P = 0.043 < 0.05）。可见，不同民族身份的大学生，基于自身的民族特点对改革有不同的看法。改革认同的生成，需要注重对其他民族的大学生改革认同的教育引导。（详见表 11、图 6）

表 11 不同民族身份对大学生改革认同的影响

变量	汉族		其他民族		F	P
	M	SD	M	SD		
改革认同总分	79.11	17.19	75.49	18.50	4.093	0.043

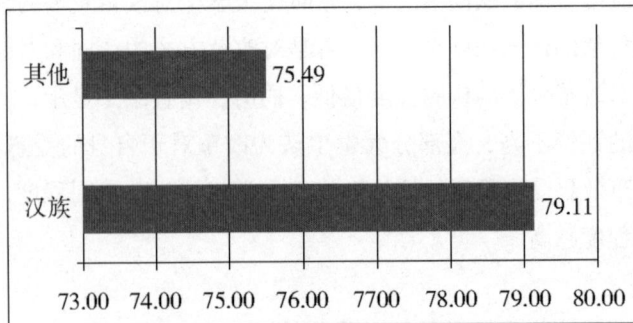

图 6 不同民族大学生群体的改革认同总分情况

（二）大学生改革认同的专业差异

调查结果显示，不同专业大学生的改革认同程度不同，而且存在着显著性差异。其中文科大学生的改革认同总分 M = 80.80，理工科大学生的改革认同总分 M = 78.36，体育或艺术类大学生的改革认同总分 M = 77.23。可见，文科大学生的改革认同程度最高，理工科大学生的改革认同程度次之，体育或艺术类大学生的改革认同程度较低。同时，经过 SPSS 单因素方差分析得出，不同专业大学生的改革总体认同程度上存在显著性差异，专业性质对大学生改革认同的影响程度较高（F = 5.285，P = 0.049 < 0.05）。可见，不同学科专业的大学生，其学科专业特点也对其改革认同程度产生较大的影响，改革认同教育过程中要注重结合不同专业的学生来进行有针对性的教育引导，其中对体育类或艺术类大学生的引导力度要有所增强。（详见表12）

表12 不同专业对大学生改革认同的影响

变量	文科		理工科		体育或艺术		F	P
	M	SD	M	SD	M	SD		
改革认同总分	80.80	17.45	78.36	16.78	77.23	17.71	5.285	0.049

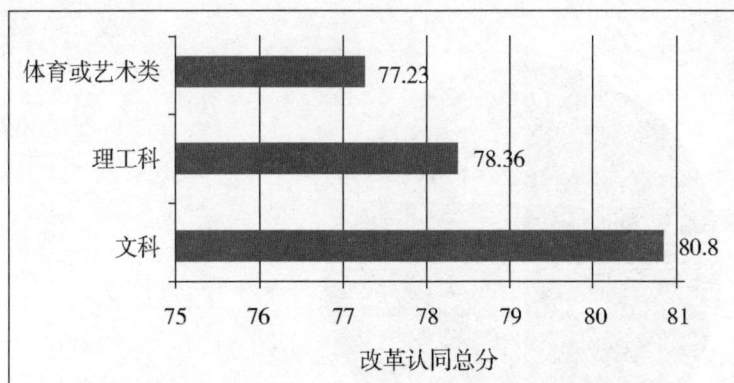

图7 不同专业大学生群体的改革认同总分情况

（三）大学生改革认同的年级、性别、生源地、政治面貌差异情况

1. 大学生改革认同的年级差异

调查结果显示，不同年级大学生的改革认同程度不同，但总体上不存在显著性差异。具体情况如下：大一学生的改革认同总分 M = 79.53，大二学生的改革认同总分 M = 78.25，大三学生的改革认同总分 M = 78.20，大四学生的改革认同总分 M = 79.41。可见，总体而言，四个年级的大学生改革认同程度都比较高，不过各个年级大学生的改革认同情况有所不同，其中大一学生的改革认同程度最高，大四学生的改革认同程度次之，随后是大二、大三学生，大三学生的改革认同程度最低。另外，经由 SPSS 单因素方差检验表明，不同年级大学生之间的改革认同程度没有显著性差异，年级的差异对大学生改革认同程度的影响不大（F = 0.695，P = 0.555 > 0.05）。（详见表 13、图 8）。

表 13　不同年级对大学生改革认同的影响

变量	大一		大二		大三		大四		F	P
	M	SD	M	SD	M	SD	M	SD		
改革认同总分	79.53	17.79	78.25	16.94	78.20	16.39	79.41	18.07	0.695	0.555

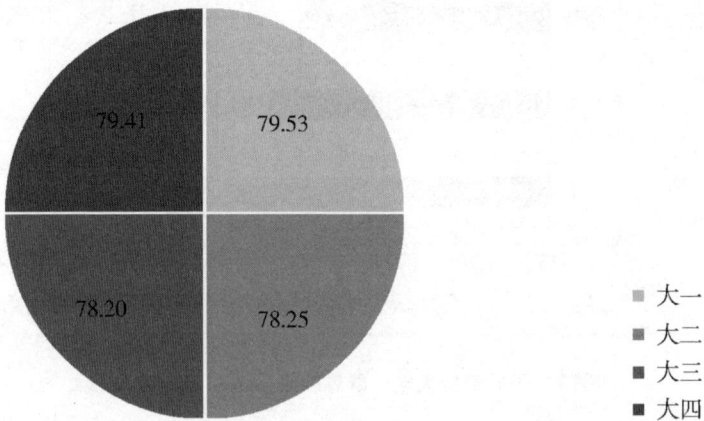

图 8　不同年级大学生改革认同总分情况

2. 大学生改革认同的性别差异

调查结果显示，不同性别大学生改革认同程度不同，但男生与女生的改革总体认同程度总体上不存在显著性差异。其中男生的改革认同总分 M = 78.10，女生的改革认同总分 M = 79.69。可见，女生的改革认同程度总体上比男生的改革认同程度稍微高一些，但是男生、女生两个不同性别群体的改革认同程度的差异不是特别明显（F = 3.189，P = 0.074 > 0.05）。（详见表14、图9）。

表14　不同性别对大学生改革认同程度的影响

变量	男生		女生		F	P
	M	SD	M	SD		
改革认同总分	78.10	17.37	79.69	17.20	3.189	0.074

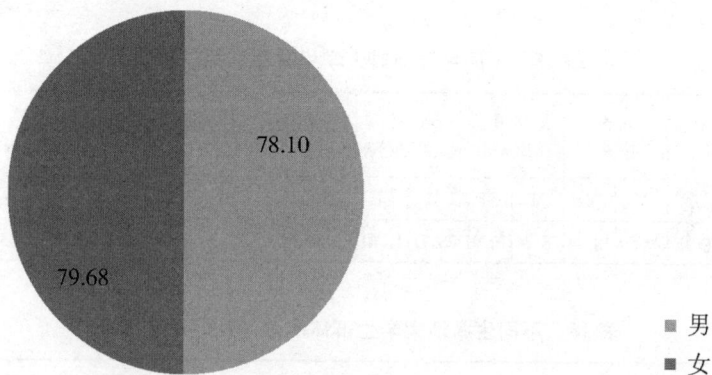

图9　不同性别大学生群体的改革认同总分情况

3. 大学生改革认同的生源地差异

调查结果显示，不同生源地大学生的改革认同程度不同，不过总体上，不同生源地的大学生的改革认同程度总体上不存在显著性差异。调查具体情况如下：生源地为广东的大学生当中，城市大学生的改革认同总分 M = 79.59，城镇大学生的改革认同总分 M = 78.24，农村大学生的改革认同总分

M = 78.72；生源地为非广东的大学生当中，城市大学生的改革认同总分 M = 81.30，城镇大学生的改革认同总分 M = 78.30，农村大学生的改革认同总分 M = 76.17。由以上调研结果可以看出，生源地为广东的大学生中，城市大学生的改革认同程度最高，城镇大学生的改革认同程度次之，农村大学生的改革认同程度最低，但城市、城镇、农村的差异不是特别明显；生源地为非广东的大学生中，城市大学生的改革认同程度最高，城镇大学生的改革认同程度次之，城市、城镇、农村的差异相对明显一些。总体而言，生源地为城市的大学生的改革认同程度相对较高。

不过，不同生源地大学生的改革认同情况相差不大，广东生源与非广东生源的大学生的改革认同程度差异不大，城市、城镇与农村的大学生的改革认同程度也差异不大。同时，经由 SPSS 单因素方差检验分析也得出，不同生源地大学生的改革认同不存在显著性差异，生源地对大学生的改革认同程度影响不大（F = 1.335，P = 0.239 > 0.05）。（详见表15、表16、图10）

表15 不同生源地对大学生改革认同的影响

变量	城市（广东）		城镇（广东）		农村（广东）		城市（非广东）		城镇（非广东）		农村（非广东）		F	P
	M	SD	M	SD	M	SD	M	SD	M	SD	M	SD		
改革认同总分	79.59	18.44	78.24	16.91	78.72	17.61	81.30	14.35	78.30	15.78	76.17	17.97	1.335	0.239

表16 不同生源地大学生群体的改革认同总分情况

生源地	人数（人）	改革认同总分（M）
城市（广东）	446	79.59
城镇（广东）	330	78.24
农村（广东）	354	78.72
城市（非广东）	136	81.30
城镇（非广东）	161	78.30
农村（非广东）	109	76.17
总计	1536	472.31

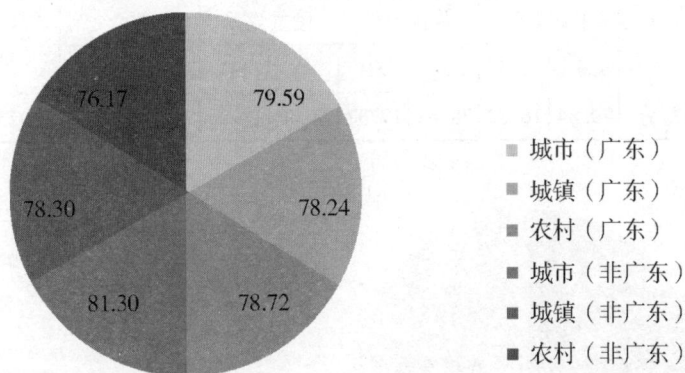

图 10　不同生源地大学生群体的改革认同总分情况

4. 大学生改革认同的政治面貌差异

调查结果显示，不同政治面貌大学生的改革认同情况不同，但认同程度总体上不存在显著性差异。具体情况如下：政治面貌为中共党员的大学生的改革认同总分 M = 79.84，政治面貌为共青团员的大学生的改革认同总分 M = 78.83，政治面貌为民主党派的大学生的改革认同总分 M = 74.40，政治面貌为群众的大学生的改革认同总分 M = 79.16。通过调查结果可知，相对而言，政治面貌为中共党员的大学生的改革认同程度最高，政治面貌为群众的大学生的改革认同程度次之，政治面貌为共青团员的改革认同程度反而比政治面貌为群众的大学生还低，政治面貌为民主党派的大学生的改革认同程度则最低。

不过，经由 SPSS 单因素方差分析结果显示，不同政治面貌大学生的改革认同不存在显著性差异。可见，不同政治面貌对大学生的改革认同程度影响不大。（F = 1.075，P = 0.358 > 0.05）（详见表 17、图 11）。

表17 不同政治面貌大学生对大学生改革认同程度的影响

变量	中共党员		共青团员		民主党派		群众		F	P
	M	SD	M	SD	M	SD	M	SD		
改革认同总分	79.84	16.82	78.83	17.37	74.40	18.26	79.16	17.11	1.075	0.358

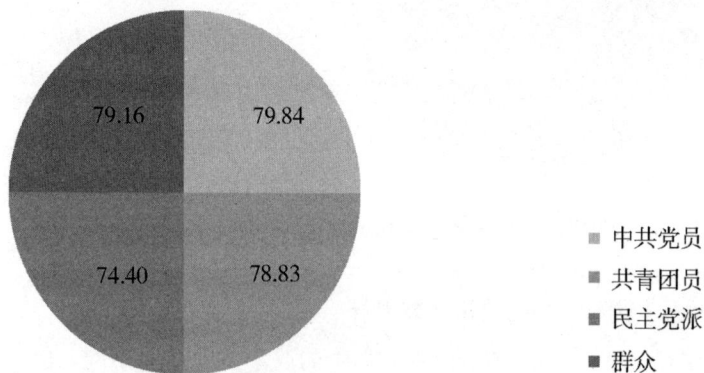

图11 不同政治面貌大学生的改革认同情况

三、新时代大学生改革认同的基本判断

新时代大学生改革认同状况是本课题研究的重点内容，笔者通过实证调研，结合相关调研数据资料结果，对新时代大学生改革认同的总体情况进行分析判断，把握当前大学生改革认同的总体情况，判断分析新时代大学生改革认同的总体综合情况、大学生对改革七个层面的总体认同情况以及大学生对改革四个维度的总体认同情况，同时也判断分析不同地区和学校中不同年级、专业、性别、民族、生源地、政治面貌的大学生群体的改革认同情况以及各要素对改革认同的影响。总体而言，关于新时代大学生改革认同的情况，通过宏观分析与微观评判相结合、正面评判与反面剖析相统一，结合相关调研数据可得出以下结论。

（一）大学生改革认同总体综合程度比较高

大学生对我国改革的认知程度比较高（改革认同总分 M = 78.87，满分

100 分），总体改革认同程度处于中上水平。大学生总体上表现出对改革的情感较深，对改革的信心较大，而且对改革的支持力度较高。总体而言，我国新时代大学生改革认同程度处于中等偏上水平，绝大多数大学生都对改革比较认同，比较认可和支持党和国家的改革事业。在改革认知方面，大部分大学生对我国改革相关信息的认知度比较强，对国家改革相关信息相对比较了解，改革认知程度高；在改革态度情感方面，绝对大部分大学生对我国改革事业感到自豪，改革自豪感强；在改革信念方面，绝大多数大学生也对我国改革事业的发展有信心，改革信心足。其中，大学生对我国改革事业的自豪感和自信心对其改革认同程度有着显著性影响，改革自豪感越强、改革信心越足的大学生，其改革认同程度越高。而且，绝大多数大学生都对党和国家的改革事业比较支持，表示会主动积极支持我国改革事业。在改革行为方面，绝大部分大学生表示，即使在国家改革与个人利益相冲突的情况下，还是会积极支持改革。可见，绝大部分大学生比较认可和支持改革，改革认同程度比较高。

（二）改革七个层面的认同总体程度高且不同层面有差别

大学生对改革七个层面的总体认同程度比较高，同时，大学生群体对不同层面改革的认同程度有所不同。大学生对党的建设制度改革的认同程度最高，对文化体制改革的认同程度最低，具体几个改革层面领域的认同程度由高到低依次为（满分 20 分）：党的建设制度改革（M = 15.95）、国防和军队改革的改革（M = 15.94）、生态文明体制改革（M = 15.80）、经济体制改革（M = 15.79）、政治体制改革（M = 15.79）、社会体制改革（M = 15.59）、文化体制改革（M = 15.56）。不过，对于各个不同的改革层面，大学生的改革认同程度相差不大。另外，在对国家具体改革具体层面内容的熟悉情况的调查结果显示，大部分大学生表示对经济体制改革比较熟悉、对党的建设制度改革比较不熟悉，同时也表示对党的建设制度改革最认同。由调研结果可见，大学生对改革领域的熟悉程度并不与其改革认同程度成正比。也就是说，大学生所熟悉的改革领域不一定就是其改革认同程度高的领域，即使有些改革层面大学生熟悉的人数比例较低，大部分学生表示不熟悉，但是对这方面的改革认同程度却反而较高。如国防和军队改革、党的建设制度改革等方面，表示对相关改革内容熟悉的大学生比例较低，但是在这些领域中，大学生的改革认同程度都较高。

影响大学生改革认同的因素有多方面，调查显示，经济制度改革领域虽然为大多数大学生所熟悉，但其改革认同程度反而不高；党的建设制度改革领域熟悉的大学生人数相对少，但其改革认同程度却是最高。究其缘由，可能是不同领域的改革在开展的过程中，在带来发展的同时也伴随一些负面问题，使得大学生在接触到该领域的同时了解该领域的多方面现实情况而产生不同程度的改革认同。比如，近些年党在从严治党等方面各种举措特别得力，党的制度建设改革使得大学生深受影响而提高了改革认同程度；而经济制度改革过程中出现的贫富差距、环境污染等问题，使得大学生深受影响而降低其对经济体制改革的认同程度。因而，各领域在进行改革的过程中，在注重发展的同时也要注重避免或减少一些负面问题的产生，这样才能更好地提升大学生的改革认同程度。

（三）改革四个维度的认同总体程度高且不同维度有差别

总体而言，大学生对改革四个维度的认同程度比较高，同时，对不同维度改革的认同程度也有所不同。大学生对改革发展的认同程度最高，对改革效果的认同程度最低。但总体而言，大学生对改革四个维度的认同程度差异性不是特别明显，针对不同改革维度，大学生的改革认同程度没有存在显著性差异。具体四个维度的改革认同程度由高到低依次如下（满分35分）：改革发展认同（M = 27.84）、改革价值认同（M = 27.78）、改革方式认同（M = 27.55）、改革效果认同（M = 27.27）。由此可见，四个改革认同维度比较而言，大学生对改革效果的认同程度相对较低，这可能跟当前改革效果的体现程度有关，现实中改革成效有无惠及大学生，这都影响了大学生的改革认同程度。同时，关于改革受惠程度的调查结果也显示，大学生对改革效果受惠程度的评价与大学生的改革认同程度成正比，大学生越认为自己受惠程度高，其改革认同程度越高；大学生越认为自己受惠程度低，则其改革认同程度越低。调查结果显示，当前大部分大学生表示自身在国家改革过程中的受惠程度不高，表示自己没有受到改革带来的很多实惠，对于改革效果的认同程度也不高。另外，关于改革方式的认同程度也不是很高，在四个维度的认同程度中仅高于对改革效果的认同。因此，为了更好地提高大学生的改革认同程度，改革方式的科学采取也是需要考虑的重要方面。只有采取更加有效的改革方式，才能更好地将改革落到实处，提升改革的实效性，从而才能更好地提升大学生的改革认同程度。

（四）不同因素的大学生群体改革认同情况不同

不同民族、专业大学生群体的改革认同存在着显著性差异，而不同年级、性别、生源地、政治面貌大学生群体的改革认同则差异性不明显。

第一，不同民族、专业大学生群体的改革认同存在显著性差异。其一，大学生改革认同的民族差异情况方面，不同民族身份的大学生改革认同程度不同，而且存在显著性差异，不同民族身份对于大学生改革认同的影响程度大（$F = 4.093$，$P = 0.043 < 0.05$）。其中，汉族大学生的改革认同程度比较高（$M = 79.11$），其他民族的大学生认同程度相对较低（$M = 75.49$）。其二，大学生改革认同的专业差异情况方面，不同专业大学生的改革认同程度不同，而且存在显著性差异，不同专业对大学生改革认同的影响程度大（$F = 5.285$，$P = 0.049 < 0.05$）。文科大学生的改革认同程度最高（$M = 80.80$），理工科大学生的改革认同程度次之（$M = 78.36$），体育或艺术类大学生的改革认同程度较低（$M = 77.23$）。

第二，不同年级、性别、生源地、政治面貌大学生群体的改革认同差异性不明显。其一，大学生改革认同的年级差异情况方面，不同年级大学生的改革认同程度不同，但总体上不存在显著性差异（$F = 0.695$，$P = 0.555 > 0.05$）。其中，大一学生的改革认同程度最高（$M = 79.53$），大四学生的改革认同程度次之（$M = 79.41$），随后是大二学生的改革认同程度（$M = 78.25$），大三学生的改革认同程度最低（$M = 78.20$）。其二，大学生改革认同的性别差异情况方面，女生的改革认同程度总体上比男生的改革认同程度稍微高一些，但不同性别大学生的改革总体认同程度上不存在显著性差异（$F = 3.189$，$P = 0.074 > 0.05$）。男生的改革认同总分 $M = 78.10$，女生的改革认同总分 M = 79. 69。其三，大学生改革认同的生源地差异情况方面，不同生源地大学生的改革认同程度不同，不过在总体改革认同程度上不存在显著性差异（F = 1. 355，P = 0. 239 > 0. 05）。生源地为广东的大学生中，城市大学生的改革认同程度最高（M = 79. 59），城镇大学生的改革认同程度次之（M = 78. 23），农村大学生的改革认同程度最低（M = 78. 72）；生源地为非广东的大学生中，城市大学生的改革认同程度最高（M = 81. 30），城镇大学生的改革认同程度次之（M = 78. 30），农村大学生的改革认同程度最低（M = 76. 17）。总体而言，生源地为城市的大学生的改革认同程度较之其他生源地学生的改革认同程度高，但是不同生源地大学生的改革认同情况相差不大。其四，大学生改革认同的政治面貌差异情况方面，不同政治面貌的大学生的改革认同情况不同，但总体的改革认同程度上不存在显著性差异（F = 1. 075，P = 0. 358 > 0. 05）。政治面貌为党员的大学生的改革认同程度最高（M = 79. 83）政治面貌为群众的大学生的改革认同程度次之（M = 79. 16），政治面貌为共青团员的改革认同程度反而比政治面貌为群众的大学生还低（M = 78. 83），政治面貌为民主党派的大学生的改革认同程度则最低（M = 74. 40）。

总体而言，当前我国大学生改革认同程度总体上比较高，绝大部分大学生为党和国家的改革事业感到自豪，对党和国家改革事业的发展也比较有信心，比较认可和支持我国的改革事业。但与此同时，也存在少部分大学生不认同党和国家的改革事业的情况。这部分大学生对国家改革事业产生疑虑，对国家改革事业自豪感不深、自信心不足，对党和国家的改革事业的支持度和认同度不高。相关调研结果显示，在被调查的所有大学生中，有 1. 56% 的大学生对党和国家的改革事业感到"不自豪"，有 0. 91% 的大学生表示对党和国家的改革事业"没信心"，有 21. 35% 的大学生表示当改革相关措施与个人利益相冲突的时候将"不会"继续支持党和国家的改革。可见，对党和国家的改革，还是存在少部分大学生不认可、不支持改革的情况，大学生群体存在改革认同差异。虽然这部分大学生所占比例不高，但是也是不可忽视的一部分。对于新时代大学生存在的改革认同差异情况，需要加以重视与研究。

第三节　新时代大学生改革认同的相关因素

大学生改革认同的生成，是内部机制和外部机制共同发挥作用的结果，需要内外部因素相互起作用。前面章节的分析已经明晰了新时代大学生整体的改革认同情况，包括综合认同情况、改革七个层面的认同情况和改革四个维度的认同情况，也明确了不同民族、专业、年级、性别、生源地、政治面貌等大学生群体的认同差异情况。在此基础上，本节考量大学生改革认同的相关因素，这是研究大学生改革认同不可或缺的重要部分。马克思主义指出，事物发展过程的影响因素包括内部因素和外部因素两个方面，其中内部因素是根本的影响因素，外部因素是重要的影响因素。结合马克思主义理论划分法，本研究也把影响新时代大学生改革认同的相关因素分为内部因素和外部因素。本节内容主要探讨相关因素的影响状况，外部因素方面主要从家庭、学校、社会环境等方面来探讨，内部因素方面主要是从改革认同主体大学生自身来进行探究，结合相关因素的影响现状，探讨各相关因素与大学生改革认同之间的关系。

一、家庭因素的影响

（一）家庭因素的考量依据和设计思路

1. 考量依据

家庭是社会的基本生活单位，是一个人出生后的第一个生活场所，在对子女传授知识、培养品质、指导行为等方面都发挥着重要的功能。家庭成员特别是家长的思想素质和行为规范对于子女思想行为的形成、发展都产生了较大的影响。家庭作为大学生生活的重要场所，家庭环境对于大学生的性格、品行等方面的塑造都起到了非常重要的作用。家庭环境对孩子的培养起到了非常重要的作用，家庭环境因素在子女成长过程中有着较大的重要性。

家庭环境在影响子女思想行为过程中具有相应的特点，具体表现为：其一，家庭的影响具有普遍性和广泛性。每个人都生活在一定的家庭中，人的一生都伴随着家庭，生活过程的方方面面均受到家庭的影响。家庭对一个人的影响最早、最长久，家庭产生的影响也涉及每个人。其二，家庭的影响具有亲和性和易受性。家庭的影响主要是家庭成员间的影响，是具有血缘关系的长辈特别是父母对子女产生的影响。父母对子女通过关怀、照顾、教育等方式来影响子女的思想行为，往往体现出比较亲和容易接受的特点。生活在家庭中的青少年，更容易受父母的思想观念所影响。在自我思想观念形成的过程中，由于家庭成员特别是父母的亲密关系，更容易接受来自家庭成员的教育引导。其三，家庭影响具有渗透性和针对性。家庭环境产生的影响是潜移默化的，它根植于每天的日常生活当中，通过生活中多方面因素作用的发挥，将教育影响渗透在子女的日常生活当中。同时，由于父母对子女会比较了解，在施加教育影响的过程中能更加有针对性地结合子女的特点来进行。家庭环境对于子女思想行为的形成产生较大的影响，是新时代大学生改革认同要考量的重要因素。要正确认识家庭环境的这一外部影响因素的作用，充分发挥家庭环境的正面积极作用。

2. 设计思路

家庭因素作为大学生改革认同影响因素之一，是大学生改革认同的自变量。本研究结合社会学、政治学、心理学等相关学科理论，借鉴国内外学者的相关研究成果，对于家庭这一影响因素的考量，主要从以下几个方面来开展：家庭经济情况、家庭成员情况、家庭功能发挥情况，具体包括家庭的经济水平、父母的文化程度、父母的政治面貌、家庭成员交往过程中的互动情况等方面。（详见表18）

因变量是新时代大学生对改革的认同程度，包括对改革七个层面四个维度的总体认同情况，即对"经济体制改革、政治体制改革、文化体制改革、生态文明体制改革、国防和军队改革、党的建设制度改革"七个层面内容在"改革价值、改革方式、改革效果和改革发展"四个维度上的总体认同情况。

表18　家庭因素考量设计思路

自变量		因变量
一级指标	二级指标	
家庭因素	家庭经济水平	新时代大学生改革认同程度
	父母学历	
	父母政治面貌	
	家庭成员间的互动情况	

（二）家庭经济水平对大学生改革认同的影响

调查结果显示，不同家庭经济水平大学生群体的改革认同程度不同，大学生的家庭经济水平与其改革认同程度成正比，家庭经济水平越高其改革认同程度越高。具体情况如下：家庭经济贫困的大学生的改革认同总分 M = 75.92，家庭经济中等的大学生的改革认同总分 M = 77.53，家庭经济小康的大学生的改革认同总分 M = 78.77，家庭经济富裕的大学生的改革认同总分 M = 81.92。可见，家庭经济富裕的大学生的改革认同程度最高，家庭经济小康的大学生的改革认同程度次之，随后是家庭经济中等的大学生和家庭经济贫困的大学生，其中家庭经济贫困的大学生的改革认同程度最低，家庭经济水平程度与大学生改革认同程度成正比。可见，家庭经济水平的高低对大学生改革认同程度产生较大的影响，家庭经济水平越高，大学生改革认同程度越高。因此，党和国家在改革的过程中要注重发展生产力，大力发展经济，提升大学生的家庭经济水平，从而提升大学生的改革认同程度。

同时，经由 SPSS 单因素方差分析得出，家庭经济水平不同的大学生的改革认同程度存在着显著性差异，家庭经济水平程度高低对于大学生改革认同程度影响显著（F = 5.687，P = 0.01 < 0.05）。（详见表19、图12）。

表19 不同家庭经济水平对大学生改革认同的影响

变量	贫困		中等		小康		富裕		F	P
	M	SD	M	SD	M	SD	M	SD		
改革认同总分	75.92	18.35	77.53	17.03	78.77	16.61	81.92	18.27	5.687	0.01

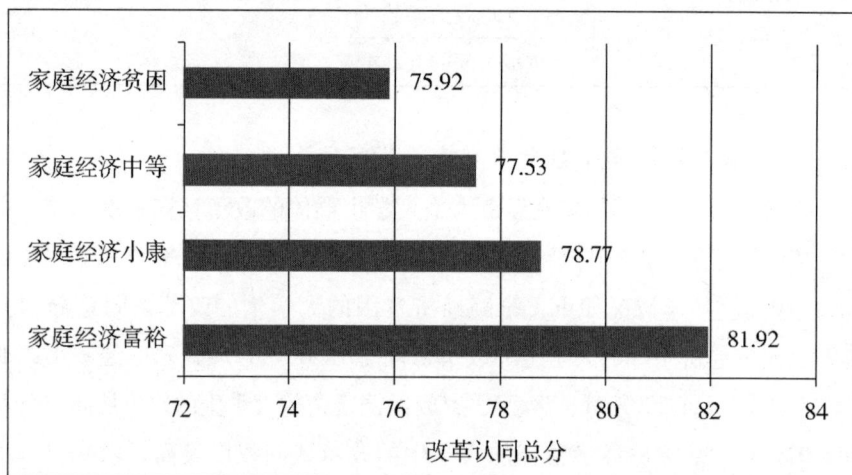

图12 不同家庭经济水平大学生群体的改革认同总分情况

（三）父母学历对大学生改革认同的影响

1. 父亲学历对大学生改革认同的影响

调查结果显示，父亲学历不同的大学生改革认同程度不同，但是父亲学历不同的大学生的改革总体认同程度不存在显著性差异。具体情况如下：父亲学历是"初中以下"的大学生的改革认同总分 M = 78.85，父亲学历是"高中（中专）"的大学生的改革认同总分 M = 78.40，父亲学历是"大专、本科"的大学生的改革认同总分 M = 79.76，父亲学历是"硕士及以上"的大学生的改革认同总分 M = 76.93。可见，父亲学历是"大专、本科"的大学生的改革认同程度最高，而父亲学历是"硕士及以上"的大学生的改革认同程度最低。父亲学历的高低与改革认同程度的高低并非是正相关的关系。

同时，经由 SPSS 单因素方差分析得出，父亲学历不同的大学生群体的

改革认同程度不存在显著性差异，父亲学历对大学生改革认同程度影响不大
（F＝0.676，P＝0.567＞0.05）。（详见表20、图13）。

表20　父亲学历对大学生改革认同的影响

变量	初中以下		高中（中专）		大专、本科		硕士及以上		F	P
	M	SD	M	SD	M	SD	M	SD		
改革认同总分	78.85	16.66	78.40	18.01	79.76	16.67	76.93	21.99	0.676	0.567

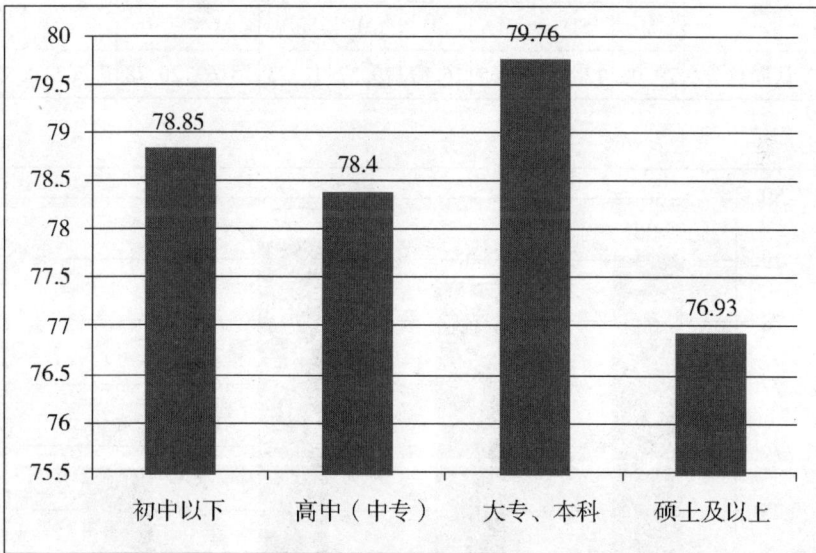

图13　父亲学历不同的大学生群体的改革认同总分情况

2. 母亲学历对大学生改革认同的影响

调查结果显示，母亲学历不同的大学生改革认同程度不同，但是母亲学历不同的大学生的改革总体认同程度上不存在显著性差异。具体情况如下：母亲学历是"初中以下"的大学生的改革认同总分 M＝79.06，母亲学历是"高中（中专）"的大学生的改革认同总分 M＝78.65，母亲学历是"大专、本科"的大学生的改革认同总分 M＝79.37，母亲学历是"硕士及以上"的大学生的改革认同总分 M＝75.69。可见，母亲学历是"大专、本科"的大

学生的改革认同程度最高，母亲学历是"硕士及以上"的大学生的改革认同程度最低。母亲学历的高低与改革认同程度的高低并非是正相关关系。

同时，经由 SPSS 单因素方差分析得出，母亲学历不同的大学生群体的改革认同程度不存在显著性差异，母亲学历对大学生改革认同程度的影响不大（F = 0. 702，P = 0. 551 > 0. 05）。（详见表 21、图 14）

表 21　母亲学历对大学生改革认同的影响

变量	初中以下		高中（中专）		大专、本科		硕士及以上		F	P
	M	SD	M	SD	M	SD	M	SD		
改革认同总分	79. 06	17. 18	78. 65	16. 87	79. 37	17. 73	75. 69	20. 78	0. 702	0. 551

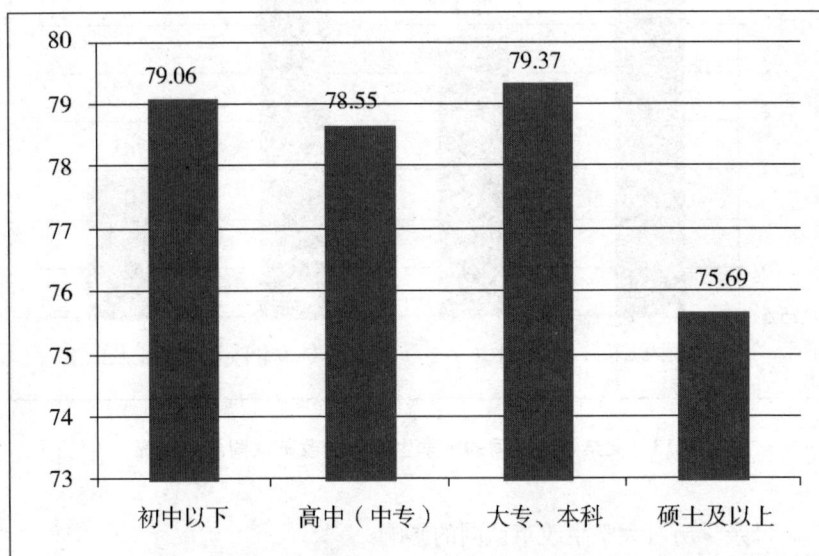

图 14　母亲学历不同的大学生群体的改革认同总分情况

（四）父母政治面貌对大学生改革认同的影响

调查结果显示，父母政治面貌不同的大学生改革认同程度不同，但是程度相差不大，父母政治面貌不同的大学生的改革总体认同程度上不存在显著性差异。具体情况如下：父母都是中共党员的大学生的改革认同总分 M = 78.90，父亲是中共党员的大学生的改革认同总分 M = 76.79，母亲是中共党员的大学生的改革认同总分 M = 79.82，父母都不是中共党员的大学生的改革认同总分 M = 79.39。可见，母亲是中共党员的大学生的改革认同程度最高，而父母都不是中共党员的大学生的改革认同程度反而比父母都是共产党员的大学生的改革认同程度还高，父亲是中共党员的大学生的改革认同程度最低。可见，父母是否是中共党员对于大学生改革认同的影响不显著。

同时，经由 SPSS 单因素方差检验得出，父母政治面貌不同的大学生的改革认同程度的不存在显著性差异，父母的政治面貌对大学生改革认同程度的影响不显著（F = 1.774，P = 0.567 > 0.05）。（详见表 22、图 15）

表 22　父母政治面貌对大学生改革认同的影响

变量	父母都是中共党员		父亲是中共党员		母亲是中共党员		父母都不是中共党员		F	P
	M	SD	M	SD	M	SD	M	SD		
改革认同总分	78.90	19.69	76.79	17.60	79.82	13.04	79.39	17.06	1.774	0.567

（五）家庭成员间的互动对大学生改革认同的影响

1. 父母观点与子女一致性程度对大学生改革认同的影响

调查结果显示，父母与子女在家庭生活中的观点是否一致，对于大学生改革认同产生较大的影响，而且两者存在正相关的关系；另外，大学生改革认同程度受到父母观点的影响大。大学生与父母的观点一致性程度越高，则其改革认同程度越高。具体情况如下：与父母观点都一致的大学生的改革认同总分 M = 80.52，与父亲观点比较一致的大学生的改革认同总分 M = 77.62，与母亲观点比较一致的大学生的改革认同总分 M = 77.60，与父母观点都不一致的大学生的改革认同总分 M = 74.28。可见，与父母观点都一致的大学生的改革认同程度最高，与父母观点都不一致的大学生的改革认同程度最低，而仅和父母其中一方观点一致的大学生的改革认同程度则处于中间状

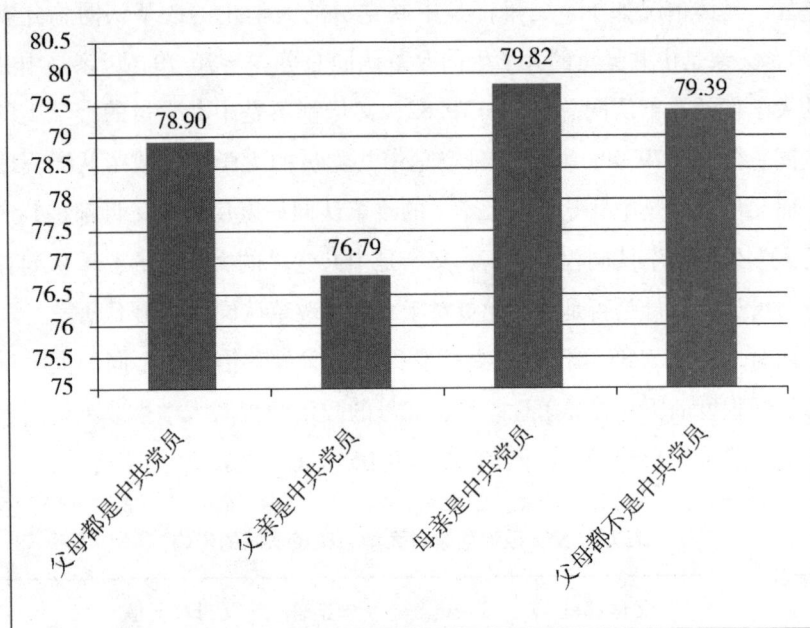

图 15　父母不同政治面貌的大学生群体的改革认同总分情况

态。在家庭生活过程中，越和父母双方的观点一致，大学生的改革认同程度越高。(详见表 23、图 16)

同时，通过 SPSS 单因素方差分析得出，父母观点与子女一致性程度不同的大学生的改革总体认同程度上存在着显著性差异，父母观点与子女一致性程度对大学生改革认同有着较大的影响 ($F = 9.195$，$P = 0.000 < 0.05$)。

表 23　父母观点与子女一致性情况对大学生改革认同的影响

变量	与父母观点都一致		与父亲观点比较一致		与母亲观点比较一致		与父母观点都不一致		F	P
	M	SD	M	SD	M	SD	M	SD		
改革认同总分	80.52	17.09	77.62	17.27	77.60	16.47	74.28	17.58	9.195	0.000

另外，调查结果也显示，大部分大学生在关于改革看法的形成过程中受

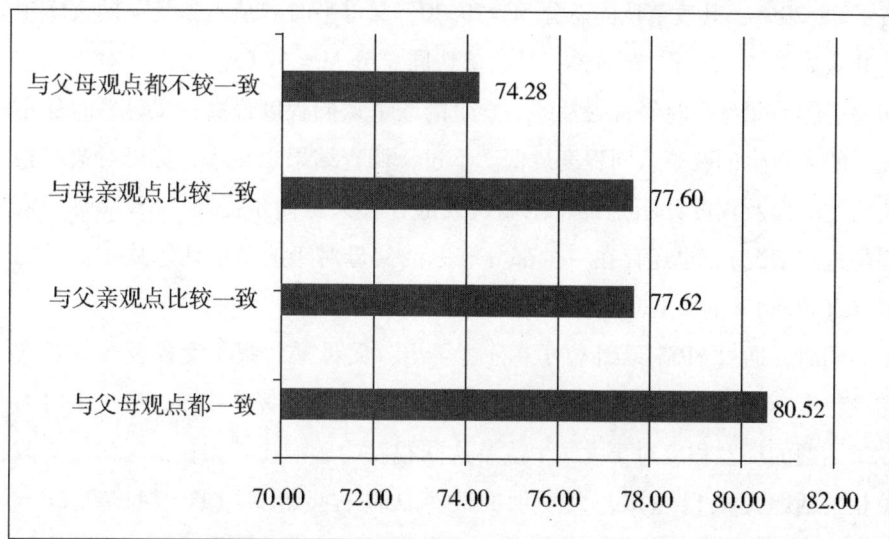

图 16　与父母观点一致性不同情况的大学生群体的改革认同总分情况

到其父母观点所影响。当问及"对于我国改革的看法，您父母的观点对您的影响程度怎么样"的时候，认为"影响很大"和"影响比较大"大学生分别有 353 名和 456 名，共占 52.67%；认为"影响一般"的大学生有 501 名，占了 32.62%；认为"不怎么影响"的大学生有 226 名，只占 14.71%。可见，大部分大学生表示自己的观点会受到父母观点所影响，只有极少部分认为自己的观点不怎么受到父母观点的影响。总体而言，父母的观点对大学生改革认同的影响程度比较大。因而，在改革认同引导教育的过程中，要注重发挥家庭中父母在子女改革认同生成中所起到的影响作用，发挥父母在子女改革认同生成中的积极引导作用。

2. 父母跟子女提及改革相关话题情况对大学生改革认同的影响

调查结果显示，父母平时是否跟子女提及改革相关话题，对大学生改革认同程度产生较大的影响。父母平时对于改革相关话题提及越多，则大学生的改革认同程度越高。具体情况如下：在对父母对我国改革相关话题提及情况的调查中，父母平时"经常提及"的大学生一共有 368 名，占了 23.96%，其改革认同总分 $M = 81.39$；父母平时"偶尔提及"的大学生一共有 894 名，占了 58.20%，其改革认同总分 M = 79.30；父母平时"从不提及"的大学生一共有 274 名，占了 17.84%，其改革认同总分 M = 74.08。可见，对于改革相关话题，父母平时经常提及的大学生的改革认同程度最高，父母平时从不提及的大学生的改革认同程度最低。不过，调查结果也显示，父母对改革相关话题的提及程度并不是都特别高，大部分都只是偶尔提及（58.20% 的家庭是这种情况），也还存在一少部分家庭的父母对于改革的话题从不提及的情况（17.84% 的家庭是这种情况）。

同时，通过 SPSS 单因素方差分析得出，父母平时跟子女提及改革相关话题程度不同的大学生的改革总体认同程度存在着显著性差异，父母平时对改革话题的提及程度对于大学生改革认同程度的影响比较大，平时父母对改革相关话题提及得越多，大学生的改革认同程度越高（F = 14.940，P = 0.000 < 0.05）。（详见表 24、图 17）。因此，新时代大学生改革认同的生成需要发挥家长平时对改革话题的提及与引导作用，家长对于改革话题提及越多，大学生更加容易形成改革认同。

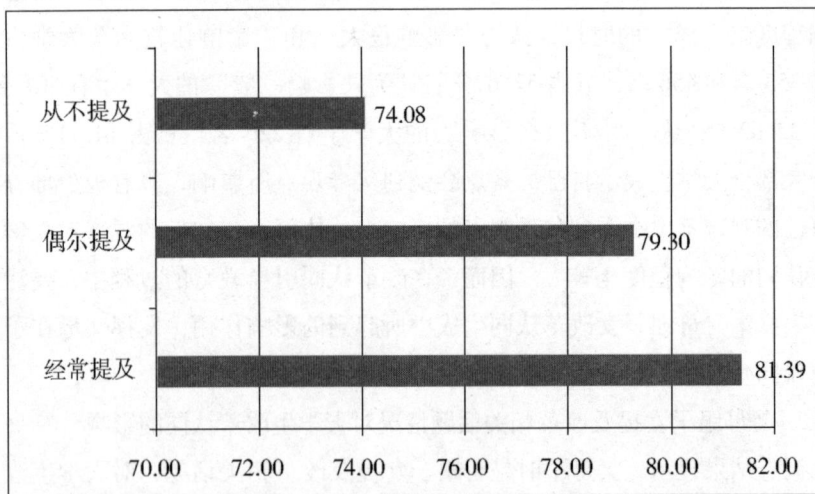

图 17　父母对改革相关话题提及不同情况的大学生改革认同情况

表24　父母对改革相关话题提及情况对大学生改革认同的影响

变量	经常提及		偶尔提及		从不提及		F	P
	M	SD	M	SD	M	SD		
改革认同总分	81.39	16.13	79.30	16.84	74.08	19.32	14.940	0.000

（六）家庭因素对大学生改革认同影响的基本判断

家庭因素作为影响大学生改革认同的重要因素之一，通过对家庭的经济水平、父母的文化程度、父母的政治面貌、家庭成员交往过程中的互动情况等方面的考量，结合相关实证结果调研分析之后有如下判断：

（1）家庭经济水平程度对大学生的改革认同存在显著性影响。家庭经济水平不同的大学生的改革认同程度存在着显著性差异，家庭经济水平越高的大学生改革认同程度越高。调查结果显示，家庭经济水平程度不同的大学生的改革认同程度存在显著性差异（P=0.01<0.05）。不同家庭经济水平的大学生群体的改革总体认同程度不同，大学生改革认同程度与其家庭经济水平程度成正比，家庭经济水平越高，大学生的改革认同程度越高。因此，党和国家要注重发展生产力，加大经济发展力度，提高大学生的家庭经济水平，从而提升大学生的改革认同程度。

（2）家庭成员间互动的程度对大学生的改革认同存在显著性影响。大学生所在家庭中，家庭成员观点越一致、互动得越多，则大学生改革认同程度越高。一方面，父母的观点与子女观点的一致性程度对大学生改革认同程度有较大影响。父母观点与子女一致性程度不同的大学生的改革总体认同程度上存在着显著性差异（P=0.000<0.05）。大学生观点与父母观点一致性程度越高，则其改革认同程度越高。同时，大部分大学生自身对改革看法形成的过程中受到其父母观点所影响，父母的观点对大学生改革认同的影响程度比较大；另一方面，父母跟子女提及改革相关话题的情况对大学生改革认同的影响也比较大。父母平时跟子女提及改革相关话题程度不同的大学生的改革总体认同程度存在着显著性差异（P=0.000<0.05），父母平时对于改革话题的提及程度对于大学生改革认同程度的影响比较大，平时父母对于改革

相关话题提及得越多，大学生的改革认同程度越高。因此，大学生改革认同教育引导的过程中，要注重发挥父母对子女的作用，提升父母的改革认同程度，加大父母对子女在关于改革的正确教育引导中的作用，从而提升大学生的改革认同程度。

（3）父母学历对大学生的改革认同影响不大。父母学历不同的大学生改革认同程度情况不同，但是程度相差不大，不存在着显著性差异。父亲、母亲学历不同，大学生的改革认同情况有所不同，但是父母的学历对大学生改革认同程度的影响不大。父母学历不同的大学生的改革认同程度不存在显著性差异（父亲学历不同的大学生群体 P = 0.567 > 0.05，母亲学历不同的大学生群体 P = 0.551 > 0.05）。同时，父亲、母亲学历为"大专、本科"的大学生的改革认同度最高，父亲、母亲学历为"硕士及以上"的大学生的改革认同度反而较低，父母的学历高低不与大学生改革认同程度的高低成正比，对大学生改革认同程度的影响不显著。

（4）父母政治面貌对大学生的改革认同影响不大。父母政治面貌不同的大学生改革认同程度情况不同，但是程度相差不大，不存在着显著性差异。父母是否为"中共党员"对大学生改革认同程度影响不大，而且，父母政治面貌不同的大学生的改革总体认同程度上不存在显著性差异（P = 0.567 > 0.05），父母的政治面貌对于大学生改革认同程度的影响不大。

综上所述，家庭作为大学生生活的重要场所，家庭因素对大学生改革认同的形成产生较大的影响，其中家庭经济水平、家庭成员在关于改革话题中的互动程度等方面的影响比较显著。总体而言，绝大多数家庭都发挥了积极作用，绝大部分大学生的改革认同程度都比较高。但目前也存在一些家庭作用发挥不充分的情况，部分大学生的改革认同程度不够高。比如，在对改革相关话题的提及程度的情况调查中，并不是所有的家庭对于改革话题的提及度都很高，大部分都只是偶尔提及（其中这类型家庭占 58.20%），也存在一少部分家庭的父母对于改革的话题从不提及的情况（其中这类型家庭占 17.84%），家庭因素在增进大学生改革认同程度过程中的积极作用还有待于进一步发挥，要进一步思考如何更好地发挥家庭在增进大学生改革认同中的重要作用。

二、学校因素的影响

(一) 学校因素的考量依据和设计思路

1. 考量依据

学校是一个人接受系统教育的重要场所，人的生存与发展离不开学校教育。在现代社会，学校教育在人的发展中所起的作用越来越大，学校教育对人的发展起到重要的主导作用。学校环境通过教学活动、课外活动、教师榜样、校风校纪氛围营造等多种途径对学生的思想品德、言行举止产生影响。学校教育在培育人的过程中具有以下特点：第一，学校教育具有较强的目的性。学校培养人的过程中，一般与社会的主导性要求比较统一。学校培养目的明确，主要是培养社会未来的建设者和接班人。第二，学校教育具有较强的系统性。学校教育具有计划性、组织性、协调性和全面性，学校教育比较系统、全面。第三，学校教育具有较强的选择性。对于培养目标以及教育内容、教育方式方法等方面，学校在开展教育的过程中结合实际情况均会有所选择。第四，学校教育具有较强的专门性。培养人是学校教育的基本职能和中心任务，是学校区别于社会其他机构的重要特点。学校有专门系统的课程和专门的师资队伍，这些都是学校教育开展的重要条件。第五，学校教育有较强的基础性。学校开展的各类教育，都在为促进个人全面发展打下基础，对学生思想行为的形成起到十分重要的作用。[1] 高等学校具有十分重要的职能，是培养人才的教学中心。在培养人才方面发挥着重要的作用。[2] 大学生成长的过程，也是接受学校教育的过程，其思想的形成、行为的选择，都深受学校教育的影响。研究大学生改革认同的影响因素，学校是需要加以考量的重要方面。

2. 设计思路

学校作为大学生成长发展过程中接受教育管理的系统性机构，是大学生

---

① 扈中平，李方，张俊洪，等. 现代教育学 ［M］. 北京：高等教育出版社，2000：57—62.

② 卢晓中. 高等教育概论 ［M］. 北京：高等教育出版社，2009：12.

改革认同的重要影响因素，也是大学生改革认同的重要自变量，是探究大学生改革认同形成必须考量的重要因素。学校的教育、学校的管理等方面的情况对大学生的改革认同都会产生较大的影响。本研究结合社会学、政治学、心理学等相关学科理论，借鉴国内外学者的相关研究成果，对于学校这一影响因素的考量，主要从以下几个方面来开展：学校宣传教育、学校课堂教育、社会实践教育、学生工作参与等，因变量是新时代大学生对国家改革的认同程度。（详见表25）

表25　学校因素考量设计思路

自变量		因变量
一级指标	二级指标	
家庭因素	学校宣传教育	新时代大学生改革认同程度
	学校课堂教育	
	社会实践教育	
	学生工作参与	

（二）学校宣传教育对大学生改革认同的影响

调查结果显示，所在学校对改革宣传情况不同，大学生的改革认同情况不同。学校平时对国家改革路线、方针、政策等的宣传教育程度对大学生改革认同程度产生较大的影响。大学生所在学校对改革的宣传力度越大，大学生的改革认同程度越高。在关于大学生所在学校对于国家改革路线、方针、政策等方面的宣传教育情况的调查中，具体调查情况如下：表示"经常进行宣传教育"的大学生一共有714名，占了46.48%，其改革认同总分 M = 81.46；表示"偶尔进行宣传教育"的大学生一共有734名，占了47.79%，其改革认同总分 M = 76.97；表示"没进行相关宣传教育"的大学生一共有88名，占了5.73%，其改革认同总分 M = 73.74。可见，所在学校对国家改革路线、方针、政策等方面有经常进行宣传教育的大学生的改革认同程度最高，所在学校对国家改革路线、方针、政策等方面没进行相关宣传教育的大学生的改革认同程度最低。学校是否对国家的改革路线、方针、政策等方面进行宣传教育对大学生改革认同的程度影响大，学校宣传教育得越多，大学生的改革认同程度越高。总体上，大部分学校都对国家改革路线、方针、政策等方面进行了宣传，不过宣传力度还不是特别高，也存在有些学校没有对改革进行宣传的情况。

同时，通过 SPSS 单因素方差分析得出，所在学校对改革宣传教育的程度不同的大学生的改革总体认同程度上存在着显著性差异，学校对改革的宣传力度对大学生的改革认同影响显著（F = 16.647，P = 0.000 < 0.05）。（详见表 26、图 18）。

表 26　学校宣传教育对大学生改革认同程度的影响

变量	经常宣传教育		偶尔宣传教育		没进行相关宣传教育		F	P
	M	SD	M	SD	M	SD		
改革认同总分	81.46	16.78	76.97	17.38	73.74	17.73	16.647	0.000

（三）学校课堂教育对大学生改革认同的影响

调查结果显示，学校在课堂上对改革认同的教育引导情况不同，大学生的改革认同情况不同。学校在课堂上开展关于改革认同的教育情况对大学生改革认同程度有较大的影响，学校课堂上关于改革认同的教育引导越多，则大学生的改革认同程度越高。在关于大学生所在学校在课堂上开展关于改革认同教育引导情况的调查中，具体调查情况如下：表示所在学校结合相关课程"经常进行改革认同教育引导"的大学生一共有 314 名，占了 20.44%，其改革认同总分 M = 94.63；表示所在学校结合相关课程"偶尔进行改革认同教育引导"的大学生一共有 785 名，占了 51.11%，其改革认同总分 M = 83.86；表示所在学校"没有结合相关课程进行改革认同教育引导"的大学生一共有 437 名，占了 28.45%，其改革认同总分 M = 58.59。可见，所在学校结合相关课程有经常进行改革认同教育引导的大学生的改革认同程度最

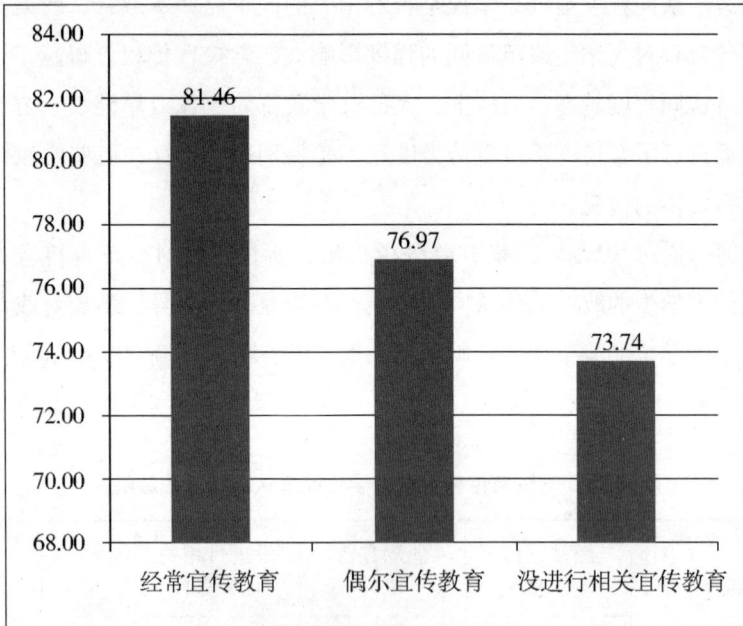

图18　学校宣传教育不同情况的大学生群体的改革认同情况

高，所在学校没有结合相关课程进行改革认同教育引导的大学生的改革认同程度最低。学校在课堂上对于改革认同的教育引导程度越高，大学生的改革认同程度越高。但调查结果也显示，总体上，大部分学校有结合相关课程对改革认同进行教育引导，不过教育引导的程度还不是特别高，大部分学校只是偶尔进行了引导，也存在少部分学校没有结合相关课程在课堂上对改革认同进行教育引导的情况。

　　同时，通过 SPSS 单因素方差分析得出，所在学校在课堂上开展关于改革认同的教育情况不同的大学生的改革总体认同程度上存在显著性差异，学校在课堂上对于改革认同的教育引导对大学生改革认同的影响显著（F = 7. 939，P = 0. 000 < 0.05）。（详见表27、图19）

表 27　学校在课堂上的教育引导对大学生改革认同的影响

变量	经常进行改革认同教育引导		偶尔进行改革认同教育引导		没有进行改革认同教育引导		F	P
	M	SD	M	SD	M	SD		
改革认同总分	94.63	6.37	83.86	9.84	58.59	14.64	7.939	0.000

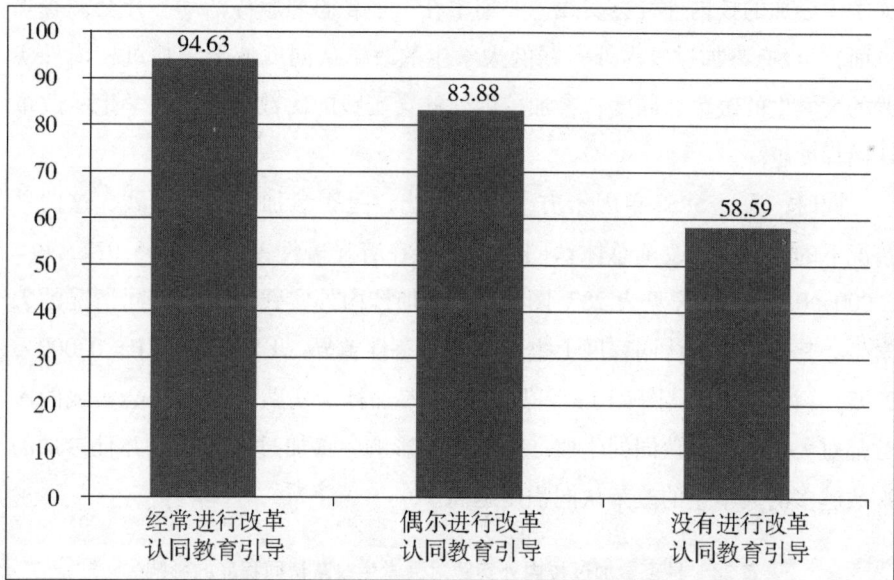

图 19　学校在课堂上的教育引导不同情况的大学生的改革认同情况

（四）学校社会实践教育对大学生改革认同的影响

调查结果显示，参加社会实践教育情况不同，大学生改革认同的情况不同，参加社会实践教育有利于大学生改革认同的生成。在学校教育过程中，参加过校内外实践的大学生的改革认同程度高于没有参加校内外实践的大学生，且参加的次数越多，其改革认同程度越高。具体调查情况如下：第一，参加过校内外实践的大学生改革认同程度比没有参加校内外实践的大学生高。其中有参加校内外实践的大学生的改革认同总分 M = 84.66，没有参加校内外实践的大学生的改革认同总分 M = 56.35。第二，参加过校内外实践次数越多的大学生改革认同程度越高。其中参加过 1—2 次的大学生的改革认同总分 M = 66.89，参加过 3—4 次的大学生的改革认同总分 M = 78.35，参加过 5—6 次的大学生的改革认同总分 M = 87.98，参加过 7 次及以上的大学生的改革认同总分 M = 95.32，社会实践的参加次数对大学生改革认同度影响较大。由此可见，学校社会实践教育开展的过程中，大学生是否参加校内外实践和参加校内外实践的次数都和大学生改革认同程度成正比关系（其中大学生参加的校内外社会实践主要集中在三下乡志愿服务活动、社会调查等方面），没有参加过校内外实践的大学生的改革认同度低于参加过校内外实践的大学生的改革认同度；参加校内外社会实践的次数越多，大学生的改革认同程度越高。

同时，通过 SPSS 单因素方差分析得出，是否参加校内外实践，这两种情况下的大学生的改革总体认同程度上存在着显著性差异（F = 5.032，P = 0.000 < 0.05），（详见表 28、图 20）；参加校内外实践的次数不同情况的大学生，其改革总体认同程度上也存在着显著性差异（F = 7.939，P = 0.000 < 0.05）（详见表 29、图 21）；可见，是否参加社会实践与参加社会实践的次数都对大学生改革认同的生成产生较大的影响，参加过社会实践并且参加的次数越多的大学生的改革认同程度越高。

表28　是否参加过校内外实践对大学生改革认同程度的影响

变量	参加校内外实践		没参加校内外实践		F	P
	M	SD	M	SD		
改革认同总分	84.66	12.41	56.35	15.08	5.032	0.000

表29　参加校内外实践的次数对大学生改革认同程度的影响

变量	无参加		1—2 次		3—4 次		5—6 次		7 次及以上		F	P
	M	SD	M	SD	M	SD	M	SD	M	SD		
改革认同总分	46.23	13.17	66.89	5.99	78.34	6.74	87.98	7.01	95.32	5.55	5.032	0.000

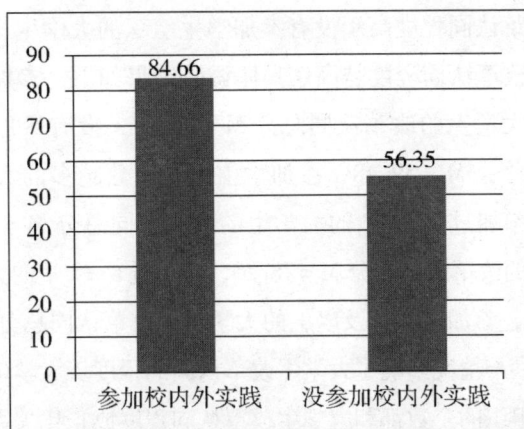

图 20　是否参加过校内外实践的大学生的改革认同情况

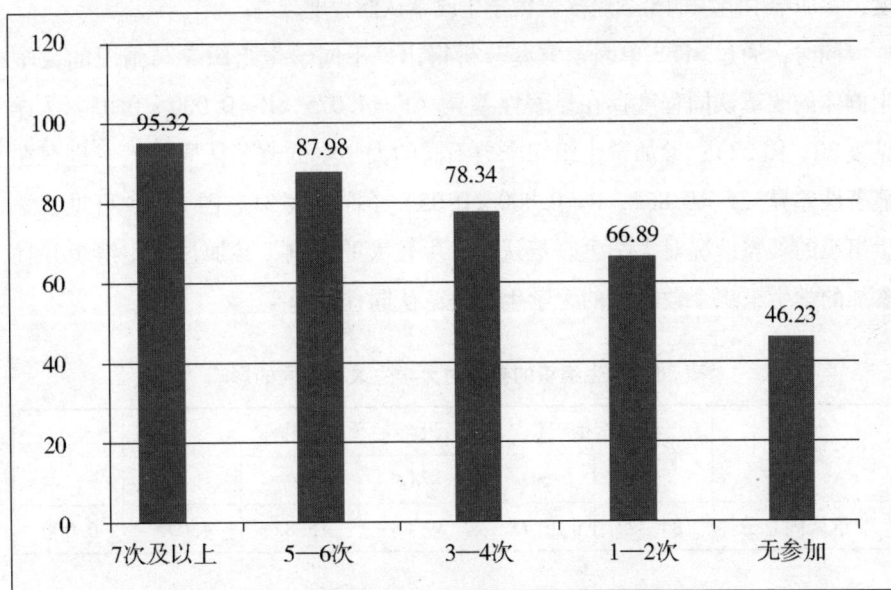

图 21　参加校内外实践不同次数的大学生的改革认同情况

（五）学生组织参与对大学生改革认同的影响

调查结果显示，大学生参加学校学生组织的情况对其改革认同产生较大的影响。有参加学生会、团委、学校党支部、团支部、年级委员会等学生组织的大学生的改革认同程度高于没有参加学生组织的大学生；同时，参加学生组织越多，其改革认同程度越高。具体调研结果如下：参加过学生干部社团等学生工作的大学生的改革认同总分 M = 84.47，没有参加学生组织的大学生的改革认同总分 M = 59.48；参加学生组织个数越多的大学生改革认同程度越高，其中参加过 1—3 个的大学生的改革认同总分 M = 67.03，参加过4—5 个的大学生的改革认同总分 M = 78.26，参加过 6—8 个的大学生的改革认同总分 M = 88.14，参加过 9 个及以上的大学生的改革认同总分 M = 95.27。可见，学生工作的参与情况影响了大学生改革认同的程度。大学生是否参加学生组织和参加学生组织的个数都和大学生改革认同程度成正比关系，没有参加学生组织的大学生的改革认同程度低于参加过学生组织的大学生的改革认同程度；参加学生组织的个数越多，大学生改革认同程度越高。

同时，通过 SPSS 单因素方差分析得出，不同学生组织参与情况的大学生群体的改革认同程度存在显著性差异（F = 4.075，P = 0.000 < 0.05）（详见表30、图22）；参加学生组织个数不同的大学生的改革认同程度上也存在显著性差异（F = 8.864，P = 0.000 < 0.05）（详见表31、图23）。可见，学生组织的参与情况对大学生改革认同产生较大的影响，参加过学生组织并且参加的学生组织个数越多的大学生的改革认同程度越高。

表30　学生组织的参加对大学生改革认同的影响

变量	参加学生工作		没参加学生工作		F	P
	M	SD	M	SD		
改革认同总分	84.47	13.18	59.48	15.82	4.075	0.000

表31　参加学生组织的个数对大学生改革认同程度的影响

变量	无参加		1—3 个		4—5 个		6—8 个		9 个及以上		F	P
	M	SD	M	SD	M	SD	M	SD	M	SD		
改革认同总分	46.51	13.27	67.04	6.13	78.26	6.82	88.14	7.13	95.27	5.57	8.864	0.000

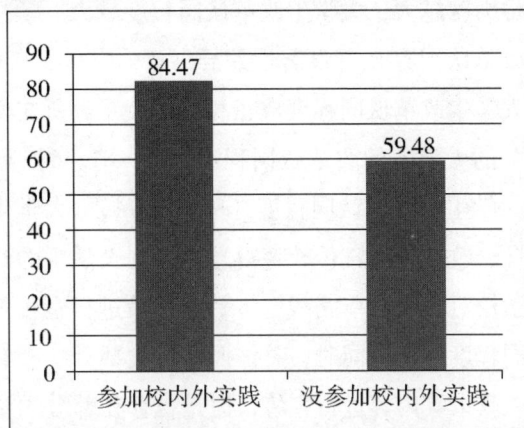

图22 不同学生组织参加情况的大学生群体的改革认同总分情况

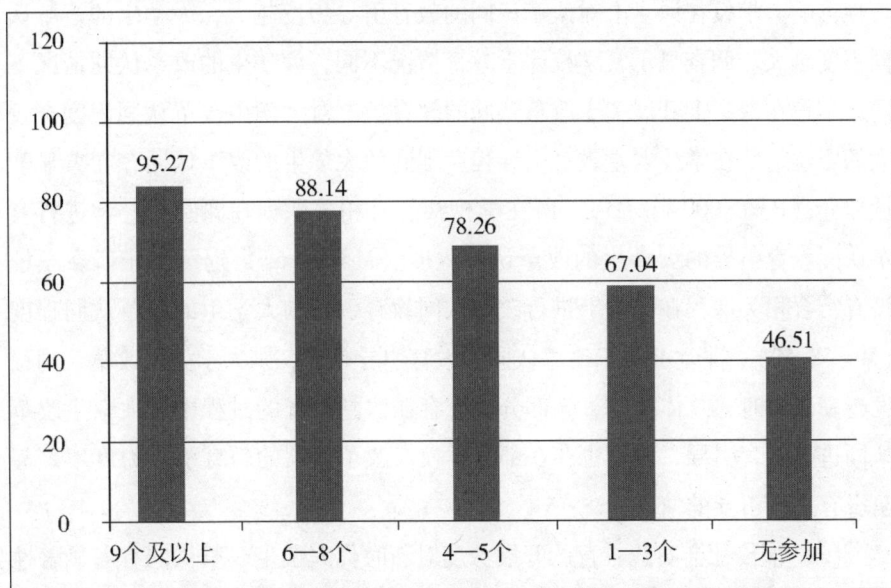

图23 参加学生组织不同个数的大学生群体的改革认同总分情况

（六）学校因素对新时代大学生改革认同影响的基本判断

（1）学校对改革的宣传力度对新时代大学生改革认同有着显著性影响。

学校对改革的宣传力度越大，大学生改革认同程度越大。学校宣传力度不同的大学生群体的改革认同存在着显著性差异（P = 0.000 < 0.05）。学校对改革的宣传力度与大学生改革认同程度成正相关的关系，所在学校对改革"经常进行宣传教育"的大学生的改革认同程度（M = 81.46）高于"没进行改革宣传教育"的大学生的改革认同程度（M = 73.74）。大学生所在学校对国家改革路线、方针、政策进行宣传教育得越多，则大学生的改革认同程度越高；大学生所在学校对国家改革路线、方针、政策进行宣传教育得越少，则大学生的改革认同程度越低。同时，总体而言，大部分学校有对党和国家改革的路线、方针、政策等内容进行宣传，但是也存在部分学校宣传不到位甚至没有进行宣传的情况。

（2）学校课堂改革认同教育的引导程度对新时代大学生改革认同有着显著性影响。学校在课堂上对改革认同的教育引导力度越大，大学生的改革认同程度越大。调查显示，学校课堂教育情况不同，大学生的改革认同情况不同，学校在课堂上开展关于改革认同的教育情况对大学生改革认同程度有较大的影响，所在学校课堂教育引导程度不同的大学生的改革认同存在着显著性差异（P = 0.000 < 0.05）。所在学校结合有相关课程在课堂上经常进行改革认同教育引导的大学生的改革认同程度（M = 94.63）远远高于所在学校没有结合相关课程在课堂上进行改革认同教育引导的大学生的改革认同程度（M = 58.59）。课堂上关于改革认同的教育引导越多，则大学生的改革认同程度越高。同时，总体而言，大部分学校有在课堂教育的过程中对大学生改革认同进行教育引导，但是也存在部分学校对改革认同的教育引导力度不足甚至没有进行引导的情况。

（3）学校社会实践教育的开展深度对新时代大学生改革认同有着显著性影响。学校社会实践教育活动开展得越多，大学生参与活动越多，其改革认同程度越大。学校社会实践教育开展的深度不同，学生参加社会实践教育的情况不同，大学生改革认同情况也不一样。不同校内外实践参与情况的大学生存在显著性差异（P = 0.000 < 0.05），不同校内外实践参与次数的大学生也存在显著性差异（P = 0.000 < 0.05）。其中有参加过校内外实践活动的大

学生的改革认同程度（M = 84.66）高于没有参加校内外实践活动的大学生的改革认同程度（M = 56.35）；参加过 1—2 次校内外实践活动的大学生的改革认同总分 M = 66.89，参加过 7 次及以上校内外实践活动的大学生的改革认同总分 M = 95.32。在学校教育过程中，参加了校内外实践活动的大学生的改革认同程度高于没有参加过校内外实践的大学生，大学生参加社会实践教育越多，其改革认同程度越高，且参加的次数越多，其改革认同程度也越高。

（4）学校学生组织工作的参与情况对新时代大学生改革认同有着显著性影响。大学生学生会、团委、学校党支部、团支部、年级委员会等学生干部社团积极作用的发挥，对大学生改革认同的影响大，大学生参与学生组织越多，其改革认同程度越大。不同学生组织参与情况的大学生群体的改革总体认同存在显著性差异，大学生参加学生组织的个数也与其改革总体认同程度上存在显著性差异（P = 0.000 < 0.05）。有参加学生组织的大学生群体的改革认同程度（M = 84.47）高于没有参加学生工作的大学生的改革认同程度（M = 59.48）；同时，参加学生组织越多，其改革认同程度越高。参加过 1—3 个学生组织的大学生的改革认同总分 M = 67.03，参加过 9 个及以上学生组织的大学生的改革认同总分 M = 95.27。是否参加学生组织以及具体学生组织的参与情况都对大学生改革认同产生较大的影响。要注重发挥学生组织的积极作用，提高大学生改革认同程度。

总体而言，学校因素在大学生改革认同形成的过程中发挥了较大的作用，是大学生改革认同形成的重要影响因素。学校在改革宣传、课堂引导、实践教育、学生组织工作开展等方面的情况都影响着新时代大学生改革认同的生成。不过，通过调查也发现，目前也存在一些学校在增进大学生改革认同的过程中作用发挥不足，对改革宣传教育不到位的情况。在关于学校宣传教育对大学生改革认同的影响的调研方面，总体上大部分学校都对国家改革路线、方针、政策等进行了宣传，不过宣传力度还不是特别高，甚至有些学校对于改革相关话题没有进行宣传教育；在关于学校课堂教育对大学生改革认同影响的调研方面，总体上，大部分学校有结合相关课程对改革认同进行教育引导，不过教育引导的程度还不够高，多数学校只是偶尔进行了引导，也存在有部分学校没有进行改革认同教育引导的情况。作为影响大学生改革认同的重要因素，学校在教育、管理等方面作用的发挥程度要加以重视，要加大对改革的多方面宣传教育，并为大学生改革认同的形成提供学习实践的机会，从而促进大学生改革认同程度的提升。

三、社会环境因素的影响

（一）社会环境因素的考量依据和设计思路

1. 考量依据

本研究的社会环境因素，主要指除了家庭、学校环境以外的大学生生活学习所在的社会大环境，既包括大学生所处的国家社会、生活的社区等环境，也包括大学生所处的网络媒体环境。大学生作为社会上的个人，其思想行为的产生较大程度上也受到所生活于其中的社会大环境的影响，国家社会的情况、网络媒体的情况等方面都会对其思想行为的形成产生影响。社会发展的过程，也是政府和社会组织进行社会建设和社会管理的过程，是政府和社会组织为促进社会系统协调运作而对社会系统的各组成部分、对社会生活的各个领域以及社会发展的各个环节进行的组织、协调和监督控制的过程。在这期间，作为生活在社会中的大学生会受到不同程度的影响。大学生所生活的社会环境，特别是社区环境、网络环境等方面，对其思想行为都会产生较大的影响。社区的生活秩序和经济发展因素情况、社区的风气、社区的人际交往情况等方面，都影响生活于其中的社区成员的思想行为;① 另外，生活于信息化社会，网络大环境也对人们思想行为产生较大的影响。新时代大学生处于信息化时代当中，思想行为也较大程度地受到所处网络媒体环境的影响。

2. 设计思路

社会作为改革开放的大环境，是大学生学习生活的重要场所，也是大学

---

① 陈万柏，张耀灿. 思想政治教育学原理 [M]. 北京：高等教育出版社，2007：109.

生改革认同影响因素需要考量的重要方面,是大学生改革认同的重要自变量。党和国家对改革的宣传引导、党和国家对改革方式方法的采取、社会网络媒体等因素,都对大学生改革认同产生影响。本研究结合社会学、政治学、心理学等相关学科理论,借鉴国内外学者的相关研究成果,对社会环境这一影响因素进行考量,主要从以下几个方面来开展:社会宣传力度、改革方式方法、大学生关注改革相关消息时使用的媒介等,因变量是新时代大学生对国家改革的认同程度(详见表32)。

表 32 社会环境因素考量设计思路

自变量		因变量
一级指标	二级指标	新时代大学生改革认同程度
社会环境因素	社会宣传力度	
	改革方式方法	
	关注消息的使用媒介	

(二) 改革的宣传力度对大学生改革认同的影响

调查结果显示,目前,大部分大学生觉得国家对改革的宣传力度比较大;而且,在评判改革的过程中,大部分大学生都表示受社会宣传的影响大。社会宣传力度越大,大学生改革认同程度越高。

在对国家目前在关于改革路线、方针、政策的宣传力度的调查中,具体调查情况如下:认为"宣传力度非常大"的大学生一共有 384 名,占了 25%,其改革认同总分 M = 82.82;认为"宣传力度比较大"的大学生一共有 781 名,占了 50.85%,其改革认同总分 M = 79.01;认为"宣传力度一般"的大学生一共有 321 名,占了 20.90%,其改革认同总分 M = 74.96;认为"宣传力度不足"的大学生一共有 50 名,占了 3.25%,其改革认同总分 M = 71.49。在对国家改革相关政策的看法受社会宣传影响程度的调查中,具体调查情况如下:表示"影响非常大"的大学生一共有 418 名,占了 27.21%,其改革认同总分 M = 82.58;表示"影响比较大"的大学生一共有

652 名，占了 42.45%，其改革认同总分 M = 79.39；表示"影响一般"的大学生一共有 429 名，占了 27.93%，其改革认同总分 M = 75.43；表示"不受影响"的大学生只有 37 名，占了 2.41%，其改革认同总分 M = 67.70。

同时，通过 SPSS 单因素方差分析得出，对改革的宣传力度看法不同的大学生群体的改革认同程度存在着显著性差异（F = 15.656，P = 0.000 < 0.05）；受社会宣传影响程度不同的大学生群体的改革认同程度也存在着显著性差异（F = 17.983，P = 0.000 < 0.05）。

由此可见，社会对于改革的宣传情况对大学生改革认同存在着显著性影响，社会宣传力度越大，大学生的改革认同程度越高（详见表 33、图 24、表 34）。同时，大部分大学生对改革的看法受到社会宣传的影响大，大学生改革看法的形成跟社会宣传情况密切相关。目前总体上宣传力度比较大，但也存在宣传不到位的情况（详见表 35、图 25、表 36）。

表 33　对社会宣传力度不同看法的大学生群体比例及改革认同总分情况

宣传力度情况	数量（人）	比例	改革认同总分（M）
宣传力度非常大	384	25%	82.82
宣传力度比较大	781	80.85%	79.01
宣传力度一般	321	20.90%	74.96
宣传力度不足	50	3.25%	71.49
总计	1536	100%	308.28

表 34　不同社会改革宣传力度对大学生改革认同的影响

变量	宣传力度非常大		宣传力度比较大		宣传力度一般		宣传力度不足		F	P
	M	SD	M	SD	M	SD	M	SD		
改革认同总分	82.82	17.92	79.01	16.37	74.96	16.91	71.49	21.25	15.656	0.000

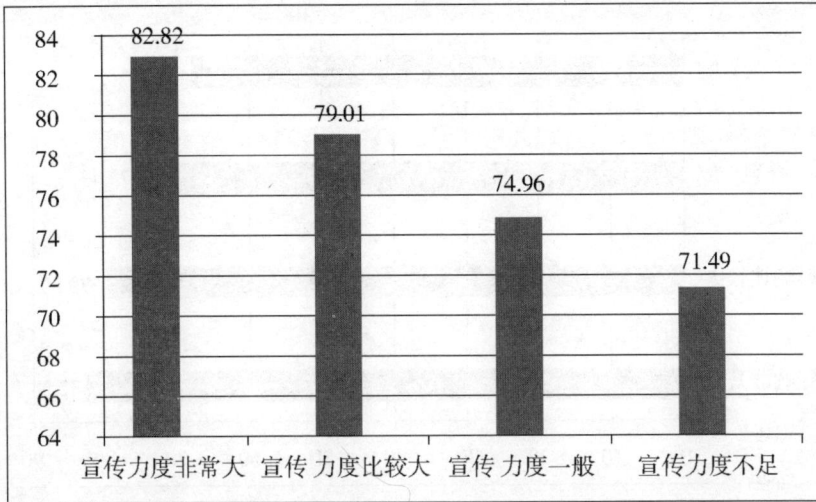

图 24　社会不同的改革宣传力度与大学生群体改革认同总分情况

表 35　受社会宣传力度影响不同情况的大学生群体比例及改革认同总分情况

影响程度	人数（人）	比例	改革认同总分（M）
影响非常大	418	27.21%	82.58
影响比较大	652	42.45%	79.39
影响一般	429	27.93%	75.43
不受影响	37	2.41%	67.70
总计	1536	100%	305.10

表 36　不同社会宣传力度影响程度对大学生改革认同的影响

变量	影响非常大		影响比较大		影响一般		不受影响		F	P
	M	SD	M	SD	M	SD	M	SD		
改革认同总分	82.58	15.68	79.39	17.36	75.43	17.54	67.70	19.15	17.983	0.000

（三）改革方式方法对大学生改革认同的影响

调查结果显示，改革方式方法的采取对大学生的改革认同程度影响大，

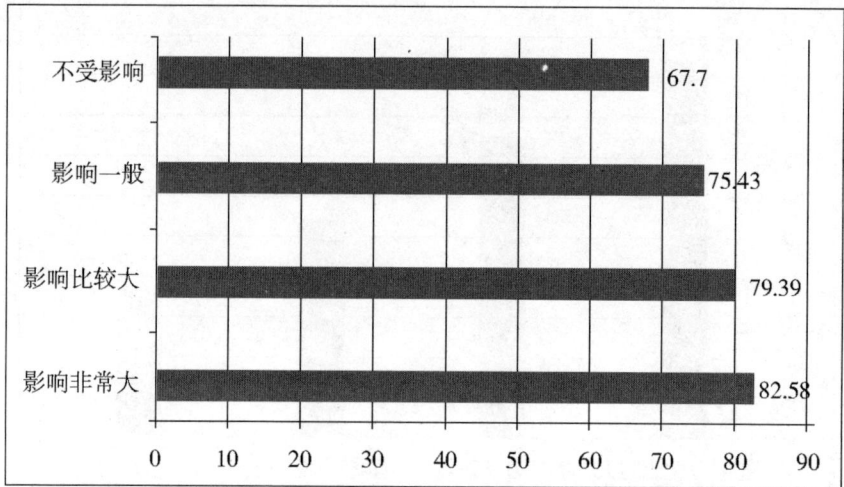

图25　受社会宣传力度影响不同情况的大学生改革认同总分情况

大部分学生表示自身对改革的看法受改革方式方法影响大。在关于大学生改革的看法形成过程中受改革方式方法选取情况所影响的调研中，表示"受影响"的大学生一共有1232名，占93.88%。具体情况如下：表示"影响非常大"的大学生一共有304名，占了19.79%，其改革认同总分 M＝82.36；表示"影响比较大"的大学生一共有668名，占了43.49%，其改革认同总分 M＝79.50；表示"影响一般"的大学生一共有470名，占了30.60%，其改革认同总分 M＝77.05；表示"不受影响"的大学生只有94名，占了6.12%，其改革认同总分 M＝72.18。可见，绝大部分大学生在对改革进行评价、形成对改革的看法的时候，受到改革过程中所采取的方式方法影响大。因此，改革过程中改革方式方法是否科学选取，是大学生是否认可与支持改革考虑的重要方面因素（详见表37）。

表37　不同改革方式方法影响情况的大学生群体比例

影响程度	人数（人）	比例
影响非常大	304	19.79%
影响比较大	668	43.49%
影响一般	470	30.60%
不受影响	304	6.12%
总计	1536	100%

（四）媒介工具对大学生改革认同的影响

调查结果显示，大学生关注改革相关信息的时候采取不同的媒介工具，其中包括电脑、手机、电视（网络电视）、广播、报刊等媒介工具，不同媒介工具的使用对大学生的改革认同程度影响不同，大学生比较常用的媒介工具是电脑、手机和电视（网络电视），这些对大学生的改革认同程度影响比较大。

在关于平时关注改革信息所采取的媒介工具的调查中，具体情况如下：表示比较常用"电脑"来关注改革信息的大学生一共有882名，占了86.34%；比较常用"电视"来关注改革信息的大学生一共有706名，占了45.96%；比较常用"手机"来关注改革信息的大学生一共有1326名，占了86.33%；比较常用"广播电台"来关注改革信息的大学生一共有309名，占了20.11%；比较常用"报纸杂志"来关注改革信息的大学生一共有306名，占了19.92%。可见，电脑、手机和电视（网络电视）是当下大学生关注改革信息较为常用的媒介工具（详见表38）。

表38　大学生关注改革信息过程中使用的媒介工具情况

媒介工具	使用人数（人）	比例
电脑	882	86.34%
手机	1326	86.33%
电视（网络电视）	706	45.96%

媒介工具	使用人数（人）	比例
广播电台	309	20.11%
报纸杂志	306	19.92%

另外，调研结果也显示，当前大部分大学生关注改革的时间并不长。在关于每天关注改革相关信息时长的调研中，具体情况如下：表示关注"几分钟"的大学生一共有394名，占了25.65%，其改革认同总分 M＝77.76；表示关注"30分钟以内"的大学生一共有691名，占了44.99%，其改革认同总分 M＝78.87；表示关注"30分钟—1小时"的大学生一共有298名，占了19.40%，其改革认同总分 M＝80.71；表示关注"1个小时以上"的大学生一共有153名，占了9.96%，其改革认同总分 M＝78.15。不过，关注时长并不与改革认同程度成正比，其中关注时长在"30分钟—1小时"的大学生的改革认同程度最高（详见表39）。

表39　改革信息关注时长与大学生改革认同

关注时长	人数（人）	比例	改革认同总分（M）
几分钟	394	25.65%	77.76
30分钟以内	691	44.99%	78.87
30分钟—1小时	298	19.40%	80.71
1个小时以上	153	9.96%	78.15
总计	1536	100%	315.49

（五）社会因素对大学生改革认同影响的基本判断

社会作为大学生生活的重要场所，是除了家庭、学校环境以外的大学生生活的社会大环境，对大学生思想行为产生较大程度的影响。结合对于社会宣传、改革方式方法选取、网络媒体使用等方面情况的实证调查，对于社会环境因素这一影响大学生改革认同的因素的考量，总体上可得出以下基本判断：

（1）社会对改革的宣传力度对大学生改革认同的影响大。社会宣传力度越大，大学生改革认同程度越高。社会对改革的宣传力度对大学生改革认同程度的影响大，对改革的宣传力度看法不同的大学生的改革认同程度存在着显著性差异（$P=0.000<0.05$）。社会对改革相关信息宣传得越多，大学生的改革认同程度越高；社会对改革相关信息宣传得越少，大学生的改革认同程度越低。目前，大部分大学生认为党和国家在对改革的方针、政策等方面的宣传力度比较大。同时，在对国家改革相关政策的看法形成过程中，大部分大学生都表示受社会宣传的影响大。大学生自身对改革看法的形成较大程度跟社会对改革的宣传力度有关，受社会对改革的宣传所影响。不过，经过调查也得知，虽然目前总体上社会对改革相关信息的宣传力度比较大，但是也存在宣传不到位甚至没有宣传的情况，在对改革的宣传上还存在一些不足。大学生改革认同形成的过程中，要注重发挥社会对改革宣传的作用，加大社会对改革的宣传力度，提高社会积极、正面对改革进行宣传的广度和深度，从而更好地促进大学生改革认同。

（2）改革方式方法的采取对大学生改革认同的影响大。改革方式方法越科学，大学生改革认同程度越高。改革方式方法的选取，是改革各项措施得以实施的具体表现，是改革是否得以认可的重要影响因素。改革观点形成过程中，改革方式方法的采取对大学生的改革认同程度影响大，绝大部分大学生在对改革进行评价的时候，受到改革过程中所采取的方式方法所影响。改革方式方法越科学有效，越能得到更多人的认可和支持。党和国家在进行改革的过程中，要注重科学选取改革方式方法，结合具体实际有针对性的选取有效的合理的改革方式方法，从而更好地将相关的改革方针、政策落到实处，才能更好地促进大学生改革认同。

（3）媒介工具对大学生改革认同产生不同程度的影响。媒介工具作为现代信息社会中传播信息的重要载体，对大学生的改革认同产生影响，其中电脑、手机和电视（网络电视）的影响最大。大学生在关注改革相关信息时，现代媒介工具起到了较大的影响作用。大学生关注改革相关信息的时候采取不同的媒介工具，包括电脑、手机、电视（网络电视）、广播、报刊等媒介工具，不同媒介工具的使用对大学生的改革认同程度影响不同，大学生改革认同程度受影响比较大的媒介工具是电脑、手机和电视（网络电视）。要重视媒介工具对大学生改革认同的影响，发挥媒介工具对大学生改革认同形成的积极作用，积极利用电脑、手机、电视（网络电视）等媒介工具，传递关于改革的多方面积极信息，让大学生更好地接触党和国家各项改革相关信息，从而形成改革认同。

四、个体因素的影响

（一）个体因素的考量依据和设计思路

1. 考量依据

马克思主义认为，事物的变化发展是内外因共同起作用的结果，其中内因是根本原因，起到关键的决定性作用。改革认同个体因素，指的是除了家庭、学校、社会等外部环境因素以外的大学生这一认同主体内部因素。大学生作为社会上的个体，其思想、行为的形成过程中，自我这一内在因素起到决定性作用。大学生这一个体自我的能力水平、自我思考问题的取向等方面，自己对于改革在心理和行为上的看法和做法等方面，都是影响大学生改革认同的重要因素。大学生个体因素是大学生改革认同影响因素中的根本性因素，考察大学生个体因素，是从内在的角度来考量大学生改革认同的影响因素。

2. 设计思路

大学生作为改革认同的主体，是影响大学生改革认同的内部因素，是大学生改革认同的重要自变量。大学生自身对改革的认知、对改革的态度情感、对改革的行为倾向等方面，都对大学生的改革认同产生影响。关于改革认同个体因素的考量，本研究主要从大学生的改革认同心理和改革认同行为两方面来探讨，具体包括：大学生的改革认知度、改革自豪感、改革参与度等方面是自变量，因变量是新时代大学生对国家改革的认同程度（详见表40）。

表 40 个体因素考量设计思路

自变量		因变量
一级指标	二级指标	
个体因素	改革认知度	新时代大学生改革 认同程度
	改革自豪感	
	改革参与度	

（二）改革认知度对大学生改革认同的影响

改革认知度指的是大学生对党和国家的改革相关知识的了解把握情况，这里主要指的是大学生对改革相关知识的掌握情况。本研究通过考察大学生对改革知识的掌握情况来衡量其改革认知程度，考量不同的改革认知情况对大学生改革认同的影响。

调查结果显示，我国大部分大学生对改革的相关知识都比较了解，而且改革认知程度对大学生的改革认同程度影响大，改革认知程度越高的大学生，其改革认同程度也越高。改革认知程度不同的大学生的改革认同存在显著性差异。在关于"我国新时期的改革起步于哪次会议"的调查中，一共有1311 名大学生能准确选出是"十一届三中全会"，占了 85.35%，其改革认同总分 M = 79.56，而其他没选正确的具体情况是：选了"十二届三中全会"一共有 80 名大学生，占了 5.21%，其改革认同总分 M = 75.03；选了"十三届三中全会"一共有 134 名大学生，占了 8.72%，其改革认同总分 M = 75.24；选了"十四届三中全会"一共有 11 名大学生，占了 0.72%，其改革认同总分 M = 69.74。

同时，通过 SPSS 单因素方差分析表明，改革认知度不同的大学生的改革认同程度存在着显著性差异（F = 5.031，P = 0.002 < 0.05），改革认知度是影响大学生改革认同程度的重要因素（详见表 41、图 26、表 42）。提升大学生改革认知度，是提升大学生改革认同程度的重要方面，大学生改革认同程度的提升需要加强大学生改革认知度。

表41　不同改革认知度的大学生群体比例及改革认同总分情况

会议时间	人数（人）	比例	改革认同总分（M）
十一届三中全会	1311	85.35%	79.56
十二届三中全会	80	5.21%	75.03
十三届三中全会	134	8.72%	75.24
十四届三中全会	11	0.72%	69.74
总计	1536	100%	299.57

表42　不同改革认知度对大学生改革认同的影响

变量	十一届三中全会		十二届三中全会		十三届三中全会		十四届三中全会		F	P
	M	SD	M	SD	M	SD	M	SD		
改革认同总分	79.56	17.06	75.03	18.90	75.24	17.73	69.74	18.61	5.031	0.002

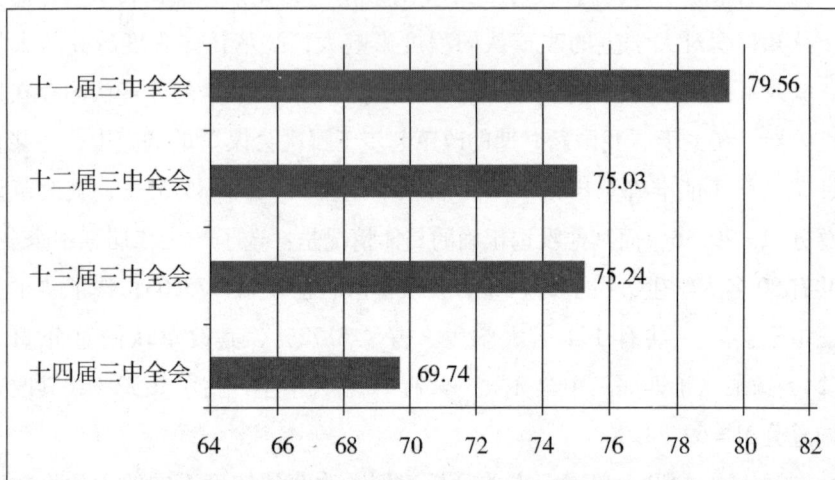

图26　不同改革认知度的大学生群体改革认同总分情况

（三）改革自豪感对大学生改革认同的影响

改革自豪感指的是大学生对改革的态度，是大学生内心对改革事业的情感。本研究通过考察大学生对改革的情感态度来衡量其对大学生改革认同的影响。

　　调查结果显示，大部分大学生的改革自豪感比较高，而且自豪感越高的大学生，其改革认同程度越高。在对于我国改革事业发展的看法的调查中，具体情况如下：表示"非常自豪"的一共大学生有 700 名，占了 45.57%，其改革认同总分 M = 82.44；表示"比较自豪"的大学生一共有 593 名，占了 38.61%，其改革认同总分 M = 77.61；表示"一般自豪"的一共大学生有 219 名，占了 14.26%，其改革认同总分 M = 72.09；表示"不自豪"的大学生一共有 24 名，占了 1.56%，其改革认同总分 M = 67.23。由此可见，大部分大学生对党和国家的改革发展感到自豪，大部分大学生的改革自豪感比较高，但与此同时，也存在少数大学生对党和国家的改革事业感到"不自豪"的情况。

　　同时，通过 SPSS 单因素方差分析表明，不同改革自豪感的大学生的改革认同存在着显著性差异，改革自豪感是影响大学生改革认同的重要因素（F = 26.760，P = 0.000 < 0.05）（详见表43、图27、表44）。提升大学生改革自豪感，是提升大学生改革认同程度的重要方面，大学生改革认同程度的提升需要提升大学生改革自豪感。

表43　不同改革自豪感的大学生群体比例及改革认同总分情况

自豪感程度	人数（人）	比例	改革认同总分（M）
非常自豪	700	45.57%	82.45
比较自豪	593	38.61%	77.61
一般自豪	219	14.26%	72.09
不自豪	24	1.56%	67.83
总计	1536	100%	299.98

表44　改革自豪感对大学生改革认同的影响

变量	非常自豪		比较自豪		一般		不自豪		F	P
	M	SD	M	SD	M	SD	M	SD		
改革认同总分	82.44	17.83	77.61	15.92	72.09	15.29	67.83	23.97	26.760	0.000

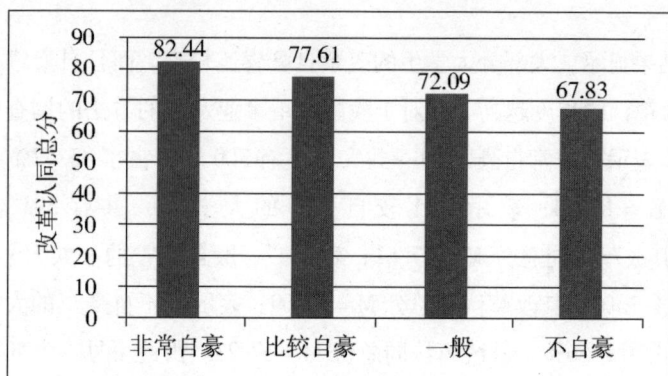

图27 不同改革自豪感的大学生群体改革认同总分情况

（四）改革参与度对大学生改革认同的影响

改革参与度指的大学生对党和国家各项改革的行为倾向，本研究主要是通过考察在行动倾向上对改革的参与程度来衡量其对大学生改革认同的影响。调查结果显示：在改革相关政策路线在实施过程中与个人利益冲突的情况下，表示仍然"会"继续支持改革的大学生一共有 1208 名，占了 78.65%，其改革认同总分 M = 80.52；表示"不会"继续支持改革的大学生一共有 328 名，占了 21.35%，其改革认同总分 M = 72.80。

同时，通过 SPSS 单因素方差分析表明，改革参与度不同的大学生的改革认同存在显著性差异，改革参与度是影响大学生改革认同的重要因素（F = 53.181, P = 0.000 < 0.05）（详见表45、图28、表46）。

表45 不同改革参与度的大学生群体比例及改革认同总分情况

当改革过程出现个人利益冲突是否会继续支持改革	人数（人）	比例	改革认同总分（M）
会	1208	78.65%	80.52
不会	328	21.35%	72.80
总计	1536	100%	153.32

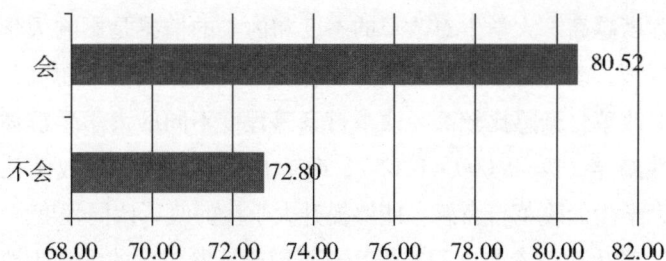

图 28 改革方针、政策在实施过程中，若出现与个人利益相冲突的情况，是否继续支持改革情况

表 46 改革参与度对大学生改革认同的影响

变量	会继续支持改革		不会继续支持改革		F	P
	M	SD	M	SD		
改革认同总分	80.53	16.68	72.80	18.19	53.181	0.000

（五）个体因素对大学生改革认同影响的基本判断

大学生个体因素作为影响大学生改革认同的内部因素，在改革认同的生成过程中起到决定性作用。改革认同的最终产生，在外部条件作用的情况下，最根本的是需要通过大学生个体内部条件内化而达成。通过对大学生对改革的认知、对改革的态度情感、对改革的行为倾向等方面因素的调研，关于个体因素对大学生改革认同的影响，可以得出以下判断：

（1）大学生改革认知程度较高，不同改革认知程度的大学生群体改革认同存在显著性差异。改革认知程度对大学生改革认同影响大，改革认知程度越高，改革认同程度越高。通过大学生对改革知识的掌握情况的调研可知，大部分大学生对改革相关知识比较了解，改革认知度比较高，而且改革认知程度越高的大学生，其改革认同程度越高。改革认知程度不同的大学生的改革认同存在显著性差异（P=0.002<0.05），改革认知程度对改革认同的影响程度大。大学生改革认同程度提升的过程中，要注重对大学生改革认知方面的提升。

（2）大学生改革自豪感较强，不同改革自豪感的大学生群体改革认同存在显著性差异。改革自豪感对大学生改革认同的影响大，改革自豪感越强，改革认同程度越高。大学生对改革的态度和内心的情感是影响大学生改革认同的重要因素，改革自豪感越高的大学生，其改革认同程度越高，当前大部分大学生的改革自豪感比较高。改革自豪感程度不同的大学生群体改革认同存在显著性差异（$P = 0.000 < 0.05$），改革自豪感对大学生改革认同的影响大。增强大学生的改革自豪感，能够提升大学生的改革认同程度。

（3）大学生改革参与度积极性高且不同改革参与度的大学生改革认同程存在显著性差异。大学生总体改革参与积极性高，改革参与度对大学生改革认同的影响大，改革参与度越高，改革认同程度越高。改革参与度指的大学生对改革的行为倾向，通过调查得出，大部分大学生行动上都比较支持改革，而且，越支持改革的大学生，其改革认同程度越高。改革参与度不同的大学生改革认同存在显著性差异（$P = 0.002 < 0.05$），改革参与度是影响大学生改革认同的重要因素。

总体而言，我国大学生的改革认知度、改革自豪感以及改革参与积极性都比较高，对于党和国家的改革事业比较认可与支持。同时，大学生自我的改革认知度、改革自豪感以及改革参与度都是影响其改革认同程度的重要因素。但是，也存在少部分大学生对于改革的认知不高、改革情感不深以及不支持改革的情况。

第四节　新时代大学生改革认同存在差异的原因

当前我国改革处于攻坚期和深水区，"改革开放已走过千山万水，但仍需跋山涉水，摆在全党全国各族人民面前的使命更光荣、任务更艰巨、挑战更严峻、工作更伟大"①。由于现实情况的复杂和社会成员个人情况的不同，"我国发展面临一系列突出矛盾和挑战，前进道路上有不少困难和难题"②。由实证调研结果可以看出，总体上我国新时代大学生的改革认同程度比较

---

① 习近平. 在庆祝改革开放40周年大会上的讲话［N］. 人民日报，2018 - 12 - 19.
② 中共中央文献研究室. 习近平关于协调推进"四个全面"战略布局论述摘编［M］. 北京：中央文献出版社，2015：58.

高，大部分大学生都表现出比较认可与支持改革。但与此同时，也存在少部分大学生存在着改革认同差异，对党和国家的改革不认可、不支持，表现在改革自豪感不高、自信心不足、支持度不高等方面。全面深化改革推进的过程，需要越来越多的社会成员对改革的认可与支持，需要发挥全员的力量来进一步推进改革事业的发展。而大学生群体中存在的改革认同差异现象，是全面深化改革过程中不可忽视的问题，需要对这一现象产生的原因进一步分析。由于社会发展现实情况和社会成员个人的具体情况不同，党和国家的改革在深入推进的进程中带来的一些问题，导致人们改革认同差异的产生。新时代大学生具有青年学生自身的特点，大学生在认同改革的过程中也由于各种原因所影响而产生改革认同差异。新时代大学生改革认同差异的产生，既有外部环境的原因也有大学生自我的内在原因，主要从以下几个方面进行剖析。

一、改革利益调整的广泛性与不均衡性

改革的过程，是一个利益调整的过程。改革过程会涉及社会成员各方面的利益，改革利益调整的情况会较大程度地影响社会成员对改革的看法，从而影响社会成员的改革认同情况。一方面，改革的利益调整具有广泛性。广泛性既包括利益调整对象的广泛性，也包括利益调整范畴的广泛性。大学生生活在改革开放的当今时代，改革开放利益调整的对象包括了所有的大学生。同时，改革涉及方方面面，包括不同的改革地区，也包括不同的改革领域。生活于不同地方，关注不同领域的大学生的多方利益都是改革利益调整涉及的范畴。改革认同是社会成员的态度表现，是民意的集体表达。社会成员是否认同改革，基于改革是否增进了社会成员的利益、是否获得了社会成员的认知和信任。大学生作为改革认同的主体，对改革是否认可和支持也基于自身利益去考虑。社会成员的利益需求具有广泛性和差别性，改革的过程要注重对社会不同群体的改革利益的调整。人们在对改革进行评判的时候，会根据自身利益与改革的内在关系来决定是否拥护改革，是否自觉地参与改革，会把利益获取的成效作为评判改革的最根本标准，把利益获取的情况作为衡量改革成效的根本依据。另一方面，改革的利益调整具有不均衡性。由于不同地区、不同领域、不同个体利益需求的情况不同，改革利益调整过程会出现不均衡性的特点，对于具体地区、具体领域和具体个人，改革的利益调整会有所不同，利益惠及度也会有所差别，存在不均衡性。同时，由于不同的现实条件和个人的实际能力情况，改革进程中不同群体的获益有差异，人们在改革进程中的受益也不尽相同。因此，在面对着贫富差距、利益分化等现象的情况下，人们容易对党和国家的改革产生认同差异。在关于当党和国家的改革进程中，出现与个人利益相冲突的情况下，是否会继续支持改革的调查中，有21.35%的大学生表示"不会"继续支持改革。当不同的大学生个体从自我的利益需求出发去考虑相关利益需求的情况下，就会出现改革利益调整与自我利益需求不平衡的情况，从而产生心理落差而导致改革认同差异的产生。因而，改革过程中，党和国家要尽可能从经济、政治、文化等多方面不断提升改革的力度，促进各方面领域的实质性发展，在经济、政治、文化等多方面提供更多的条件，进一步提高改革实效性，从而最大限度地去进行多方利益调整，尽可能提升社会个体成员的改革受惠度，这样有利于减少大学生改革认同差异的产生，提高大学生的改革认同程度。

二、改革实践进程的差别性与渐进性

改革的进程是一个具有差别性和渐进性的具体推进过程。一方面，改革开展进程具有差别性。党和国家在进行各项改革的过程中，针对城市、农村等不同地域改革，改革的进程有差别；针对经济、政治、文化等不同领域的改革，改革的进程也有区分。不同地区、不同领域，改革推进的具体情况不一样，改革成效的体现程度也不一样，这些都会导致人们改革认同差异的产生。一方面，不同地区的人们存在改革认同差异。党和国家在进行改革的过程中，农村、城市等不同地区改革的推进力度是不同的。农村、城市在改革后的发展情况也是不同的，不同地区有不同的改革成效表现。基于对改革成效的要求，生活于不同地区的人们对改革的看法也有所不同。对于改革成效比较高、各方面发展得比较好的地区，人们的改革认同度会相应比较高；而对于在改革过程中，存在的问题相对比较多、发展的成效相对没那么明显的地区，人们的改革认同度相应比较低。另一方面，改革开展进程具有渐进性。改革的推进过程，也是一个让改革对象适应和接受的过程。而生活在农村、城市的不同地区的人们，对于改革的认识不尽相同，有人支持改革，也有人怀疑改革。在对来自不同地域大学生改革认同情况的调查中，城市、农村的大学生的改革认同程度也存在差别，其中来自城市的大学生的改革认同程度高于来自农村的大学生，农村大学生的改革认同程度相对比较低。改革过程中，由于农村、城市不同地区改革效果的体现程度不同，来自不同地区的大学生对于改革的评判结果就有所差别。同时，对于不同改革领域，人们也会产生认同差异。《中共中央关于全面深化改革若干重大问题的决定》指出，"党的十一届三中全会召开三十五年来，中国共产党以巨大的政治勇气，锐意推进经济体制、政治体制、文化体制、社会体制、生态文明体制和党的建设制度改革"①。全面深化改革涉及经济、政治、社会、文化、生态等各方面，党和国家在不同的领域的改革力度有差异，在不同领域的改革进程也有差别。针对不同改革领域的情况，人们的改革认同程度也不同。对于一些改革到位、大学生获益多的领域，大学生的改革认同程度就会相对较高，而对于一些改革成效惠及度不高的领域，大学生的改革认同程度就会相对较低。

结合现实而言，由于在改革推进的过程中，基于不同地区不同领域的具体特点，改革呈现出渐进性和差别性的特点，改革在具体不同领域的推进程度有所不同，因而在不同领域的改革会产生不同的成效。当今时代，我国各地区的发展存在不平衡的情况，改革各具体领域也具有自身实际特点。不同地区、不同领域存在改革进程的不同步、改革成效的有差别等情况，使得人们通过对比对于一些问题较多、成效较低的改革领域产生改革认同差异，从而降低了人们的改革认同程度。在关于我国各方面改革领域认同情况的调查中，大学生表现出了不同的态度表现。因此，新时代的改革要全面推进，要尽可能平衡好各具体领域情况，党和国家在推进改革的过程中，要注重结合不同地区、不同领域的实际，有针对性地制定相关的政策、措施，从而减少地区、领域差别对改革成效的影响程度，尽可能有的放矢地开展各地区、各领域的改革，提高改革的实效性，从而减少大学生改革认同差异的产生。

---

① 中共中央文献研究室.十八大以来重要文献选编（上）[M].北京：中央文献出版社，2014：511.

三、改革宣传教育程度的不足

科学认知改革、合理评价改革是大学生改革认同产生的前提，而家庭、学校以及社会对于改革路线、方针、政策等方面的宣传发挥了重要影响。只有通过家庭、学校和社会对改革进行有效宣传，新时代大学生才会更加科学合理地认知改革，才能够更加全面科学地认识党和国家在各方面领域改革产生的不同情况，从而对改革进行全面客观的评价，要尽可能减少对改革的认知与评判过程中的不全面性不科学性，这样才能减少改革认同差异的产生。但是在对于大学生改革认同情况的调研相关结果显示，在对于改革相关话题的宣传教育中，虽然总体上国家对于改革的宣传力度还是比较高，但家庭、学校、社会这些外部因素都存在不同程度的宣传或教育不到位的情况，特别是在家庭、学校等方面宣传程度有待提高。其中，家庭方面，父母对改革的观点对于大学生改革认同的生成的影响程度较大，但是平时对于改革话题的提及情况中，表示父母"经常提及"的大学生只占了23.96%，其他的大学生均表示父母只是"偶尔提及"甚至"从不提及"；学校方面，只有46.48%的大学生表示学校对于党和国家的改革路线、方针、政策等情况有"经常进行宣传"，而大部分大学生表示学校只是"偶尔进行宣传"或是"没有进行宣传"。同时，20.44%的大学生表示学校在课堂上有"经常进行改革认同教育引导"，51.11%的大学生表示学校在课堂上只是"偶尔进行改革认同教育引导"，28.45%的大学生表示学校在课堂上"没有进行改革认同教育引导"；社会方面，大学生的改革认同受到社会宣传的影响大，但是，25%的大学生认为社会对改革的路线、方针、政策的"宣传力度非常大"。可见，在对于改革的宣传、改革认同的教育引导上，家庭、学校和社会都存在着一定程度的不足，而作为大学生改革认同的重要外部影响因素，改革的宣传、教育不到位等情况都影响着大学生对改革的全面、科学的认知和评价，不利于大学生改革认同的生成。在对改革相关政策、方针、路线认识不全面、不到位的情况下，大学生就比较容易产生认同差异。因而，要增进大学生的改革认同程度，就要加强提升大家庭、学校以及社会对改革路线、方针、政策等方面的宣传教育力度，要加大家庭、学校以及社会对大学生改革认同的教育引导。

四、改革评价体系的多元性

改革认同的过程，是社会成员对改革进行评价的过程。改革过程中的评价标准对大学生改革认同的生成产生较大的影响，改革评价标准的科学性是影响大学生改革认同是否形成的重要因素。生活于不同时代的人们，基于生活的时代特点和自身生活接触的实际，对于改革的看法不尽相同，对改革的评价结果也不一样。随着改革开放程度的不断加深，改革开放范围的不断扩大，人们接触越来越多关于改革的信息和观念，对于改革的评价越发具有多元性。特别生活在信息化的现代社会的大学生，信息获取的方式更加灵活便捷，信息获取的内容更加丰富广泛。由于大学生在进行改革评判过程中有了更多的参照体系和价值标准，大学生在进行改革评价标准选取的时候体现出了不科学的特点，从而导致大学生改革认同差异的产生。一方面，国家间的不科学对比形成的改革认同差异。有些大学生在评价改革的过程中，以西方发达国家的发展标准来衡量我国改革开放的效果。部分大学生在对改革进行评价的过程中，把西方国家先进的发展水平作为与我国发展水平对比的依据，对比的过程中忽视了各国间的具体不同国情。而在与西方发达国家对比的过程中，基于西方发达国家在发展过程中某些方面确实比较先进发达的情况，有些大学生通过对比后，认为我国发展水平不高、改革成效不足，从而对改革产生不好的看法，其中的对比差距导致了大学生对我国的改革产生疑虑和不认同，从而产生改革认同差异。不过，这种比较是脱离了结合我国作为发展中国家这一具体国情的比较，选取评价标准的过程中具有不科学不全面性。另一方面，不同改革领域改革成效的不科学对比产生的改革认同差异。党和国家的改革涉及经济、政治、文化、社会、生态等各个方面，涵盖不同的领域不同地区和不同的行业。各方面领域具有自身的特点，改革的情况不尽相同，改革的成效也有所区别。对于不同领域改革成效的评判，大学生选取的评价标准也不一样。在改革评价标准不科学的情况下，就容易产生改革认同差异。作为改革认同主体，大学生需要结合现实情况，客观看待和分析不同地区不同领域的改革成效，对改革要进行科学而全面的合理评判。

第四章

新时代大学生改革认同的增进机制

新时代大学生改革认同的增进机制是本研究的重点和落脚点，是探究新时代大学生改革认同问题的重要内容。本章在前面章节分析的基础上，结合新时代特征和大学生生活现实特点，探讨新时代大学生改革认同的增进机制。生活于新时代的大学生，其思想和行为受到内外部因素的综合影响，其中家庭、学校、社会都是重要的外部因素，大学生自身是重要的内部因素。本章结合前期相关理论分析和实证调研所得的结果，有针对性地从家庭、学校、社会和大学生个人几个方面提出增进新时代大学生改革认同的有效策略。

第一节　家庭良好氛围的营造

家庭作为大学生日常生活的重要场所，是大学生成长的重要环境因素。家庭环境对于大学生的性格、品行等方面的塑造都起到非常重要的作用，家长的思想素质和行为规范对于大学生思想行为的形成、发展都具有较大影响。父母通过关怀、照顾、教育等方式来影响子女的思想行为，生活在家庭中的大学生，其思想观念容易受父母影响。在自我思想观念形成的过程中，父母的教育引导根植于每天的日常生活当中，父母有着他人难以代替的亲密关系，大学生更加容易接受来自家庭成员的教育引导。在大学生改革认同生成的过程中，家庭环境产生重要的影响，要充分发挥家庭中父母对子女的教育引导作用，发挥家庭环境对大学生改革认同生成的重要作用。

一、家长要树立改革认同自我意识

家长的思想观念对大学生思想观念的形成产生较大影响，家长要树立改革认同自我意识，形成自我改革认同观念来影响和促进大学生改革认同的形成。调研结果显示，绝大部分大学生在关于改革看法的形成过程中受到父母观点所影响，父母的观点对大学生改革认同的影响程度比较大。因此，在大学生改革认同的形成过程中，首先需要家长树立自我改革认同意识，家长要先要做到自我认同改革，自我支持改革。在此前提下，再通过家长自我对改革的认同来影响和引导子女对改革的认同。在家长改革认同自我形成的前提下，家长通过自己的言行举止等日常表现来对大学生的思想观念产生影响。家长作为大学生改革认同的重要影响者，先行树立改革认同意识是促进大学生改革认同生成的前提基础，是开展好大学生改革认同家庭教育的先行条件。作为家庭成员的重要引领者，家长要加强自身对改革的认识，形成改革认同自我意识，并在此基础上通过教育引导来促进子女改革认同的形成。

二、改革认同家庭教育氛围的形成

家庭改革认同教育氛围是大学生改革认同的重要因素，家长要加强家庭成员间的互动，形成家庭成员观点一致性的改革认同教育氛围。调研结果显示，家庭成员间的互动对大学生改革认同程度的影响大，家庭成员观点越一致，互动得越多，大学生的改革认同程度越高。在关于改革话题的看法上，大学生观点与父母观点的一致性程度越高，则其改革认同程度越高。因此，一方面，家长要加强与子女间的互动，创设互动沟通的良好平台。父母要跟子女多进行沟通交流，提高父母与子女看待改革相关问题观点的一致性，形成父母与子女在改革观点上一致性的良好家庭氛围，并在改革话题看法上更好地达成共识；另一方面，家长要在自我改革认同形成的基础上，多创造家庭成员间探讨分析改革话题的机会，就改革话题跟子女进行沟通并开展教育引导，通过教育引导促使子女科学评判改革、正确认识改革，从而促进子女对改革的认同。

三、丰富改革认同家庭教育内容

家庭间的有效互动对于大学生改革认同的形成作用明显，家长要丰富改革认同教育内容来提升大学生的改革认同。调研结果表明，家庭在大学生改革认同的教育引导过程中，父母对大学生提及改革相关话题的情况对大学生改革认同的影响比较大。在家庭教育的过程中，父母平时对大学生提及改革相关话题越多，则大学生的改革认同程度越高。改革认同教育引导的过程中，要注重发挥父母对子女的教育引导作用，提升父母的改革认同程度，同时父母要在日常生活中多向大学生提及改革相关话题并给予进一步教育引导，发挥父母对子女在关于改革的正确教育引导作用，多结合改革形势和现实情况来对子女开展教育引导，从丰富的现实生活中加强大学生对改革的多方面认识，促进大学生更加全面、更加深入地了解党和国家的改革事业，提高自身对党和国家各项改革的认知，从而提升大学生的改革认同程度。

四、创新改革认同家庭教育形式

大学生改革认同教育过程中，家庭作为重要的影响因素，家长在教育引导作用发挥的过程中也要注意创新教育形式。大学生改革认同的形成，需要加强发挥家庭在改革认同教育方面的作用：一方面，要发挥家庭成员言行举止的潜移默化教育作用，营造良好的改革认同家庭教育环境。通过平时家庭成员的言行举止来体现影响大学生改革认同的生成，将改革认同教育融入日常生活当中，发挥家庭成员对大学生潜移默化的教育作用；另一方面，要结合家庭具体情况将改革认同教育落到实处。结合家庭在经济发展、政治参与、生态保护、文化流传等各方面的情况，将家庭具体情况与国家各项改革事业结合起来，灵活有效地引导大学生深切感受、体会和认可党和国家的改革事业，从而引导大学生形成改革认同。

第二节 学校教育引导的加强

学校作为大学生成长发展过程中接受教育管理的系统性机构，是大学生成长生活的重要阵地。学校教育对于大学生思想、行为的形成起到至关重要的作用。学校因素在大学生改革认同形成的过程中发挥了较大作用，是大学生改革认同形成的重要影响因素。大学生改革认同生成的过程中，学校的教育引导作用不容忽视，要通过各种途径加强学校对党和国家各项改革的宣传，加大学校对大学生改革认同的教育引导，从而更好地增进大学生改革认同。目前存在一些学校在增进大学生改革认同的过程中作用发挥不足的情况，包括学校宣传教育、课堂引导力度不到位等，要注重发挥学校在教育、管理等方面的作用，促进大学生改革认同程度的提升。

一、注重强化改革宣传力度

学校对改革的宣传力度对大学生的改革认同程度影响大，要加强学校对改革的宣传力度。相关调研结果显示，学校平时对国家改革路线、方针、政策等方面的宣传教育程度对大学生改革认同程度存在较大的影响，学校对改革的宣传力度越大，大学生改革认同程度越大。针对目前存在的部分学校对于党和国家的改革宣传不到位的情况，学校要通过多种方式方法，不断增强对党和国家各项改革的宣传力度。学校可通过营造、校园线上线下改革文化等氛围的营造，提升对改革的宣传力度，形成良好的改革认同宣传教育引导氛围。一方面，营造良好的校园环境宣传氛围。学校要加强对党和国家各项改革的宣传，注重发挥校内宣传栏、校内设施等硬件设备方面在大学生改革认同形成的作用，提高大学生对党和国家各项改革的认知情况，增强大学生对改革的自豪感和自信心。通过发挥校园文化潜移默化的育人作用，在良好的改革宣传教育氛围中提升大学生的改革认同；另一方面，形成良好的校园网络媒体宣传氛围。结合网络化信息化的新时代特点，学校要注重校园网络媒体作用的发挥，通过网络媒体积极宣传党和国家的各项改革，通过校园网络、微博、微信等载体来积极宣传党和国家的各项改革，对不利于宣传改革的相关负面信息要加以关注和管理，通过发挥网络媒体的积极利用来形成改革认同的良好校园网络氛围，从而提升大学生的改革认同程度。

二、改革认同课堂教育程度的提升

课堂是大学生学习的主阵地，课堂上改革认同方面的教育引导对大学生改革认同的生成起到较大的作用，要发挥课堂教育的重要作用。相关调研结果显示，学校教育特别是学校课堂对改革认同的引导教育对大学生改革认同程度的影响大，学校在课堂上关于改革认同的教育引导越多，则大学生的改革认同程度越高。但当下也存在部分学校对改革认同的教育引导力度不足的情况，甚至有些学校没有对党和国家的改革进行相关的教育引导。因此，大学生改革认同的生成，需要提升学校在课堂上对改革认同的教育引导力度，全面提升课堂改革认同教育成效。

一方面，加强改革认同教育相关课程建设。结合相关培养计划，将改革认同教育融入课程建设中，开设关于改革认同的相关教育引导课程。同时，也在其他课程教育的过程中，融入改革认同教育内容，将改革认同教育在课堂教育的过程中加以全面融入和引导；另一方面，丰富创新改革认同教育教学方式。对大学生改革认同教育引导的过程中，要结合社会实际和改革形势特点，结合新时代大学生思想特点，丰富课堂教育内容，创新课堂教育形式，结合大学生所关注熟悉的改革现实，采用大学生喜闻乐见的学习方式，在课堂上形成有效的改革认同教育，提高改革认同教育的实效性，从而增进大学生的改革认同。

改革认同教育作为思想政治教育的重要组成部分，思想政治理论课作为落实立德树人根本任务的"关键课程"，高校要注重《马克思主义基本原理概论》《毛泽东思想与中国特色社会主义概论》《思想道德修养与法律基础》《中国近现代史纲要》等思想政治理论课育人重要作用的发挥。习近平在学校思想政治理论课教师座谈会上发表讲话时强调，"推动思想政治理论课改革创新，要不断增强思政课的思想性、理论性和亲和力、针对性"①。高校要加强思想政治理论课改革创新，加强思想政治理论课建设。其一，要发挥优秀改革文化的引导作用。中华优秀传统文化、革命文化、社会主义先进文化为思政课程提供深厚的力量，包括"知识与真理的力量、道德与价值的力量、精神与信仰的力量、自信与自立的力量、历史与时代的力量"等方面，新时代加强思政课程建设，需要彰显文化的价值与力量，发挥文化的育人功能。② 在发挥思政课育人作用的过程中，要注重文化功能的发挥，将知识传授和价值观引领结合起来，将改革过程中的优秀文化体现融入课程教育中去，引导大学生认同改革。其二，要加强对改革多元思想的评判引导。思政课程建设过程中，要注重将建设性和批判性结合起来，要在引导主流意识形态的同时，也引导学生正确评判和面对改革过程中出现的一些错误观点和看法。其三，要注重课堂理论教育与社会实践教育的结合。把改革相关理论教育和改革社会实践教育结合起来，引导大学生认识改革，投身改革。其四，要注重理论讲授和启发引导。改革认同教育过程，要注重通过启发性教育作用的发挥，引导学生主动去分析和探索改革，启发学生主动去思考和评判改革。

三、改革认同实践教育活动的多方面开展

学校的社会实践教育对大学生改革认同的影响较大，要多方开展实践教育。相关调研结果显示，参加社会实践有利于大学生改革认同的生成，大学生参加社会实践教育越多，其改革认同程度越高。在大学生改革认同生成的过程中，是否参加社会实践与参加社会实践的次数都产生较大的影响。因此，在大学生改革认同生成的过程中，学校要充分发挥实践教育的作用，为

---

① 习近平主持召开学校思想政治理论课教师座谈会强调：用新时代中国特色社会主义思想铸魂育人　贯彻党的教育方针落实立德树人根本任务 [N]. 人民日报, 2019 - 03 - 19.

② 陈金龙. 新时代思想政治理论课建设的文化力量 [J]. 马克思主义理论学科研究, 2019 (6)：140 - 147.

大学生创设校内外实践的机会，发挥实践教育对改革认同形成的促进作用。一方面，要加强校外改革认同实践教育。学校要结合校外实践教学机构，积极联系校外实践平台，鼓励大学生参与校外实践。通过校外实践活动的开展，让大学生了解当下社会发展实况，了解改革方针政策在社会中的落实情况，提升自我对改革的认识；另一方面，要加强校内改革认同实践教育。通过校园实践活动的开展，鼓励大学生深刻体验课堂之外的各项校内实践活动，通过结合改革认同相关主题活动的开展，引导大学生积极参与实践活动，不断提升改革认知，形成改革认同。

四、发挥校园学生组织的积极作用

学校因素在发挥对大学生改革认同影响作用的过程中，学生工作组织的参与对大学生改革认同的形成起到较大的影响，学生组织积极性作用的发挥需要加以重视。学生组织的参与，学生朋辈群体的相互作用等都对大学生思想形成有着较大的影响。美国著名学者阿尔蒙德在政治研究过程中强调了学生朋辈群体的重要作用："学生入选人数的迅速发展和学校生活中传统社会结构的衰落可能促成了青年的群居村运动，并使青年文化中出现了对'有意义'的个人关系的强调。青年成群结帮以及由此而产生的同辈集团的社会化作用得以加强，放弃了同成年人及权威人士之间的文化交流。"① 在这里，阿尔蒙德指出了学校同辈群体在政治社会化中的作用。相关调研结果显示，大学生越是积极参加学生组织，其改革认同程度会越高。学校要注重对学生组织的教育管理和引导，发挥学生组织在大学生改革认同中的有利作用。学校要通过建立健全学生组织，发挥学生组织对学生的教育管理作用，要鼓励大学生积极参与学生工作，在学生工作参与的过程中提升自我的改革认同程度，并通过学生干部带动越来越多的同学形成改革认同，提升大学生改革认同程度。

---

① ［美］加布里埃尔·A. 阿尔蒙德，小 G. 宾厄姆·鲍威尔. 比较政治学——体系、过程和政策［M］. 曹沛霖，等译. 北京：东方出版社，2007：100.

第三节　社会良好环境的创设

改革认同良好环境的形成是大学生改革认同形成的重要影响因素，要加强创设良好的改革认同社会环境。习近平指出，"全面深化改革，关键要有新的谋划、新的举措。要有强烈的问题意识，以重大问题为导向，抓住重大问题、关键问题进一步研究思考，找出答案，着力推动解决我国发展面临的一系列突出矛盾和问题"①。改革认同生成的过程是达成改革共识、形成改革自觉的过程，改革认同的生成需要注重解决问题，切实将人们的利益落到实处。社会个体成员的需要和利益是社会集体存在发展的内驱力，是改革认同产生的重要因素。从社会的层面而言，全面深化进程中改革认同难题的解决，需要社会从物质基础的增强、改革话语的建构、改革路径的选取、网络环境的营造等方面采取有效策略来进一步增进人们的改革认同。社会要创设经济、政治、文化等方面的条件，协调社会成员利益，从根本上促进社会成员改革认同的生成。

一、提升物质基础条件水平

改革认同的生成，首先需要社会提高生产力发展水平，大力发展社会经济，增强物质基础，为改革认同的生成提供根本的物质利益保障。马克思指出，"人的本质不是当个人所固有的抽象物，在其现实性上，它是一切社会关系的总和"②，"观念的东西不外是移入人的头脑并在人的头脑中改造过的物质的东西而已"③。改革认同作为一种社会意识，是建立在社会客观发展的基础之上而形成的。社会经济发展是改革认同生成的客观物质基础，社会生产力水平的提升、经济的发展作为社会存在对社会意识起到了决定性作

---

① 中共中央文献研究室. 习近平关于协调推进"四个全面"战略布局论述摘编［M］.
北京：中央文献出版社，2015：57—58.
② 马克思恩格斯选集（第1卷）［M］. 北京：人民出版社，2012：135.
③ 马克思恩格斯选集（第2卷）［M］. 北京：人民出版社，2012：93.

用。邓小平指出，"社会主义阶段的最根本任务就是发展生产力"①。我国现在处于社会主义初级阶段，经济的发展是整个社会发展的物质基础，是社会成员评判社会的重要物质前提条件。改革事业的进一步推进，首先需要社会大力发展经济，提升我国社会生产力水平。只有这样，才能为社会成员利益的实现提供根本保障。《中共中央关于全面深化改革若干重大问题的决定》指出，"经济体制改革是全面深化改革的重点，核心问题是处理好政府和市场的关系，使市场在资源配置中起决定性作用和更好发挥政府作用"②。全面深化改革过程中，大学生改革认同的生成也需要抓住经济体制改革这一重点，提升经济发展水平来为大学生改革认同的生成提供最根本的物质保障，为大学生这一重要群体的利益实现创设根本的物质条件。同时，改革认同也是通过比较而产生，"在某种程度上，群体差异是认同的前提，群体差异是在群体互动中被感知并加以比较，它也是引起群体认同的前提条件，没有比较、对照，那么认同就无法进行"③。改革后经济物质水平的提升会让社会成员在改革前后的对比中感受到改革带来的利益获得感，感受到改革给其带来的物质生活水平的提升，从而增进社会成员的改革认同。物质基础条件水平的提升，是新时代大学生改革认同生成的前提条件，社会要大力发展生产力，提升社会的物质基础条件，从而增进大学生的改革认同。

二、建构改革认同话语

改革认同产生的过程，是大众对改革认知与认可、支持的过程，改革认同话语对大学生改革认同的形成产生重要的影响。党和国家在实行各项改革措施的过程中，要有效构建改革认同话语，重视改革文化氛围的营造。"推进改革首先要建构改革话语，通过改革话语阐明改革的必要与可能，指明改

---

① 邓小平文选（第3卷）[M].北京：人民出版社，1993：63.
② 中共中央文献研究室.十八大以来重要文献选编（上）[M].北京：中央文献出版社，2014：513.
③ 祁进玉.历史记忆与认同重构（土著民族识别的历史人类学研究）[M].北京：学苑出版社，2015：487.

革的方向、内容和路径，以消除改革分歧，达成改革共识，凝聚改革力量，实现改革目标。"① 改革认同话语的有效建构，有利于促进社会成员更好地认可改革，更主动地支持改革。一方面，改革话语的有效建构是基础。党和国家要注重改革政策、措施制定与落实过程中改革话语的有效建构。党和国家在推动改革发展的过程中，在对大众宣传改革相关路线、方针、政策的同时，要注重结合当下社会发展实际和当下大众特点，对改革相关政策、制度进行合理的建立健全和有效地宣传教育，使得社会大众容易理解、容易接受，从而更好地认同改革。另一方面，民主政治的积极推进是必需条件。要注重推进民主政治，畅通民意表达渠道，了解民意并更好地对改革措施的制定和宣传加以改进和完善。《中共中央关于全面深化改革若干重大问题的决定》提出，"人民是改革的主体，要坚持党的群众路线，建立社会参与机制，充分发挥人民群众积极性、主动性、创造性，充分发挥工会、共青团、妇联等人民团体的作用，齐心协力推进改革"②。习近平强调，要"打造共建共治共享的社会治理格局。加强社会治理制度建设，完善党委领导、政府负责、社会协同、公众参与、法治保障的社会治理体制，提高社会治理社会化、法治化、智能化、专业化水平"③。改革认同的生成需要创设民主的政治环境条件，从而使得民意得以更好表达。改革者要畅通民意表达渠道，让民众对于党和国家的改革有及时表达意愿的政治环境和途径，及时关注改革过程中社会成员的利益需求并适时对改革相关措施进行调整，实现绝大多数人的根本利益，从而促使改革更加科学、有序地开展，更好地促进改革认同的生成。全面深化改革过程中，大学生改革认同的生成也要注重改革话语的有效建构，形成良好的社会民主政治环境，重视民主制度的完善和落实，在改革过程中坚持民主原则，使大学生群体有表达自身意愿的机会和渠道，结合

① 陈金龙.中国改革话语是如何建构起来的 [J].华南师范大学学报，2014（4）：5—11.
② 中共中央文献研究室.十八大以来重要文献选编（上）[M].北京：中央文献出版社，2014：545.
③ 习近平.决胜全面建成小康社会，夺取新时代中国特色社会主义伟大胜利——在中国共产党第十九次全国代表大会上的报告 [M].北京：人民出版社，2017：49.

大学生群体反映的情况予以及时回应，从而增进大学生的改革认同。

三、科学选择改革方式

党和国家在进行各项改革的过程中，改革方式方法的合理科学选取，对于人们改革认同的生成起到较大的影响，党和国家要注重开展全面规划，促进合理有效决策。改革是一项伟大的事业，不同地域、不同领域的改革既具有具体改革的特殊性，也具有一般改革的普遍性。决策者的改革政策是否合理，改革方式是否科学，都是影响社会成员改革认同的重要因素。决策者在制定决策的过程中，要注重全面规划，协调好普遍性和特殊性的关系，采取合理科学的改革方式方法，有针对性地进行各项改革。改革具有渐进性，也具有社会历史性。全面深化改革的过程中，只有在改革目标与社会成员的期望较一致时，改革才能更易被社会成员所接纳，获得社会成员的赞同与支持。党和国家在改革的过程中，要结合实际情况进行适时调整，灵活推进进程，要注重结合不同地域、不同领域的改革情况，有针对性地制定改革内容，采取有效的改革方式。要结合所在地域、所在领域社会成员的客观需要来进行改革，也要结合实际情况对各项改革措施进行及时调整并及时对改革进程进行进一步推进。通过深化推进具体地域、领域的改革进程，实现社会成员的利益追求，取得社会成员认可的改革效果，使得社会成员在各地区、各领域均有利益获得感，从而增进社会成员的改革认同。

德国著名学者尤尔根·哈贝马斯指出，"达到理解的目标是导向某种认同，认同归于相互理解、共享知识、彼此信任、两相符合的主观际相互依存。认同以对可领会性、真实性、真诚性、正确性这些相应的有效性要求的认可为基础"①。针对城市、农村等不同地域的改革，针对经济、政治、文化等不同领域的改革，党和国家要全面科学合理地规划，注重结合实际有针对性地制定合理政策，同时要结合发展实际及时推进改革进程，不断提升改革成效。党和国

---

① ［德］尤尔根·哈贝马斯．交往与社会进化［M］．张博树，译．重庆：重庆出版社，1989：3.

家在改革策略制定过程中，要结合国家发展全局和地区特点，同时立足社会成员的客观需要来制定。马克思指出，"在社会历史领域内进行活动的，是具有意识的、经过思虑或凭激情行动的、追求某种目的的人"①。可见，人们接受事物的前提，更多的是从自我需要出发来衡量，是有目的的。因此，党和国家在制定改革政策的时候，要注重全面规划，注重科学分析，科学合理制定改革政策，采用合理有效的改革方式方法，才能在改革推进的过程中体现改革的实效性，才能更好地为人们所接受和认可，从而提升人们的改革认同程度。

四、营造改革认同网络媒体环境

当今时代，是信息化网络化的时代。习近平指出，"文化是一个国家、一个民族的灵魂。文化兴国运兴，文化强民族强"②。文化环境对于社会成员的思想有重要影响，改革认同的形成，需要营造理性的改革认同网络环境。习近平在网络安全和信息化工作座谈会上的讲话强调，"凝聚共识工作不容易做，大家要共同努力。为了实现我们的目标，网上网下要形成同心圆"③。在网络媒介成为人们生活接触信息的重要途径的今天，更加要注重网络媒介文化的建设，发挥其对促进人们改革认同生成的积极作用。生活于新时代的人们，日常的生活都离不开网络媒介，人们的思想行为很大程度上受到网络媒介上各种信息的影响。网络媒介环境给人们的生活带来了很多便利，信息渠道接收的便捷化和多样化使得人们可以随时随地获取多方信息。但与此同时，对于改革认同不利的各种反面信息也通过网络媒介得以传播，影响了人们的思想行为，不利于人们改革认同的生成。

大学生改革认同网络媒体良好环境的营造，第一，要坚持和巩固党对意识形态工作的领导地位，注重加强正确引导。习近平在中央统战工作会议上的讲话强调，"随着互联网快速发展，包括新媒体从业人员和网络'意见领

---

① 马克思恩格斯选集（第4卷）[M].北京：人民出版社，2012：253.
② 习近平.决胜全面建成小康社会夺取新时代中国特色社会主义伟大胜利——在中国共产党第十九次全国代表大会上的报告[M].北京：人民出版社，2017：4.
③ 习近平谈治国理政（第2卷）[M].北京：外文出版社，2017：335.

袖'在内的网络人士大量涌现……要把这些人中的代表性人士纳入统战工作视野，建立经常性联系渠道，加强线上互动、线下沟通，引导其政治观点，增进其政治认同"①。可见，要加强党对意识形态工作的领导地位，加强网络舆论引导，发挥网络媒介的积极作用，营造良好的改革认同媒介网络环境，对党和国家的各项改革进行积极宣传，提升对改革的正面宣传力度。习近平在党的新闻舆论工作座谈会上的讲话也强调，"党的新闻舆论工作要坚持党性原则，最根本的是坚持党对新闻舆论工作的指导……新闻舆论工作各个方面、各个环节都要坚持正确舆论导向"②。要坚持党的领导，坚持党对网络媒体的正确指导，营造改革认同良好的网络媒体环境。第二，发挥网络媒体的积极作用。要营造良好的改革认同网络媒介氛围，通过网络媒体积极作用的发挥来更好地引导舆论、反映民意。信息化时代，大学生改革认同的形成需要营造良好的网络媒体氛围，及时宣传和反映改革的情况和带来的效益，加大对改革的积极宣传，发挥网络对改革宣传的积极效应，从而促进大学生改革认同的生成。第三，要加强网络媒体舆论监督。构建良好的网络媒体舆论生态环境，是发挥网络媒体积极作用的前提和保障。网络媒体生态环境的好坏，对网路媒体作用的发挥起到很大的影响。党和国家在进行改革宣传的过程中，要注重依法加强网络媒体治理，对于利用网络媒体上鼓吹不正确思想、教唆不法行为、散布谣言等言行要及时加以监管和处置。要加强网络内容和网络文化建设，用社会主义核心价值观作为主要引领，做好网络媒体对改革的正面宣传，从而更好引导大学生改革认同。

第四节　个体意识行动的增强

改革认同是改革认同主体对改革认同客体的认可、支持的过程，其中改革认

---

① 习近平谈治国理政（第2卷）［M］. 北京：外文出版社，2017：325.
② 习近平谈治国理政（第2卷）［M］. 北京：外文出版社，2017：332.

同的主体在改革认同的生成过程中起到决定性作用。改革认同需要认同主体自我发生机制起作用，需要通过内化和外化协同作用，包括个体对改革的认知、情感、意志等因素的综合作用，社会成员改革认同的自觉内化才能得以形成，改革认同才能得以形成。大学生作为改革认同的主体，自我这一内在因素对改革认同的生成起到决定性作用，大学生个体因素是大学生改革认同影响因素中的根本性因素。大学生自身对改革的认知、对改革的态度情感、对改革的意志信念以及改革的行为倾向等，都对大学生的改革认同的形成产生较大影响。

一、正确改革认知的自我提升

改革认知是改革认同的前提和基础，是大学生对改革的具体内容、理论依据、价值标准和发展方向等方面的认识和理解。具备正确的、合理和全面的改革认知，是大学生改革认同形成的前提基础条件。只有对改革有了正确的认识和了解，大学生才能产生改革共识，采取积极的改革认同行为，从而产生改革认同。改革认知的形成过程是一个由感性认识上升到理性认识的过程，是一个由浅入深的过程。认知是形成大学生意识倾向的重要影响因素，大学生会在改革认知的基础上形成一定的改革认同意识和倾向，改革认知是大学生改革认同生成的重要前提。大学生要积极主动通过各种方式提升自我对改革的正确而全面的认知，通过知识理论学习、实践活动体验等多种方式，多方面了解党和国家各项改革事业的发展情况，通过对各项改革措施的接触，提升自我的改革认知水平。

二、培养个体改革积极情感

"改革认同是民众对改革系统的态度和感情，是民众社会心理的积极形态，实际上是民意的某种表现。改革认同是指社会成员在对改革认知和评价的基础上所形成的心理上的趋同态度和感情。"① 改革情感是大学生对改革

---

① 张润泽. 略论改革认同的基本意涵及其生成条件［J］. 当代世界与社会主义，2010
（5）：146—149.

的主观情绪体验，是大学生在改革认知基础上产生的对改革的内心感受，是大学生对改革的感情体现。改革情感是改革认同的动力来源和感情基础，也是衡量改革认同状态的重要尺度。积极的改革情感因素会促使社会成员更加主动地关注和支持改革，会促使个体更加积极去思考和探索改革。新时代大学生对改革的情感受自我思想所影响，带有明显的主观选择性和倾向性。大学生对改革的情感深刻影响着大学生对改革的态度和行为，影响着大学生改革认同的生成。新时代大学生要主动培养自我对改革的积极情感，增强自我对改革事业的热爱和支持，增强改革自豪感，提升自我对改革的热爱之情。

三、强化个体改革意志信念

改革意志信念在认知和情感的基础上产生，能够在社会实践中起到导向和调节作用，促进社会成员改革认同的形成。作为一种心理反应倾向，大学生改革意志体现了一定的系统性，是改革心理转换为改革行为的必要中介。大学生的改革意志是改革认同行为形成的重要内驱力，是大学生改革认同形成过程中相对稳定的构成要素，它指引着大学生改革认同的方向和影响着大学生改革认同行为的方式和手段，对大学生改革认同的生成具有较大的作用。坚定的改革意志能够促使大学生科学分析改革困难，坚定改革信心，会指引大学生坚信改革目标，坚定改革方向，坚持改革认同。面对改革进程中遇到的各种困难和挫折，新时代大学生要积极树立坚定的改革意志，正确看待改革进程中的各种矛盾和问题，正确面对改革进程中的各种挫折和挑战，增强改革意志信念。

四、个体改革认同行为的积极践行

改革认同行为是社会成员与党和国家的改革现实相互作用的体现，受个体的改革认知和改革情感的影响，在一定动机驱动下实施和出现，同时受改革意志所影响。大学生改革认同行为是改革认同形成过程中改革认同心理的外在表现，表现为对改革的支持与参与。大学生改革认同不仅体现为心理层面的认可与赞同，还体现在具体实践行为中对改革的支持与参与。新时代大学生改革认同，也要体现在行为上对改革的认同。改革认同能否形成，社会成员对改革评判标准的科学选取尤为重要。新时代大学生要提升自我认识，规范个体评价标准，对改革的评价要科学合理。改革认同是一种社会意识，也是社会成员自我意识的重要方面，大学生要积极提高思想认识，主动达成共识。改革认同的生成，社会成员个体思想认识的提高是重要前提条件，需要通过主动内化来实现。"认同尽管能够从支配性的制度中产生，但只有在社会行动者将之内在化，并围绕这种内在化过程构建其意义的时候，它才能够成为认同。"① 通过内化，达到个体自我意识和社会要求在价值取向和社会实践中的统一。内化的过程，是社会成员对改革的价值感知、认可与接纳的过程，也是改革影响和支配个体思想、情感和行为的过程。改革认同是社会成员对改革的认知、情感、信念和意志等因素相互作用的结果。毛泽东指出，"感性认识的材料积累多了，就会产生一个飞跃，变成了理性认识，这就是思想"②。只有采取科学的评判标准，才能更好地形成改革认同。大学生要主动了解各项改革措施，形成对改革的认知和培养对改革的情感。"认同是行动者自身的意义来源，也是自身通过个体化过程建构起来的。"③ 大学生要采取科合理的评价标准，结合实际去客观、科学地评价改革，从我国国情出发，结合不同地域、不同领域的改革实际情况来科学合理地评价改革成效。同时，在科学评价改革成效的基础上，结合自身的学习、生活实际，用行动去支持改革，促进改革，通过积极参加学校活动、社会实践等方式，将改革认同落到实处。新时代大学生要从自我做起，对于党和国家的改革方针、政策，要积极主动地加以支持。

---

① ［美］曼纽尔·卡斯特. 认同的力量［M］. 2 版. 曹荣湘，译. 北京：社会科学文献出版社，2006：5.
② 毛泽东著作选读（下册）［M］. 北京：人民出版社，1986：839.
③ ［美］曼纽尔·卡斯特. 认同的力量［M］. 2 版. 曹荣湘，译. 北京：社会科学文献出版社，2006：5.

结　语

本书在梳理学界相关理论和分析相关文献资料的基础上，立足历史与现实，对新时代大学生改革认同这一题域进行研究。对新时代大学生改革认同进行理论分析和实证调查，对新时代大学生改革认同进行了概念界定、对象厘清、价值诠释、层次分析，研究大学生改革认同发生的基础条件、理论依据、现实依据、发生机制等方面内容，探讨大学生改革认同何以必要、何以可能；在文献分析的基础上，科学设计信度高、效度高的调查问卷和量表，通过科学选取调研对象开展深入调研，基本把握了广东省高校大学生改革认同的现状和程度；分析大学生改革认同形成的原因，探讨影响大学生改革认同的因素，充分考虑改革认同的各种复杂影响因素的作用，对大学生改革认同程度的高低、群体改革认同的差异、改革认同影响因素的多元等方面进行实证考究，运用 SPSS 描述性统计分析、方差分析等分析方法，对实证调研得来的调查数据进行深入剖析，总结分析新时代大学生改革认同现状，并在此基础上揭示大学生改革认同生成机制，提出增进大学生改革认同的对策建议。新时代大学生改革认同这一命题的研究，既有理论依据也有现实依据，把握新时代大学生改革认同状况具有重要的意义。

研究表明，新时代大学生总体上改革认同程度比较高，绝大部分大学生认可和支持改革，具有较强的改革自豪感和改革自信心，但与此同时，也存在少部分大学生不赞同改革、怀疑改革的改革认同差异情况。党的十一届三中全会以来，我国 40 多年的改革取得举世瞩目的成就，为建设祖国提供了宝贵经验。实践证明，改革具有历史必然性，改革具有重要价值和良好发展前景。新时代大学生要成为改革的主力军，要在家庭、学校、社会创设良好环境的基础上积极认同改革，主动投身改革。

一、改革价值重大前景良好

改革顺应发展潮流。改革是中国共产党在研判国际国内发展形势，结合社会发展规律和我国国情做出的正确决策。改革具有历史必然性，顺应历史发展潮流，是提高人民生活水平、发展社会主义、建设社会主义现代化强国的必然抉择。一方面，改革符合社会发展规律。改革方针的确定与实施，是中国共产党人对社会主义生产关系的调整，是结合社会生产力发展状况而做出的革新。另一方面，改革是国家发展所需。人民生活水平的提升需要改革，社会主义国家的发展需要改革。在全球化的时代背景下，国家的发展需要加强国与国之间的交流与合作，需要进行改革，破除国内发展过程中落后机制体制的束缚，进行多方革新促进社会发展。

改革实践价值重大。自1978年我国改革开放伟大征程开启以来，党的历届领导人带领着全国人民进行各方面的改革探索，改革开放40多年的历程取得了伟大的成就，也带来了建设祖国的宝贵经验。特别在党的十八大以来，全党全国各族人民在党中央的领导下，形成了新时代中国特色社会主义思想，在处理好稳定、发展的基础上推进"全面深化改革"这一战略，进行包括经济体制、政治体制、文化体制、社会体制、生态文明体制、国防和军队建设和党的建设制度等方面各项制度的改革创新。改革提高了人民的生活水平，改变了国家落后的境况，带来了我国社会主义建设事业的发展，通过一系列改革举措的推行，我国的改革取得了举世瞩目的伟大成就。目前，我国是世界第二大经济体，社会主义民主政治得以发展，国家文化软实力不断提升，生态建设、军队建设等各方面得到了较大的发展，人民生活幸福感不断增强。改革改变了我国落后的面貌，推动了国家的发展，是符合我国国情的中国特色社会主义道路的体现，促进了社会主义现代化强国的建设。

改革发展前景良好。改革符合历史发展潮流，是被历史证明的正确指导方针。通过各项改革措施的推行，我国的各项事业都取得举世瞩目的成就。在当今社会发展态势良好的背景下，坚持和发展中国特色社会主义道路，改革是必不可少的选择。在价值多元、社会多变的信息化新时代，更加要顺应社会发展形势，结合时代发展特点及时进行各方面的改革。新时代，社会发展矛盾的解决需要改革，社会主义现代化强国的建设需要改革，人类社会的发展需要改革。改革的前景良好，改革的未来光明，全面深化改革是实现中华民族伟大复兴"中国梦"的必然选择。新时代，全面深化改革开放，是化解新时代社会主要矛盾、承担新时代历史使命、推动世界和平与发展的必然要求。

二、新时代大学生总体认同和支持改革

新时代大学生改革认同情况是本研究的重点，也是本研究的出发点和落脚点。通过理论研究和实证分析，大学生改革认同的产生有着多方面制约因素，是多方面机制共同起作用的过程；总体上，新时代大学生比较认同和支持改革，对改革有着较深的感情也较大的信心。

本书通过理论研究得出，大学生改革认同的源点是改革认知与信任，动力是客观需要的满足，关键是改革共识的达成；改革价值认同、改革方式认同、改革效果认同、改革发展认同是大学生改革认同的四个维度；改革导向的坚定、改革共识的凝聚和改革动力的激发是大学生改革认同所起的功能；原初认同、强化认同、自觉认同是大学生改革认同的三个层次；经济发展、政治民主、文化理性、信任认可等几个方面是大学生改革认同的基础条件；大学生改革认同发生机制包含内部机制和外部机制两个方面，改革认同的发生，需要内外部机制共同起作用。

本书通过实证研究得出，新时代大学生改革认同程度总体上比较高，绝大部分大学生都认可和支持改革，对党和国家改革事业的发展前景持比较乐观的态度。对于党和国家推行的各项改革，新时代大学生总体上表现出改革自豪感强、改革情感深，改革信心足、改革支持力度大的情况，绝大多数大学生对改革比较认同，对于党和国家的各项改革都比较认可和支持。但与此

同时，在调查研究的过程中也发现，当前存在较少部分大学生不认同改革的情况。在价值多元的信息化时代，面对伴随改革而产生的一些社会矛盾，部分大学生对改革产生疑虑，对改革自豪感不深、自信心不足，支持度和认同度不高。虽然这只是大学生群体的较少数部分，但也需要加以重视。

三、新时代大学生应积极主动投身改革

在家庭、学校和社会创设改革大好环境的基础上，新时代大学生要注重把握社会发展潮流，提升自我对改革的认同程度，同时要加强学习，提升自我综合素质，主动积极投身改革，成为改革的主体，推动改革事业的发展。

第一，坚定改革目标信念。"青年兴则国家兴，青年强则国家强。青年一代有理想、有本领、有担当，国家就有前途，民族就有希望。"① 理想指引人生方向，信念决定事业成败。新时代大学生作为青年一代，是国家建设的未来主力军，青年学生要立足"全面深化改革"的要求，坚定改革信念，树立推动社会改革、实现民族复兴的远大理想，并为远大理想的实现而努力奋斗，积极投身到党和国家的改革事业中去。

第二，树立践行社会主义核心价值观。"青年的价值取向决定了未来整个社会的价值取向，而青年又处在价值观形成和确立的时期，抓好这一时期的价值观养成十分重要……青年要从现在做起，从自己做起，使社会主义核心价值观成为自己的基本遵循，并身体力行大力将其推广到全社会去。"② 在投身改革的过程中，新时代大学生要用社会主义核心价值观作为行动的遵循，树立和践行"富强、民主、文明、和谐，自由、平等、公正、法治，爱国、敬业、诚信、友善"的社会主义核心价值观。青年价值观养成对于自我的成长、国家的发展都起到重要影响。青年价值观养成是青年成长的关键环节，要注重对青年一代正确价值观的引导。新时代大学生要树立和践行社会主义核心价值观，要认同改革投身改革，用实际行动去支持和推动各项

---

① 习近平. 决胜全面建成小康社会 夺取新时代中国特色社会主义伟大胜利——在中国共产党第十九次全国代表大会上的报告 [M]. 北京：人民出版社，2017：70.

② 习近平谈治国理政（第1卷）[M]. 北京：外文出版社，2018：172.

改革。

第三，积极学习提升本领。新时代大学生要认同改革投身改革，首先要有知识有本领。要注重把学习作为首要任务，做有本领、有作为的新时代青年，注重把所学知识内化于心，形成自己的见解；既要专攻博览，又要关心国家、关心人民；要坚持知行合一，在实践中学真知，在实践中认同和支持改革。新时代大学生要主动积极去学习知识，不断提升自我综合素质，并将知识本领运用到对改革事业的支持与推动中去，科学合理地评判改革，积极主动地投身改革。

第四，勇于担当积极奋进。新时代大学生要适应社会发展潮流，认可与支持党和国家的各项改革；要勇于肩负时代赋予的重任，志存高远，将个人发展与国家前途命运紧密联系起来，积极投身改革，成为改革的主体，为推动党和国家各项改革事业的发展做出贡献。

新时代是全面深化改革的时代，改革作为顺应历史发展潮流的正确方针将得以坚持，改革也将在社会发展的过程中得以进一步深化，为建设社会主义现代化强国和推动人类社会进步发挥重要作用。新时代大学生改革认同的生成，需要内外部机制共同发生作用，需要发挥内外部多因素协同的作用，需要家庭、学校和社会良好改革认同环境的创设，同时也需要大学生不断提升自我，积极主动认同改革和投身改革。

附　录

新时代大学生改革认同调查问卷

亲爱的同学：

　　您好！

　　首先感谢您参加本次调查！我们是"新时代大学生改革认同"调查组，希望通过调查来深入了解大学生对我国改革的认同状况。本次调查结果采用匿名方式，仅用于研究分析，请您根据实际情况放心作答！

　　再次感谢您的支持与配合！

华南师范大学调查组

说明：

1. 改革主要是指国家在经济、政治、文化、社会、生态文明、国防和军队、党的建设等方面所进行的改革；

2. 若无特别说明，均为单选题。

非常感谢！

一、基本信息

1. 您的性别：（　　　）

①男　　　　　②女

2. 您的民族：（　　　）

①汉族　　　　　②其他（请写出）

3. 您的生源地：（　　）

①城市（广东）　　　②城镇（广东）　　　③农村（广东）

④城市（非广东）　　⑤城镇（非广东）　　⑥农村（非广东）

4. 您的专业：（　　）

①文科　　　　　　　②理工科　　　　　　③体育或艺术

5. 您的年级：（　　）

①大一　　　　②大二　　　　③大三　　　　④大四

6. 您的政治面貌：（　　）

①中共党员　　②共青团员　　③民主党派　　④群众

7. 您家庭的经济水平：（　　）

①贫困　　　　②中等　　　　③小康　　　　④富裕

8. 您父亲的学历：（　　）

①初中及以下　②高中（中专）　③大专、本科　④硕士及以上

9. 您母亲的学历：（　　）

①初中及以下　②高中（中专）　③大专、本科　④硕士及以上

10. 您父母的政治面貌：（　　）

①父母都是中共党员　　　　　②父亲是中共党员

③母亲是中共党员　　　　　　④父母都不是中共党员

二、具体情况

1. 我国新时期的改革起步于哪一次会议？（　　）

①十一届三中全会　　　　　　②十二届三中全会

③十三届三中全会　　　　　　④十四届三中全会

2. 关于国家改革，您比较熟悉以下哪方面的内容？（　　）（可多选）

①经济体制改革　②政治体制改革　③文化体制改革　④社会体制改革

⑤生态文明体制改革　⑥国防和军队改革　⑦党的建设制度改革

3. 国家力求通过改革惠及全体人民，您认为您受惠了吗？（　　）

①是，受惠很大　②是，但受惠一般　③没怎么受惠

4. 改革提升了我国的国际地位，您为祖国改革事业的发展感到自豪吗？
（　　）

①非常自豪　　　　②比较自豪　　　　③一般　　　　④不自豪

5. 您对我国改革事业发展的信心怎么样？（　　）

①非常有信心　　②比较有信心　　　③一般　　　　④没信心

6. 党和国家的改革路线、方针、政策在实施过程中，可能在一定时期会出现与您个人利益相冲突的情况，那您还会继续支持改革吗？（　　）

①会　　　　　　　②不会

7. 对于我国改革的看法，您与父母的观点怎么样？（　　）

①都一致　　　　　　　　　②与父亲观点比较一致

③与母亲观点比较一致　　　④都不一致

8. 对于我国改革的看法，您父母的观点对您的影响程度怎么样？（　　）

①影响很大　　　②影响比较大　　　③影响一般　　　④不怎么影响

9. 关于我国改革相关话题，您父母平时跟您提及的情况怎么样？（　　）

①经常提及　　　②偶尔提及　　　③从不提及

10. 您所在学校对于国家改革路线、方针、政策的宣传教育情况怎么样？
（　　）

①经常宣传教育　　②偶尔宣传教育　　③没进行相关宣传教育

11. 您所在学校，在课堂上开展关于改革认同的教育情况怎么样？
（　　）

①结合相关课程经常进行改革认同教育引导

②结合相关课程偶尔进行改革认同教育引导

③没有结合相关课程来进行改革认同教育引导

12. 您在学校参加过哪些校内外实践？（　　）（多选）

①校园征文、科研、其他比赛等校内活动　　②三下乡等志愿活动

③实习　　　　　④社会调查　　　　⑤创新创业　　　　⑥无

13. 您在学校参加过哪些学生工作？（　　）（多选）

①团委、党团支部　②学生会　③其他社团　④年级班级干部　⑤无

243

14. 您参加过几次校内外实践活动?（　　）

①1—2 次　　　　②3—4 次　　　　③5—6 次

④7 次及以上　　⑤无

15. 您参加过几个学生组织?（　　）

①1—3 个　　　　②4—5 个　　　　③6—8 个

④9 个及以上　　⑤无

16. 您觉得目前社会对于国家改革路线、方针、政策的宣传力度怎么样?
（　　）

①宣传力度非常大　　　　　　②宣传力度比较大

③宣传力度一般　　　　　　　④宣传力度不足

17. 您对国家改革相关政策看法,受社会宣传的影响大吗?（　　）

①影响非常大　　　　　　　　②影响比较大

③影响一般　　　　　　　　　④不受影响

18. 您关注时政改革相关消息时比较常用的媒介工具有?（　　）（多
选）

①电脑　　　　　②手机　　　　　③电视（网络电视）

④广播电台　　　⑤报纸杂志

19. 您每天使用手机、网络等新媒体关注时政改革相关信息的时间多长?
（　　）

①几分钟　　　　　　　　　　②30 分钟以内

③30 分钟—1 个小时　　　　　④1 个小时以上

20. 改革过程中所采取的方式方法,对您对改革的看法影响如何?（　　）

①影响非常大　　　　　　　　②影响比较大

③影响一般　　　　　　　　　④不受影响

三、认同情况

请根据您对改革各方面看法的实际情况，在相应的选项上打"√"。

	非常 不认同	比较 不认同	一般 认同	比较 认同	非常 认同
1. 发展经济必须深化经济体制改革	1	2	3	4	5
2. 发展民主政治、建设法治中国必须深化政治体制改革	1	2	3	4	5
3. 文化发展繁荣必须深化文化体制改革	1	2	3	4	5
4. 保障和改善民生、促进社会公平正义必须深化社会体制改革	1	2	3	4	5
5. 建设良好生态环境必须深化生态文明体制改革	1	2	3	4	5
6. 建设优良的人民军队必须深化国防和军队改革	1	2	3	4	5
7. 提升党的执政能力必须深化党的建设制度改革	1	2	3	4	5
8. 处理好政府和市场的关系是经济体制改革的关键	1	2	3	4	5
9. 坚持党的领导、人民当家作主、依法治国的有机统一推动了政治体制改革	1	2	3	4	5
10. 社会主义核心价值体系建设推动了文化体制改革	1	2	3	4	5
11. 改革收入分配制度、推进基本公共服务均等加强了社会体制改革	1	2	3	4	5
12. 建设生态文明制度、建立健全生态环境保护机制体制推动了生态文明体制改革	1	2	3	4	5
13. 深化军队体制编制调整、推进军队政策制度改革促进了国防和军队的改革	1	2	3	4	5

续表

	非常 不认同	比较 不认同	一般 认同	比较 认同	非常 认同
14. 加强民主集中制建设、完善党的领导体制和执政方式推动了党的建设制度改革	1	2	3	4	5
15. 当前的经济体制改革促进了我国经济的发展	1	2	3	4	5
16. 当前的政治体制改革发展了社会主义民主政治，推动了法治中国建设	1	2	3	4	5
17. 当前的文化体制改革促进了文化的传承与发展	1	2	3	4	5
18. 当前的社会体制改革缩小了分配差距、促进了社会公平正义的发展	1	2	3	4	5
19. 当前的生态文明体制改革促进了良好生态环境的建设	1	2	3	4	5
20. 当前的国防和军队改革促进了我国人民军队的建设和发展	1	2	3	4	5
21. 当前的党的建设体制改革促进了党的执政能力的提升	1	2	3	4	5
22. 经济体制改革的深化将更好地促进经济的发展	1	2	3	4	5
23. 政治体制改革的深化会进一步保证人民当家作主，建设法治中国	1	2	3	4	5
24. 文化体制改革将进一步得以深化	1	2	3	4	5
25. 社会体制改革将会更好地促进人民幸福、建设和谐社会	1	2	3	4	5
26. 生态文明体制改革将进一步推动人和自然和谐发展现代化新格局的形成	1	2	3	4	5
27. 国防和军队改革将更好地推动中国特色现代军事力量的发展	1	2	3	4	5
28. 党的建设体制改革将更好地促进党的核心领导能力作用的发挥	1	2	3	4	5

主要参考文献

一、著作

[1] 马克思, 恩格斯. 马克思恩格斯全集 (第1卷) [M]. 北京: 人民出版社, 2002.

[2] 马克思, 恩格斯. 马克思恩格斯全集 (第3卷) [M]. 北京: 人民出版社, 2002.

[3] 马克思, 恩格斯. 马克思恩格斯全集 (第12卷) [M]. 北京: 人民出版社, 1998.

[4] 马克思, 恩格斯. 马克思恩格斯全集 (第23卷) [M]. 北京: 人民出版社, 1972.

[5] 马克思, 恩格斯. 马克思恩格斯全集 (第39卷) [M]. 北京: 人民出版社, 1972.

[6] 马克思, 恩格斯. 马克思恩格斯全集 (第42卷) [M]. 北京: 人民出版社, 1972.

[7] 马克思, 恩格斯. 马克思恩格斯全集 (第46卷) [M]. 北京: 人民出版社, 2003.

[8] 马克思, 恩格斯. 马克思恩格斯文集 (第1卷) [M]. 北京: 人民出版社, 2009.

[9] 马克思, 恩格斯. 马克思恩格斯选集 (第1—4卷) [M]. 北京:

人民出版社，2012.

　　[10] 列宁. 列宁全集（第38卷）[M]. 北京：人民出版社，1959.

　　[11] 毛泽东. 毛泽东著作选读（下册）　[M]. 北京：人民出版社，1986.

　　[12] 邓小平. 邓小平文选（第3卷）[M]. 北京：人民出版社，1993.

　　[13] 习近平. 习近平谈治国理政（第1卷）[M]. 北京：外文出版社，2018.

　　[14] 习近平. 习近平谈治国理政（第2卷）[M]. 北京：外文出版社，2017.

　　[15] 习近平. 决胜全面建成小康社会　夺取新时代中国特色社会主义伟大胜利——在中国共产党第十九次全国代表大会上的报告 [M]. 北京：人民出版社，2017.

　　[16] 中共中央宣传部. 习近平新时代中国特色社会主义思想三十讲 [M]. 北京：学习出版社，2018.

　　[17] 习近平. 习近平关于全面深化改革论述摘编（上）[M]. 北京：中央文献出版社，2014.

　　[18] 习近平. 习近平关于协调推进"四个全面"战略布局论述摘编 [M]. 北京：中央文献出版社，2015.

　　[19] 国家发展改革委宏观经济研究院经济体制与管理研究所. 人民满意型政府的伟大实践：中国政府改革40年回顾与展望 [M]. 北京：人民出版社，2018.

　　[20] 中共中央文献研究室. 十八大以来重要文献选编（上、中、下）[M]. 北京：中央文献出版社，2014、2016、2018.

　　[21] 马文琴. 全球化时代青少年国家认同教育研究 [M]. 北京：中华书局，2017.

　　[22] 祁进玉. 历史记忆与认同重构（土著民族识别的历史人类学研究）[M]. 北京：学苑出版社，2015.

　　[23] 卢晓中. 高等教育概论 [M]. 北京：高等教育出版社，2009.

[24] 陈万柏，张耀灿. 思想政治教育学原理 ［M］. 北京：高等教育出版社，2007.

[25] 李友梅. 社会认同：一种结构视野的分析 ［M］. 上海：上海人民出版社，2007.

[26] 张翼. 改革开放40年社会发展与变迁 ［M］. 北京：中国社会科学出版社，2018.

[27] 李汉林，梁渠东. 中国单位组织变迁过程中的失范效应 ［M］. 上海：上海人民出版社，2005.

[28] 汪凯. 转型中国：媒体、民意与公共政策 ［M］. 上海：复旦大学出版社，2005.

[29] 沙莲香. 社会心理学 ［M］. 北京：中国人民大学出版社，2002.

[30] 马振清. 中国公民政治社会化问题研究 ［M］. 北京：黑龙江人民出版社，2002.

[31] 孔卫英. 改革开放以来中国社会治理思想研究 ［M］. 北京：中国社会科学出版社，2018.

[32] 李鑫炜. 体系、变革与全球化进程 ［M］. 北京：中国社会科学出版，2000.

[33] 扈中平，李方，张俊洪，等. 现代教育学 ［M］. 北京：高等教育出版社，2000.

[34] 方旭光. 政治认同的逻辑 ［M］. 北京：中国社会科学出版社，2018.

[35] 王惠岩. 当代政治学基本理论 ［M］. 北京：高等教育出版社，2001.

[36] 郑晓云. 文化认同论 ［M］. 北京：中国社会科学出版社，1992.

[37] 王泸宁. 比较政治分析 ［M］. 北京：人民出版社，1987.

[38] 陈家刚. 协商民主与治理 ［M］. 北京：中央编译出版社，2014.

[39] ［美］本尼迪克特·安德森. 想象的共同体——民族起义的起源与散布 ［M］. 吴叡人，译. 上海：上海人民出版社，2005.

[40] [英] 约翰·B. 汤普森. 意识形态与现代化 [M]. 高铦等, 译. 上海: 译林出版社, 2005.

[41] [美] 道格拉斯·凯尔纳. 媒体文化——介于现代与后现代之间的文化研究、认同性与政治 [M]. 丁宁, 译. 北京: 商务印书馆, 2004.

[42] [美] 塞缪尔·亨廷顿. 我们是谁?——美国国家特性面临的挑战 [M]. 程克雄, 译. 北京: 新华出版社, 2005.

[43] [德] 尤尔根·哈贝马斯. 交往行为理论 (第1卷) [M]. 曹卫东, 译. 上海: 上海人民出版社, 2004.

[44] [德] 汉斯-格奥贝格·伽达默尔. 哲学解释学 [M]. 夏镇平, 等译. 上海: 译文出版社, 2004.

[45] [英] 以赛亚·伯林. 自由论 [M]. 胡传胜, 译. 南京: 译林出版社, 2011.

[46] [法] 卢梭. 社会契约论 [M]. 施新周, 编译. 北京: 北京出版社, 2007.

[47] [法] 米歇尔·福柯. 规训与惩罚 [M]. 刘北成, 杨远婴, 译. 北京: 生活·读书·新知三联书店, 2003.

[48] [美] 大卫·理斯曼. 孤独的人群 [M]. 王崑等, 译. 南京: 南京大学出版社, 2003.

[49] [古希腊] 亚里士多德. 政治学 [M]. 颜一等, 译. 北京: 中国人民大学出版社, 2003.

[50] [英] 安东尼·D. 史密斯. 全球化时代的民族与民族主义 [M]. 龚维斌, 良警宇, 译. 北京: 中央编译出版社, 2002.

[51] [法] 让-马克·夸克. 合法性与政治 [M]. 佟心平, 王远飞, 译. 北京: 中央编译出版社, 2002.

[52] [英] 戴维·米勒, 韦农·波格丹诺. 布莱克维尔政治学百科全书 [M]. 邓正来, 译. 北京: 中国政法大学出版社, 2002.

[53] [美] 迈克尔·G. 罗斯金, 等. 政治科学 [M]. 10版. 王浦劬, 主编. 北京: 中国人民大学出版社, 2011.

[54] [加] 查尔斯·泰勒. 现代性之忧 [M]. 程炼, 译. 北京: 中央编译出版社, 2001.

[55] [英] 戴维·莫利. 认同的空间——全球媒介、电子世界景观和文化边界 [M]. 司艳, 译. 南京: 南京大学出版社, 2001.

[56] [加拿大] 查尔斯·泰勒. 自我的根源: 现代认同的形成 [M]. 韩震等, 译. 南京: 译林出版社, 2001.

[57] [德] 乌·贝克, 尤尔根·哈贝马斯. 全球化与政治 [M]. 王学东, 柴方国, 译. 北京: 中央编译出版社, 2000.

[58] [法] 埃米尔·涂尔干. 社会分工论 [M]. 渠东, 译. 北京: 生活·读书·新知三联书店, 2000.

[59] [德] 马克斯·韦伯. 韦伯文集 (上) [M]. 韩水法, 编译. 北京: 中国广播电视出版社, 2000.

[60] [美] 乔治·赫伯特·米德. 心灵、自我与社会 [M]. 霍桂桓, 译. 北京: 华夏出版社, 1999.

[61] [美] 戴维·伊斯顿. 政治生活的系统分析 [M]. 王浦劬, 译. 北京: 人民出版社, 2012.

[62] [德] 汉斯-格奥尔格·伽达默尔. 真理与方法 (上卷) [M]. 洪汉鼎, 译. 上海: 上海译文出版社, 1999.

[63] [英] 安东尼·吉登斯. 现代性与自我认同 [M]. 赵旭东, 译. 北京: 生活·读书·新知三联书店, 1998.

[64] [美] 西摩·马丁·李普赛特. 政治人: 政治的社会基础 [M]. 张绍宗, 译. 上海: 上海人民出版社, 1997.

[65] [德] 尤尔·哈贝马斯. 交往与社会进化 [M]. 张博树, 译. 重庆: 重庆出版社, 1989.

[66] [美] 彼得·M. 布劳. 社会生活中的交换与权力 [M]. 李国武, 译. 北京: 华夏出版社, 2012.

[67] [美] 罗伯特·达尔. 现代政治分析 [M]. 上海: 上海译文出版社, 1987.

[68]［美］加布里埃尔·A. 阿尔蒙德，小 G. 宾厄姆·鲍威尔. 比较政治学：体系、过程和政策［M］. 曹沛霖，等译. 上海：译文出版社，1987.

[69]［美］罗森堡姆. 政治文化［M］. 陈鸿宇，译. 台北：台北桂冠图书有限公司，1984.

[70]［英］约翰·洛克. 论宗教的宽容［M］. 吴云贵，译. 北京：商务印书馆，1982.

[71]　［德］黑格尔. 小逻辑［M］. 贺麟，译. 北京：商务印书馆，1980.

[72]［德］黑格尔. 逻辑学（上卷）［M］. 杨一之，译. 北京：商务印书馆，1966.

[73]［英］约翰·密尔. 论自由［M］. 顾肃，译. 南京：译林出版社，2012.

[74]［英］安东尼·吉登斯. 社会学［M］.4 版. 北京：北京大学出版社，2003.

[75]［英］厄内斯特·盖特纳. 民族与民族主义［M］. 韩红，译. 北京：中央编译出版社，2002.

[76] HORSEMAN M. and MARSHALL A. The Disenfranchised Citizen After the Nation State：Citizens, Tribalism and The New World Order［M］. London：Harper Collins Press, 1994.

[77] NIETZSCHE. Human, All Too Human［M］. London：Cambridge University Press, 1986.

[78] TAJFEL H. Differentiation Between Social Groups：Studies in the Social Psychology of intergroup Relations［M］. London：Academic Press, 1978.

[79] JENNINGS M K and RICHARD G. Niemi, The Political Character of Adolescence［M］. Princeton, N. J.：Princeton University Press, 1974.

[80] HERBERT B. Sumbolic Interationnism：Perspective and Method［M］. Prentice‒Hall, Inc, EnglewoodCliffs, New Jersey Press, 1969.

[81] HANNAH A. Between Past and Future：Eight Exercises in Political

Thought［M］. New York：The Viking Press，1968.

［82］ANGUS C. The American Voter［M］. New York：John Willey & Sons Press，1960.

［83］BIBBY J E. Politics，Parties and Election in America［M］. Chicago：Nelson – Hall Publishers，1996.

［84］BARKER and CHRIS，Culture Identity&Late Modernity［M］. London：sage，1995.

二、期刊、论文

［85］陈金龙. 新时代思想政治理论课建设的文化力量［J］. 马克思主义理论学科研究，2019（3）.

［86］吴玉军. 传承历史记忆：国家认同建构的重要路径［J］. 人民论坛，2019（1）.

［87］王冬云. 国家认同建构中的家国情怀［J］. 长白学刊，2019（2）.

［88］郑婷，陆阳，等. 基于强化国家认同的档案信息资源开发探析［J］. 北京档案，2019（3）.

［89］王馨莹. 论云南民族文化影视传播发展对国家认同的影像建构［J］. 云南行政学院学报，2019（2）.

［90］曾楠. 政治仪式建构国家认同的理论诠释与实践图景——以改革开放40周年纪念活动为例［J］. 探索，2019（3）.

［91］黄成华. 推动港澳青年增强文化认同、民族认同、国家认同的路径和方式研究［J］. 前沿，2019（2）.

［92］杨岚，高维，等. 英国国家认同教育研究及其启示［J］. 教育导刊，2019（4）.

［93］丁良超. 当代大学生政治认同影响变量探析——基于帕森斯结构功能主义理论的分析视角［J］. 山东青年政治学院学报，2019（5）.

［94］李凯，陈梅花，等. 活动型学科课程提升政治认同［J］. 思想政

治课教学, 2019 (2).

[95] 张瑞, 王清荣, 等. 民族地区青年政治认同提升的若干思考 [J] . 社会科学家, 2019 (2).

[96] 赵刚. 政治认同与提升高校思想政治理论课亲和力的逻辑关系 [J] . 现代教育科学, 2019 (2).

[97] 柴宝勇, 张璇, 等. 台湾选民的政党认同及其影响因素——基于 2014 年台湾"九合一"选举的分析 [J] . 台湾研究, 2018 (1).

[98] 刘宏标. 新时代背景下国有企业青年政党认同实证调查——以包神铁路集团青年职工为例 [J] . 中国青年社会科学, 2018 (6).

[99] 孙会岩. 新中国七十年来的信息技术进步与政党认同发展 [J] . 湖北行政学院学报, 2019 (7).

[100] 彭斌. 理解国家认同——关于国家认同的构成要素、困境与实现机制的思考 [J] . 社会科学战线, 2018 (7).

[101] 岑树海. 欧洲政党规模减缩的党内外制度性影响因素分析 [J] . 当代世界社会主义问题, 2018 (3).

[102] 吴玉军, 顾豪迈, 等. 国家认同建构中的历史记忆问题 [J] . 中国特色社会主义研究, 2018 (3).

[103] 柴民权, 管健, 等. 从个体认同到国家认同: 一个社会心理路径 [J] . 南京社会科学, 2018 (11).

[104] 潘丽文. 青年政治认同建构的红色记忆路径 [J] . 思想教育研究, 2018 (10).

[105] 刘长军. 试论社会转型下的政治认同 [J] . 马克思主义与现实, 2017 (6).

[106] 冯彩莉, 张晓红, 等. 中国共产党认同: 青海藏区社会变迁进程中的乡村治理 [J] . 青海社会科学, 2017 (6).

[107] 章秀英, 戴春林, 等. 公民国家认同感发展现状及影响因素——基于 10 省市问卷跟踪调查 (2011—2014) [J] . 马克思主义与现实, 2017 (4).

[108] 石庆新.当代大学生政党认同影响因素的实证研究——基于湖北省6所高校的抽样调查分析 [J].中国青年研究,2017 (2).

[109] 张平,彭舟,等.大学生政党认同的生成机理与提升策略——基于984例样本数据的结构方程模型分析 [J].思想政治教育研究,2017 (1).

[110] 方立江.国家认同相关几个概念涵义及其关系的辨析 [J].青海师范大学学报(哲学社会科学版),2016 (5).

[111] 唐慧玲,王锁明,等.公民义务感激发与政治认同的生成 [J].南京社会科学,2016 (12).

[112] 曾水兵,陈油华,等.论青少年国家认同教育的三种基本途径 [J].理论探索,2016 (4).

[113] 叶芳芳.如何增强政治认同和道路自信 [J].人民论坛,2016 (11).

[114] 胡艳蕾,李晓明,等.当前我国中产阶层政治认同与文化重建 [J].当代世界社会主义问题,2016 (4).

[115] 马进.国家认同:文化解释视角的探讨 [J].甘肃社会科学,2016 (2).

[116] 柴宝勇.世界视角下政党认同形成与变迁的原因分析——基于形成基础与影响因素的探讨框架 [J].国外社会科学,2016 (3).

[117] 沈本秋.观念挑战与制度短缺:港人的国家认同建构之困——以香港国民教育问题为例 [J].科学社会主义,2016 (5).

[118] 何博.近代对外抗争史中的国家认同与民族觉醒问题研究 [J].思想理论研究,2016 (9).

[119] 周光辉,李虎,等.领土认同:国家认同的基础——构建一种更完备的国家认同理论 [J].中国社会科学,2016 (7).

[120] 甘玲.提高大学生对我国政治体制认同度的路径论析 [J].教育评论,2016 (1).

[121] 张卫良,胡文根,等.政治认同的边界、结构、规律与当代中国

议程［J］. 思想理论教育，2016（12）.

　　［122］张莹瑞，佐斌，等. 社会认同理论及其发展［J］. 心理科学进展，2016（14）.

　　［123］闫丁. 社会认同理论及研究现状［J］. 心理技术与应用，2016（9）.

　　［124］詹小美. 选择与建构：历史记忆固基政治认同的逻辑共生［J］. 思想理论教育，2016（12）.

　　［125］李清聚. 价值观视角下的政治认同［J］. 理论导刊，2016（11）.

　　［126］郑流云，佘璐，等. 历史虚无主义思潮对大学生政治认同的影响及消弭［J］. 学校党建与思想教育，2016（12）.

　　［127］施丽红，张莹，等. 网络对大学生政治认同的影响及应对［J］. 学校党建与思想教育，2015（12）.

　　［128］吴玉军. 论国家认同的基本内涵［J］. 中国特色社会主义研究，2015（1）.

　　［129］周文华. 增强大学生对中国共产党的认同应把握四个层次［J］. 学校党建与思想教育，2014（7）.

　　［130］任勇，许琼华，等. 全球化背景下少数民族大学生国家认同研究［J］. 思想政治教育，2014（10）.

　　［131］彭正德. 论政治认同的内涵、结构与功能［J］. 湖南师范大学社会科学学报，2014（5）.

　　［132］王树荫. 全面深化改革进程中如何凝聚改革共识［J］. 马克思主义研究，2014（6）.

　　［133］宋玉波，陈仲，等. 改革开放以来增强政治认同的路径分析［J］. 政治学研究，2014（1）.

　　［134］陈金龙. 中国改革话语是如何建构起来的［J］. 华南师范大学学报，2014（4）.

　　［135］黄建龙. 当代大学生政治认同的影响因素与对策分析［J］. 人民

论坛，2013（3）.

［136］戴均. 改革开放以来政治认同变迁的轨迹及其规律［J］. 社会主义研究，2012（4）.

［137］张润泽. 略论改革认同的基本意涵及其生成条件［J］. 当代世界与社会主义（双月刊），2010（5）.

［138］柴宝勇. 论政党认同的含义及其要素［J］. 探索，2009（1）.

［139］孔德永. 对转型时期我国公民政治认同重构模式的思考［J］. 当代世界与社会主义，2006（6）.

［140］王庆兵. 试析政党认同的功能与构建途径［J］. 广西社会科学，2004（8）.

［141］吕元礼. 现代化进程中的政治认同危机及其克服［J］. 社会主义研究，1996（3）.

［142］孙会岩. 互联网时代的执政党认同研究［D］. 上海：华东师范大学博士论文，2017.

［143］武彦斌. 当代主要错误思潮对我国大学生政治认同影响研究［D］. 武汉：中国地质大学博士论文，2016.

［144］元修成. 我国多元文化背景下大学生政治认同教育研究［D］. 长春：东北师范大学博士论文，2015.

［145］杜兰晓. 大学生国家认同研究［D］. 杭州：浙江大学博士论文，2014.

［146］薛中国. 当代中国政治认同心理机制研究［D］. 长春：吉林大学博士论文，2007.

［147］李素华. 对政治认同的功能和资源分析［D］. 上海：复旦大学博士论文，2005.

后 记

  《新时代大学生改革认同》一书是本人独撰的一部专著。改革认同命题是当前学界研究得相对较少的命题，新时代大学生作为社会建设发展过程中的重要群体，研究大学生的改革认同问题具有重要意义。进入这样的研究领域，既与本人的学术背景和个人趣旨密切相关，也与本人的工作密切相连。本人一直投身于马克思理论特别是思想政治教育领域的研究和探讨，同时也从事高校学生教育管理工作。基于对修读专业的热爱和对个人职业的热忱，我就大学生改革认同命题做了一定的探讨，以期能够提升大学生改革认同程度，健全高校认同教育机制，为高校思想政治教育实效性的提升和为社会和国家的安全稳定发展做一点点的贡献。能够为学校、为自己的国家和民族做出贡献，是作为高校教育管理工作者的本职。

  《新时代大学生改革认同研究》是本人结合博士论文进行修改、整理、完善而出版的。本书写作过程，得到了不少专家前辈的指导与支持，特别是本人的导师华南师范大学陈金龙教授，整个撰写过程给予了我很多的指导。其他专家前辈也包括华南师范大学胡国胜教授、王宏维教授、付玉能教授、刘卓红教授、魏则胜教授等也给予了我大力支持。对他们的指导和支持，在此致以深深谢意。

林晓燕

2020 年 1 月于华南农业大学